I0748875

Polinnia
Testi, Studi e Manuali di Letterature europee

Direttore
Giuseppe Savoca

• XXXIV •

GIUSEPPE SAVOCA

SOGNI FATTI IN SICILIA

PIRANDELLO, BRANCATI, SCIASCIA

Leo S. Olschki Editore

2022

Casa Editrice Leo S. Olschki
Viuzzo del Pozzetto, 8
50126 Firenze
www.olschki.it

ISBN 978 88 222 6851 8

A Giulio,
ultimo dei miei nipoti,
primo nella scala del sogno

Fece un sogno: una scala poggiava sulla terra, mentre la sua cima raggiungeva il cielo; ed ecco, gli angeli di Dio salivano e scendevano su di essa.

Genesi, 28, 12

AVVERTENZA

Avverto che nelle citazioni di passi testuali ho preferito adottare, quando necessario per richiamare l'attenzione del lettore su parole o frasi, il carattere grassetto (neretto) invece del corsivo. Gli eventuali corsivi nel testo sono quindi riferibili a citazioni letterali di parole o frasi, mentre nell'ambito dei brani riportati o delle citazioni tra virgolette sono attribuibili all'autore del testo citato.

Quanto alle virgolette, nei passi riportati si rispetta l'uso del testo citato in nota. Ciò comporta che, per lo stesso genere di citazione (come, ad esempio, un dialogo), si possono trovare le virgolette alte in una edizione di riferimento (ad esempio Sciascia e Brancati nelle opere pubblicate da Bompiani e normalmente qui utilizzate), e quelle basse in altre edizioni (Sciascia in Adelphi e Brancati in Mondadori).

Capitolo primo

PIRANDELLO, *LA REALTÀ DEL SOGNO* E PASCAL

Il Principe

Ma niente è vero,
e vero può essere tutto;
basta crederlo per un momento,
e poi non più, e poi di nuovo,
e poi sempre, o per sempre mai più.
La verità la sa Dio solo.

Pirandello, *La favola del figlio cambiato*

Cotrone

Stia tranquilla, Contessa. È la villa. Si mette tutta così ogni notte da sé in musica e in sogno. E i sogni, a nostra insaputa, vivono fuori di noi, per come ci riesce di farli, incoerenti. Ci vogliono i poeti per dar coerenza ai sogni.

I giganti della montagna

Il motivo del sogno appare in Pirandello con una particolare continuità e insistenza, e non solo concentrandosi all'inizio e alla fine della sua carriera. Si potrebbe quasi dire che al principio della storia di Pirandello sta, per usare le parole di *Arte e coscienza d'oggi*, «l'immagine di un sogno angoscioso» che gli veniva dalla crisi ideologica e artistica della «coscienza moderna», e alla fine una confessione di incertezza radicale sullo statuto stesso di una realtà che non si lascia più (o non si è lasciata mai) cogliere nei suoi tratti distintivi rispetto all'allucinazione onirica. La novella *Effetti d'un sogno interrotto* del 1936 è emblematica in quest'ultima direzione, e ha certo contribuito a rafforzare l'idea di un Pirandello surrealista, la quale tuttavia è tardiva e inidonea a cogliere la complessità tematica dello scrittore.

Affrontare lo studio diacronico della presenza del sogno nell'opera di Pirandello comporterebbe tutta una serie di indagini e di approfondimenti che, invece, resteranno soltanto accennati in una ipotesi di lettura che vuole avere un carattere preliminare e un orientamento analitico puntato in prevalenza su un solo testo. In sintesi, credo che, a interrogarsi sulla possibilità di una ricostruzione del pensiero di Pirandello sul sogno, si approderebbe alla constatazione che egli mai consapevolmente si sia rifatto a teorie psicologiche che potessero offrirgli una base teorica per quelle che erano, con una costanza di fondo, ma anche con soluzioni diversificate e con evoluzioni interne, le realizzazioni narrative e drammatiche dei temi onirici da lui sperimentati nel vivo della sua opera.

In termini generali, la parabola pirandelliana, in relazione all'onirismo, si potrebbe anche rappresentare come un percorso che prende le mosse dal motivo ancora romantico dell'evasione in un «paese dei sogni», attestata, ad esempio, dalle poesie, per giungere a una sorta di dilatazione onirica in cui lo spazio del sogno tende a interferire in maniera invasiva sulla realtà, confondendosi con essa. È il caso, ad esempio, di lavori teatrali come *Sogno (ma forse no)* del 1929 o *Non si sa come* (1935), dominati esplicitamente dal sogno. Ma è anche il caso dei *Giganti della montagna* (1936), che, presentati come mito, si risolvono in una rivendicazione della «libertà dei sogni», della «verità dei sogni [...] più vera di noi stessi», e approdano a una difesa dell'autonomia dei sogni che, «a nostra insaputa, vivono fuori di noi», consentendo una sorta di doppia vita di cui la più vera è proprio quella che si vive in sogno («La verità dei sogni [...] più vera di noi stessi.»).[1]

1. *L'Umorismo* e l'onirismo pirandelliano

L'*Umorismo* del 1908 ci mostra, relativamente al sogno, un Pirandello alquanto 'tradizionale' che, ad esempio, nel capitolo *L'ironia comica nella poesia cavalleresca* (V della parte prima), immagina nettamente, in riferimento all'Ariosto, un poeta che, pur «non credendo alla realtà della propria creazione», «può rappresentar come vero un suo mondo affatto fantastico, di sogno, regolato da leggi sue proprie, e, secondo queste leggi, perfettamente logico o coerente». Di fronte a un tale poeta, osserva Pirandello, «il critico non deve più vedere se quel che il poeta gli ha posto innanzi è vero o è sogno, ma se come sogno è vero». A differenza di questi, Ariosto «mostra apertamente coscienza della irrealità della sua creazione [...] non vuol creare e rappresentare come vero un sogno; non è preoccupato soltanto della verità fantastica del suo mondo, è preoccupato anche della realtà effettiva».

---

[1] È stata di recente vista nella genesi dei *Giganti* una memoria dell'aforisma di Nietzsche «che dice che l'uomo è fatto per sognare» (*La gaia scienza*, 54: *La coscienza dell'apparenza*): si veda Cornelia Klettke, *Il teatro onirico di Pirandello alla luce della ricezione di Nietzsche:* I giganti della montagna, in *La Germania di Pirandello tra sogno e realtà*, a cura di Cornelia Klettke, Berlin, Frank & Timme, 2019, pp. 169-194.

Si può dire dunque che *L'Umorismo* sia una messa a fuoco classica del rapporto tra vero della realtà effettiva e vero fantastico della creazione poetica. Ma il successivo sviluppo artistico dello scrittore mette in crisi questa distinzione e opposizione tra fantastico e reale, attestando una progressiva complessità semantica, psicologica ed esistenziale-filosofica del motivo onirico, che ora si esprime nelle forme piane, generiche del sogno come evasione, risarcimento, più o meno possibile, della sofferenza di una esistenza lucidamente disperata, ora segnala aspetti alterati e patologici della personalità (il sogno come allucinazione, delirio), ora costituisce, come negli esiti drammaturgici della piena maturità, elemento ineliminabile dalla dinamica dei fatti rappresentati e dalla visione del mondo dello scrittore, per il quale il sogno diviene anche vita reale oltre che metafora della fantasia creatrice e dell'arte.

A questa varietà e complessità dello spettro tematico legato al sogno non corrisponde una esplicita riflessione pirandelliana da cui dedurre un qualche principio teorico che possa illuminare il lettore dandogli, per così dire, una chiave dei sogni da adoperare nella lettura dei testi. Il massimo che si potrebbe ricordare è forse un luogo della novella *Effetti d'un sogno interrotto*, in cui è scritto: «Non voglio spiegare ciò che non si spiega. Nessuno è mai riuscito a penetrare il mistero dei sogni». Ma questa sarebbe una citazione poco utilizzabile, oltre che per la sua genericità, perché fa parte del commento in prima persona del narratore, a cui preme rinforzare l'impressione di un'indistinzione tra sogno e realtà che si confondono, scambiandosi le parti e lasciando protagonisti, lettori e lo stesso narratore-personaggio nell'incertezza di che cosa sia sogno e che cosa realtà.

Tuttavia, se mancano osservazioni e prese di posizione specifiche del critico e teorico Pirandello sul problema del sogno, sarebbe comunque possibile ricostruire le linee di una sua riflessione in proposito partendo dall'esame concreto degli stati onirici come vengono rappresentati nella sua pagina. Questo lavoro presupporrebbe in partenza una nuova indagine sulla cultura psicologica di Pirandello, che tenga conto di quanto dalla critica è stato già acquisito sugli autori da lui stesso esibiti (penso, ad esempio, al Binet e al Morel), e che arrivi fino a Freud e ai surrealisti, ritenuti, com'è noto, molto vicini alle concezioni di Pirandello.

Ricordo, ad esempio, che sull'onirismo pirandelliano è stata, tra l'altro, richiamata la *Préface* al primo numero della «Révolution surréaliste» (1 dicembre 1924), che si apre su una difesa del sogno: «Solo il sogno lascia all'uomo tutti i suoi diritti alla libertà». Senza entrare in una ulteriore discussione di questo luogo comune della critica, mi pare opportuno rilevare che nemmeno su questo aspetto specifico è dimostrabile una adesione di Pirandello alla rivoluzione surrealistica. Il surrealismo in lui è, si potrebbe dire, un dato così remoto, così originario che, semmai, erano gli altri ad ispirarsi a lui, alla sua contestazione permanente dell'aleatorietà e assurdità del reale.

Ma in tema di rapporti e affinità, e proprio in materia di sogno, sarebbe ovviamente da prendere in considerazione il nome di Freud, che è stato già proposto per segnalare in che cosa Pirandello ne diverga,[2] ma anche per ipotizzare un qualche influsso della psicanalisi sul siciliano. È il caso, quest'ultimo, dello storico della vita e dell'opera di Pirandello Gaspare Giudice, il quale in una sua nota afferma:

> È comunque più che probabile che Pirandello abbia respirato un po' di freudismo nell'aria culturale europea intorno al 1931. **In alcune ultime sue opere c'è una tendenza alla sperimentazione dell'onirismo che, direttamente o indirettamente, va ricollegata colla diffusione delle teorie freudiane.**[3]

Si può essere d'accordo sull'affermazione che Pirandello abbia respirato qualche poco di freudismo nella cultura europea (ma io direi molto prima degli anni Trenta, anche se forse non direttamente attraverso la lettura delle opere di Freud); tuttavia non sembra esatta l'annotazione che egli abbia sperimentato i temi dell'onirismo nelle sue ultime opere e comunque che ciò sia in connessione, diretta o indiretta, con le teorie freudiane. In verità Pirandello non ha aspettato la dottrina freudiana del sogno (1900) per introdurre i sogni nella sua opera già a partire dagli anni Ottanta, così come non ha atteso l'uscita dello scritto di Freud sull'*Umorismo*, che è del 1927, per pubblicare, nel 1908, il suo *Umorismo.*

In realtà, l'osservazione che ci sia un'intensificazione dei temi onirici nell'ultimo Pirandello ha una sua verità, ma ciò, molto probabilmente, risponde a una logica interna al processo di contestazione e dissoluzione del reale che costituisce l'asse portante di tutto il mondo pirandelliano. Dove, mi pare, occorre essere decisi è nel netto ridimensionamento (se non nella

---

[2] Si veda quanto scrive Edoardo Villa: «Il divario con Freud è che questi precisa: "[...] il sogno allucina [...] sostituisce pensieri con allucinazioni [...]. Con queste immagini il sogno crea una situazione, fa diventar presente un fatto, drammatizza un'idea"; mentre Pirandello adegua l'allucinazione a un momento particolare di delirio (*Il dovere del medico*) e di sovraeccitazione emozionale (*Dono della Vergine Maria*) dentro o fuori del sogno.»: *Dinamica narrativa di Luigi Pirandello*, Padova, Liviana, 1976, p. 147. In generale, si può citare il passo di un'intervista allo scrittore pubblicata nel «Giornale della Domenica» (1932), in cui egli si smarca nettamente dalla schiera dei *freudisti*: «Ho forse voluto invitare il pubblico a discutere ancora una volta le idee di Freud? E sono forse io un freudista? Ma no! Il personaggio [Romeo Daddi di *Non si sa come*] si ribella contro il freudismo.»: in *Interviste a Pirandello. «Parole da dire, uomo, agli altri uomini»*, a cura di Ivan Pupo, prefazione di Nino Borsellino, Soveria Mannelli, Rubbettino, 2002, p. 571.

[3] In *Luigi Pirandello*, Torino, UTET, 1963, p. 522.

negazione) di possibili influssi freudiani. Il che, sia detto in parentesi, non significa affatto scoraggiare l'interpretazione psicanalitica dei testi pirandelliani. Ma non mi sentirei di condividere, per esempio, a proposito della novella *La realtà del sogno* (1914) l'opinione di Janner, per il quale essa «senza i moderni studi della psicanalisi, non sarebbe stata forse pensata».[4] Io ritengo che non sia sostenibile l'ipotesi di una qualche intenzione freudiana o psicanalitica nella rappresentazione che Pirandello ha fatto dei suoi temi onirici, in questa novella come in tanti altri suoi testi.[5]

La sua cultura muove senza dubbio dallo stesso retroterra filosofico e ideologico con cui aveva a che fare Freud. Sarebbe, ad esempio, da studiare il peso diverso che hanno certi testi per il Pirandello dell'*Umorismo* e per il Freud del *Motto di spirito*. Nel caso del sogno, che non fu oggetto di indagine teorica da parte sua, Pirandello esercitò, per così dire, una maggiore libertà nel percorrerne tutte le possibili articolazioni rappresentative, dal sogno come ideale a quello come malattia, dall'allucinazione al sonnambulismo e allo spiritismo, dal delirio alla confusività ontologica degli stati del reale e del sogno.

2. La realtà del sogno

È mia intenzione limitare qui l'indagine, più che a una zona, a un punto mediano dell'opera pirandelliana, quale si concentra nella novella, che è, in certo senso, centrale per la cronologia (è infatti del 1914, e si pone perciò al punto alto dell'arco creativo pirandelliano), ed è soprattutto notevole per la tematica che coinvolge il nodo decisivo del rapporto tra sogno e realtà.

In effetti, dal grande libro delle *Novelle per un anno* intorno alla *Realtà del sogno*, e in rapporto al motivo onirico, si potrebbe estrarre una scelta di testi che vanno, ad esempio, dal *Sogno di Natale* del 1896 al *Dono della Vergine Maria* del 1899, a *Tu ridi* del 1912, a *Il gorgo* del '13, a *Il treno ha fischiato* del '14, a *Una giornata* e ad *Effetti d'un sogno interrotto* del '36.[6] E naturalmente questa

---

[4] Arminio Janner, *Luigi Pirandello*, Firenze, La Nuova Italia, 1948, p. 186.

[5] Per altro verso non mi sentirei di aderire all'interpretazione autobiografica della novella, in cui la donna avrebbe i tratti di Antonietta Portulano, moglie di Pirandello, proposta da Anna Maria Sciascia: «Emblematica della vita coniugale di Pirandello e specialmente del primo periodo è la novella *La realtà del sogno*», in *Il gioco dei padri. Pirandello e Sciascia*, Roma, Avagliano, 2009, p. 72.

[6] Alcune di queste novelle sono state raccolte, con altre, in Luigi Pirandello, *La realtà del sogno. Novelle fantastiche*, con introduzione di Neuro Bonifazi, Firenze, La Ginestra, 1982; N. Bonifazi, in *Teoria del fantastico e il racconto fantastico in Italia: Tarchetti – Pirandello – Buzzati* (Ravenna, Longo, 1982), in modi che a me sembrano riduttivi in quanto non colgono la speci-

sezione delle *Novelle* necessiterebbe di una analisi diacronica che non credo sia stata ancora fatta, come non si è neppure messo in rapporto organico il mondo onirico delle novelle con quello dei drammi. Ripeto che a me qui importa soltanto definire, direi in maniera preliminare ma anche prospettica, i termini narrativi e culturali di questa pirandelliana «realtà del sogno».

La trama della novella è, almeno in superficie, di una grande semplicità. Una donna, già vittima di un'educazione sessuofobica inculcatale da un padre più «geloso d'un tigre», sembra essersi «liberata dall'incubo di quella feroce gelosia paterna» sposandosi con un uomo bello e sicuro di sé, ma che «proprio non capiva niente di quanto avveniva in lei». Nell'intimità il marito diventava «umile, supplichevole», ma questo causava in lei irritazione e rancore.

La donna si sentiva impacciata con gli uomini e allora le «si faceva il volto di bragia». Il marito spiegava il suo imbarazzo con una *fissazione*. Con una moglie che spesso rifiutava di presentarsi e di partecipare alla conversazione, i suoi amici si erano ridotti a pochissimi. Di questi era sopravvissuto «il più intelligente di tutti», un giornalista con cui la donna non disdegna di affrontare qualche discorso anche un po' più ardito. Il marito, contento, approva: «T'accendi tutta, e gli occhi... altro che non saper guardare! ti sfavillano, cara mia...».

È da questo amico, «prezioso» per il marito ma per lei «naturalmente il più antipatico di tutti», che la donna sente

> sostenere che il soverchio pudore accusa infallibilmente un temperamento sensuale; sicché c'è da diffidare d'una donna che arrossisce di nulla [...]. Vuol dire che questa donna ha l'ossessione di immagini tentatrici [...]. Insincera è la donna che voglia negare la sua sensualità mostrando in prova il rosso del suo pudore su le guance. E questa donna può essere insincera anche senza volerlo, anche senza saperlo. [...] **crediamo sempre di noi quello che ci piace credere, e ci vediamo non quali siamo in realtà, ma quali presumiamo d'essere secondo la costruzione che ci siamo fatta di noi stessi**.

Di fronte all'affermazione così decisa che le donne «troppo pudiche non hanno neppur bisogno d'essere accese: s'accendono, avvampano subito da sé, appena toccate», la donna non ha più dubbi che il discorso si riferisca a lei. Andato via l'amico, se ne lamenta perciò duramente col marito, il quale ribatte che «quello parlava delle donne in genere», e che lei non aveva «mica arrossito». L'uomo nega che l'amico avesse minimamente alluso a lei, che,

---

ficità dell'onirico, ribadisce la tesi che il sogno sia manifestazione del fantastico (che sarebbe «la tendenza antica e sempre costante delle novelle pirandelliane»).

tra l'altro, non si era mostrata affatto imbarazzata. Irritata dalla sicurezza del marito, la moglie non ribatte ma rimugina in sé che, se egli non si accorgeva di nulla, meno che meno avrebbe capito se quell'imbarazzo non fosse «quel tal pudore di cui quello aveva parlato».

È su questo antefatto che si fonda il sogno rivelatore che la donna fa tre notti dopo. Il sogno le si presenta come una «sfida», una «prova». Lei deve dimostrare a quell'uomo «odiosissimo» «che non avrebbe arrossito di nulla». Così ella accetta le carezze, i gesti e il bacio dell'uomo, ma cercando di «dominare il tremito, il fremito del corpo». E però, vinta, «cominciava a cedere, non per forza di lui, no, ma per il languore spasimoso del suo stesso corpo; e alla fine...».

La narrazione del sogno si interrompe sul «ribrezzo» e l'«orrore» della sognatrice, il cui corpo ha vissuto un forte sconvolgimento se essa «Balzò dal sogno convulsa, disfatta, tremante».

Svegliatasi, ancora in preda a «piacere» e «raccapriccio», la donna guarda il marito che le dorme accanto con odio («abominazione» scrive Pirandello) per averla costretta ad «accogliere in casa quegli amici» con cui «ella lo aveva tradito in sogno; tradito e non ne aveva rimorso, no, ma rabbia per sé, d'essere stata vinta, e rancore, rancore contro di lui», che, tra l'altro, non le aveva mai fatto «provare quel che aveva or ora provato in sogno, con un altro». Se in ciò era colpa, questa era tutta del marito che la sottoponeva a quelle prove da cui era poi nato il sogno. La donna sospetta quindi che la sua natura, come quella delle altre, possa risiedere (come aveva già detto l'amico) tutta nei sensi («Ah, tutta nei sensi... Dunque, era vero?»).

È per sfuggire alla rivelazione del sogno che, quando nel pomeriggio si annunzia la visita dell'amico prezioso, la moglie intima al marito di non farlo entrare. Ma questi non le dà ascolto. Essa allora si rintana su una poltrona nella camera accanto, da dove sente il marito far festa a colui «con cui ella la notte avanti, nel sogno, lo aveva tradito. E la voce di quell'uomo... oh Dio... le mani, le mani di quell'uomo...». In preda a una convulsione («si convelleva tutta su la poltrona»), graffiandosi «con le dita artigliate», «cacciò un urlo e cadde a terra».

I due uomini accorrono, tentano di sollevarla ma lei, sentendosi toccata dalle mani del sogno, si aggrappò con un «fremito voluttuoso» all'amico «chiedendogli smaniosamente, con orribile urgenza, le carezze frenetiche del sogno». Il marito la strappa «dal petto dell'amico» e la mette semisvenuta sul letto. L'innocenza dell'amico è del tutto evidente e l'uomo, ora solo con la moglie, la ritrova ormai rinvenuta ma ancora «aggruppata come una belva, con gli occhi invetrati». A lui, che le chiede conto di quanto era accaduto, essa butta in faccia «la confessione del tradimento» con crudele voluttà, insistendo nei particolari e giustificandosi «con un sorriso convulso, malvagio [...] – Nel sogno!... Nel sogno!...».

E Pirandello, nella libertà del discorso indiretto libero, interpreta in conclusione le parole, il pensiero e la soddisfazione erotica della donna così:

> **Il suo corpo** – egli poteva batterlo, straziarlo, dilaniarlo – ma ecco qua, **era stato d'un altro, nell'incoscienza del sogno**. Non esisteva nel fatto, per quell'altro, il tradimento; ma era stato e rimaneva qua, qua, per lei, nel suo corpo che aveva goduto, una realtà.
>
> Di chi la colpa? E che poteva egli farle?[7]

3. Un caso d'isteria

Questa vicenda, dunque, dà una rappresentazione quasi da manuale di un caso d'isteria. Ci sono in essa tutti gli elementi classici di una situazione patologica che culmina in una vera crisi motoria accessuale. La presenza dell'amico del marito agisce come presupposto e movente teatrale della scena isterica. E naturalmente si potrebbe abbastanza agevolmente ricostruire, in termini di clinica freudiana, la storia profonda del personaggio che, vittima della «gelosia» paterna, ha sviluppato una isteria da difesa assumendo gli uomini, nel suo inconscio, come rappresentanti del padre e quindi come oggetto di desiderio e insieme di rifiuto. Il particolare del rossore, su cui Pirandello insiste a più riprese, è sintomatico del turbamento, dell'accensione dei sensi, che la donna tende a rimuovere vergognandosene e arrossendone. La sua fobia di arrossire è dunque espressione di una più radicale isteria di angoscia legata al timore di cedere alla tentazione sessuale.

Il suo atteggiamento di rifiuto della conversazione con gli amici del marito è dettato dalla strategia di difesa dell'io da ogni situazione che possa risvegliare in lei fantasie e desideri rimossi. È questo nucleo di fantasmi erotici che le si manifesta nel sogno, il quale per lei è, secondo la parola del

---

[7] Nelle citazioni mi riferisco alla novella nella forma apparsa nel 1928 in *Candelora* (che era il XIII volume delle *Novelle per un anno*), e poi passata in tutte le successive edizioni. Qui si cita dalle *Novelle per un anno*, a cura di Mario Costanzo, premessa di Giovanni Macchia, vol. III, t. I, Milano, Mondadori, 1990, pp. 480-490. La redazione originaria, uscita nel numero di novembre 1914 di «Noi e il Mondo» (e poi con varianti nella raccolta *E domani, lunedì...*, Milano, Treves, 1917), si presenta un po' più lunga, con un antefatto sulle liti fra i coniugi e sugli «eccessi frenetici» di lei. Nel passaggio tra prima e seconda redazione il fatto più notevole è però la caduta dei nomi propri dei personaggi, che così diventano anonimi e, perciò, acquistano in esemplarità e in significato generale. Nella prima redazione era anche indicata quella che poi sarebbe stata la generica «cittaduzza natale» della donna in Reggio Calabria, e l'amico non era giornalista ma un «professore d'università giovanissimo». La versione originaria è leggibile nelle *Note ai testi e varianti* all'ed. cit., vol. III, t. II, pp. 1377-1385.

narratore, una «rivelazione». Il sogno dà alla donna la chiave per sospettare la natura erotica del suo imbarazzo di fronte agli uomini, ma nello stesso tempo esso si pone come un'esperienza di soddisfazione sessuale che ha il carattere di una realtà incancellabile.

Mi astengo volutamente da un'interpretazione minuziosa del sogno, del resto abbastanza trasparente, strutturato com'è secondo le fasi di una scena di seduzione che potrebbe intendersi (sulla scorta della teoria elaborata da Freud negli anni 1895-96) come ripetizione di una esperienza reale ipotizzabile all'origine della nevrosi isterica della donna. Rilevo soltanto che la sospensione della rappresentazione onirica, sulla formula «e alla fine...», non pare rispondere a una prudenza moralistica del narratore quanto piuttosto a una logica del sogno stesso, che si trasforma in incubo e provoca il risveglio.

Se ha un senso infatti la storia della donna, se è vero che essa col matrimonio ha creduto di potersi liberare del padre, sarebbe legittimo vedere nell'amico del sogno un sostituto paterno. Ma sappiamo dalla psicanalisi che nemmeno in sogno si può sopportare la rivelazione dell'oggetto del desiderio edipico. Ecco perché il sogno diventa sogno d'angoscia, un incubo che si interrompe con il risveglio. Come osservò Freud nell'*Introduzione alla psicoanalisi*, «l'angoscia è l'indizio che il desiderio rimosso si è mostrato più forte della censura, che il desiderio ha imposto, o era in procinto di imporre, il proprio appagamento contro la censura».[8]

L'interruzione del sogno tuttavia non comporta la cessazione dei suoi effetti sulla sognatrice, che vuole anzi riprovare nel corso dell'attacco isterico il godimento reale provato durante il sogno. La conclusione traumatica della ripetizione 'reale' della scena onirica non cancella affatto la «realtà del sogno» di soddisfacimento, che anzi diventerà una sorta di punto di riferimento a cui la donna resterà ancorata. La novella si chiude lasciando intravedere i vantaggi di una situazione assurda in cui essa, innocente ai fini sociali e coniugali, ha tuttavia sperimentato come «una realtà» i piaceri della trasgressione vissuti nel sogno.

4. La «rivelazione» e l'ambivalenza tra veglia e sonno

Il sogno ha prodotto nella donna la rivelazione della sua natura sensuale («Fu nel sogno la rivelazione.»), e le ha dato l'esperienza di un appagamento che lei mai prima aveva provato. È questa esperienza di piacere che ora si dà per lei come realtà. La «realtà del sogno» si presenta come «sogno di

[8] Sigmund Freud, *Opere*, tr. it., vol. 8, Torino, Bollati Boringhieri, 1976, pp. 384-385.

realtà»: alla fine, se il sogno è una realtà, l'equivalenza può anche valere all'inverso e la realtà è allora un sogno.

Se questa è la conclusione della novella, c'è da chiedersi se essa possa intendersi in termini freudiani. Sembra proprio di no. La teoria freudiana del sogno come «appagamento mascherato di un desiderio rimosso», se può funzionare come modello interpretativo del sogno della donna, non sembra tuttavia adeguata per delineare il complesso rapporto tra sogno e realtà su cui si impianta e si conclude il nucleo tematico profondo della novella, che non è quello dell'allucinazione onirica, ma l'altro del peso reale dei sogni e, in definitiva, dell'equivalenza tra realtà e sogno e, anche, della «loro reversibilità».[9]

È questa ambivalenza ontologica tra lo stato della veglia e quello del sogno che regge grandi testi della maturità di Pirandello come *Sogno (ma forse no)*, *Una giornata*, *Effetti d'un sogno interrotto* e *Non si sa come*. L'indecisione radicale sull'essere e il parere, sul vero e sul falso, sull'essere svegli e sul dormire domina in altri lavori pirandelliani squisitamente onirici, e si pone, in termini più generali, come uno degli assi su cui si impianta l'edificio dell'opera e della visione dell'uomo di Pirandello.

Si pensi alla citazione quasi testuale che il grande Pirandello di *Non si sa come* (un lavoro in cui sogno e realtà si confondono e si intrecciano in nodi inesplicabili) fa della situazione e dei termini del tradimento in sogno già descritto nella novella di più di vent'anni prima:

> Romeo: Vedi le donne, come sono? dicono: **un sogno! capisci? un sogno! che cos'è un sogno?**
>
> [...]
>
> Giorgio: Avrà fatto male a dirtelo; ma tu **non puoi far caso d'un sogno come se fosse una realtà!**
>
> Romeo: Ah no, eh? **Non c'è la realtà del sogno, nel corpo che l'ha goduto?** [...] **Il sogno resta, là, vivo, nel suo corpo**, e tu non puoi farci nulla; è stato un sogno; lei non l'ha voluto; **si può forse comandare ai sogni?** [...] i delitti veri, per cui non c'è tribunali, si commettono così. Chi li vuole? Si commettono; non si sa come.

Se per Pirandello il sogno «resta» una realtà incancellabile e ha un peso almeno pari a quello degli eventi cosiddetti reali, in termini freudiani esso prende senso dalla realtà o ad essa dà senso, ma restando distinto come espressione tipica dell'attività del pensiero notturno che ha altre leggi, vive della logica dei processi primari rispetto a quella propria del pensiero nello stato di veglia. In Pirandello è tutto diverso: il protagonista della splendida,

[9] È un'espressione di Roger Caillois, *L'incertezza dei sogni*, tr. it., Milano, Feltrinelli, 1983, p. 50.

dolente novella *Una giornata* (che chiude il libro delle *Novelle per un anno*) non sa, alla fine della vita, se egli abbia vissuto, lavorato, amato in sogno o nella realtà.

5. Pirandello e Pascal. L'infinito e il sogno

In questo complesso tema dello scambio e dell'ambigua confusione tra realtà e sogno credo che Pirandello abbia fatto propria la posizione di uno dei suoi maestri occulti e dei più trascurati dai molti studiosi della cultura pirandelliana. Intendo riferirmi a Blaise Pascal, quel Pascal che, non citato, gli dà l'esempio famoso del naso di Cleopatra nell'ultimo capitolo dell'*Umorismo*, e nel penultimo gli offre una essenziale dichiarazione di poetica a sostegno della propria visione dell'uomo («Non c'è uomo, osservò il Pascal, che differisca più da un altro che da sé stesso nella successione del tempo.»). È lo stesso filosofo indirettamente richiamato nel titolo del più tipico dei romanzi pirandelliani ed esplicitamente citato in due novelle (*Rimedio: la geografia* e *Sotto e sopra*). Trovo il riferimento a Pascal in un capitolo del libro (trascurato dai pirandellisti) di Ines Scaramucci sulla *Dimensione pascaliana da Leopardi a Montale*,[10] interessante per la finezza di certe osservazioni (anche se non sempre suffragate da riscontri testuali).

A proposito della concezione pirandelliana del sogno, mi pare dunque utile richiamare alcuni luoghi delle *Pensées* in cui Pascal, inclinando verso le posizioni degli scettici pirroniani, si mostra dell'opinione che «ogni cosa quaggiù è in parte vera, in parte falsa», e che il sogno, a certe condizioni, potrebbe avere gli stessi caratteri della realtà:

> **Se sognassimo tutte le notti la stessa cosa, ne saremmo colpiti quanto dagli oggetti che vediamo tutti i giorni**. E se un artigiano fosse sicuro di sognare tutte le notti, per dodici ore filate, di essere re, credo che sarebbe quasi altrettanto felice d'un re che sognasse ogni notte, per dodici ore, di essere un artigiano.
>
> **Se sognassimo tutte le notti di esser inseguiti da nemici, soffrendo l'incubo di quei penosi fantasmi**, e trascorressimo invece tutte le nostre giornate in occupazioni diverse, come quando si è in viaggio, soffriremmo di quell'incubo come se fosse vero e temeremmo nel sonno, come si paventa di svegliarsi quando si ha paura di cadere realmente in simili guai. E, invero, **il sogno causerebbe press'a poco i medesimi mali della realtà**.
>
> Ma **poiché i sogni sono tutti differenti, e uno stesso sogno varia, quel che vi si scorge colpisce molto meno di quanto si vede nello stato di veglia**, a ca-

[10] Il libro è stato pubblicato a Milano, IPL, nel 1972 (il capitolo pirandelliano è intitolato *La dimensione pascaliano-leopardiana come problematicismo radicale nell'itinerario di Pirandello*, pp. 137-156).

gione della continuità: che non è però così continua e uniforme da non mutare anch'essa, ma in maniera meno brusca, salvo in rare occasioni, quando ad esempio si viaggia. E allora **si dice: «Mi sembra di sognare», perché la vita è un sogno un po' meno incostante.**[11]

A questa definizione pascaliana della vita come «un songe un peu moins inconstant», Pirandello sembrerebbe rispondere, ad esempio, con la sua ammirazione per l'opera di Calderón de la Barca *La vida es sueño*, che è un testo caratterizzato, com'è noto, dal motivo che «toda la vida es sueño».[12]

Ma c'è un secondo pensiero pascaliano sullo stesso ordine di problemi che è bene citare:

Inoltre, **nessuno (dicono) è certo, fuor che per fede, di esser sveglio o di dormire**. Nel sonno, infatti, crediamo di esser desti altrettanto fermamente di quando lo siamo; crediamo di percepire spazi, figure, movimenti; sentiamo scorrere il tempo e lo misuriamo; ci comportiamo, insomma, come quando siam svegli; dimodoché – passando noi, per nostra stessa confessione, metà della nostra vita dormendo e non avendo in quel periodo, checché a noi paia, nessuna cognizione del vero, giacché in quello stato i nostri sentimenti non sono se non illusioni; – **chi sa se l'altra metà della vita, in cui crediamo di essere svegli, non sia se non un sonno un po' diverso dal primo, dal quale ci destiamo quando crediamo di addormentarci?**

E chi dubita che, se si sognasse in compagnia, e per caso i sogni concordassero, fatto abbastanza comune, e ci si svegliasse poi soli, non si penserebbe forse le cose alla rovescia? Infine, come spesso si sogna di sognare, accumulando un sogno sull'altro, non **potrebbe darsi che quella metà della vita in cui crediamo di essere desti fosse essa stessa un sogno sul quale si fossero innestati gli altri**, e da cui ci svegliassimo nel momento della morte, e durante il quale possedessimo i principî del vero e del bene tanto poco quanto durante il sonno naturale: i differenti pensieri che ci agitano non essendo forse se non illusioni, simili allo scorrere del tempo e ai vani fantasmi dei nostri sogni?[13]

---

[11] È il frammento 386 delle *Pensées* nell'edizione Brunschvicg, nella traduzione italiana di Serini (Blaise Pascal, *Pensieri*, tr., intr. e note di Paolo Serini, con un saggio di Carlo Bo, Milano, Mondadori, 1984, pp. 431-432). Nella numerazione di Lafuma questo pensiero porta il numero 803, e si può, ad esempio, leggere in francese e in traduzione in Blaise Pascal, *Frammenti*, a cura di Enea Balmas, Milano, Rizzoli, 1994, II, pp. 740-743.

[12] Il riferimento è a *Teatro nuovo teatro vecchio* (1922), in Luigi Pirandello, *Saggi, Poesie, Scritti vari*, Milano, Mondadori, 1960, p. 232. Al rapporto di temi di Pirandello con l'onirismo di Calderón fa un cenno Marco Hagge: «Evidentemente, ogni ipotesi di radicale onirismo deve essere costruita come un teorema; e *La vida es sueño* è articolata, non per caso, a tesi. Pirandello, memore della lezione, adotta lo stesso metodo di paradosso logico (o, se si preferisce, di follia con metodo).», *Il sogno e la scrittura*, Firenze, Sansoni, 1986, p. 180.

[13] È una parte del pensiero 434 in Brunschvicg, nella tr. cit., pp. 288-9 (pensiero 131 per Lafuma, in *Frammenti*, cit., I, pp. 184-7).

Spetta agli esegeti di Pascal indagare il nesso di questa problematica pirroniana (cioè scettica) del suo pensiero sul sonno e la veglia con i temi centrali della sua speculazione. A me basta annotare che, se è certo che per Pascal «non è possibile decidere con sicurezza quale sia lo stato di veglia e quale quello di sonno e di sogno»,[14] è anche vero però che egli si rifaceva a un tema filosofico di matrice scettica ben presente nella cultura del suo tempo.

Il motivo dell'impossibilità di conoscere con certezza quando si sogna e quando si è svegli era stato ripreso dal Montaigne nell'*Apologie* (II, XII) e da Descartes nella *Première méditation* e nel *Discours de la méthode* (IV), ed era a questi autori che Pascal implicitamente si riferiva.

Pirandello sicuramente conosceva Descartes[15] e Montaigne, ma il suo autore di riferimento doveva essere certamente il Pascal che si chiede «si cette autre moitié de la vie où nous pensons veiller n'est pas un autre sommeil un peu différent du premier». Anche per lui (come è detto in *Non si sa come*) la «metà della vita» è occupata dal sonno. Ma più radicale di Pascal, egli, alla fine della sua opera, costruisce un sistema in cui sogno e realtà si confondono e si equivalgono senza uscite. La realtà in *Sogno (ma forse no)* è continuazione del sogno. In *Non si sa come* il sogno finisce per invadere tutta la realtà, diventando, com'è stato notato, «il paradigma simbolico di una vita che si scopre inconsistente e fragile».[16] Si badi a ciò che afferma Romeo: «e puoi dire allora ch'io sto vivendo una vita cosciente? E ancora sono sveglio! E quando dormo? Metà della vita si dorme [...]. Sì, sì, ucciso, ucciso – come in sogno, ma veramente ucciso!». In *Non si sa come* il tradimento fatto in sogno nella novella *La realtà del sogno* ha il suo seguito in un delitto reale (come «reale» era il tradimento nel sogno della novella).

Se noi sognassimo ogni notte scene di sofferenze, diceva Pascal, il sogno «ferait à peu près les mémes maux que la réalité». La sua era un'ipotesi di realtà del sogno, inserita in una più generale sfiducia nelle capacità dell'uomo di conoscere la verità e sé stesso. Ma è noto come in Pascal, da questa sua sfiducia nella ragione e nell'orgoglio dell'uomo, nasca il bisogno di decidere per una scommessa radicale.

---

[14] ADRIANO BAUSOLA, *Introduzione a Pascal*, Bari, Laterza, 1973, p. 38.

[15] E lo conosceva anche a proposito del rapporto tra sogno e realtà se, nella commedia del 1917 *Il piacere dell'onestà*, fa dire al personaggio di Maurizio: «**Mi disse che Cartesio**, scrutando la nostra coscienza della realtà, **ebbe uno dei più terribili pensieri che si siano mai affacciati alla mente umana: – che, cioè, se i sogni avessero regolarità, noi non sapremmo più distinguere il sonno dalla veglia!** – Hai provato che strano turbamento, se un sogno ti si ripete più volte? – **Riesce quasi impossibile dubitare che non siamo di fronte a una realtà**».

[16] SERGIO BLAZINA, *Il sogno in scena: D'Annunzio, Pirandello, Svevo*, in *Teoria e storia dei generi letterari. La letteratura in scena. Il teatro del Novecento*, a cura di Giorgio Bàrberi Squarotti, Torino, Tirrenia, 1985, p. 93.

Se l'uomo annoiato di Pascal passa la vita nel *divertissement* come fuga dalla scoperta della morte, anche l'uomo di Pirandello nelle sue evasioni non può dimenticarsi della morte. Pirandello vive il suo pascalismo senza arrivare al *pari*. Per lui l'uomo resta schiavo dell'opinione, incerto su verità e menzogna, bene e male, realtà e sogno.

Tuttavia il pascalismo senza scommessa di Pirandello non è così lontano dai grandi temi della grandezza e della miseria dell'uomo se, come è detto nelle due novelle (*Rimedio: la geografia* e *Sotto e sopra*) che citano esplicitamente Pascal,[17] ci deve essere nell'uomo, che sente la sua «infinita piccolezza» di fronte all'«infinita grandezza dell'universo», «qualcosa di questo infinito». E di «tutto l'infinito ch'è negli uomini», come dice il mago Cotrone nei *Giganti della montagna*, fanno parte i «sogni, la musica, la preghiera, l'amore...».

---

[17] Si veda la già citata ediz. delle *Novelle per un anno*, vol. I, t. I, Milano, Mondadori, 1985, pp. 206 e 553. Queste citazioni esplicite del nome di Pascal, e l'altra ricordata dell'*Umorismo*, costituiscono, se ce ne fosse bisogno, quella prova della frequentazione pascaliana di Pirandello che sfugge a Sciascia, il quale scrive: «In quanto a Pirandello lettore di Pascal, e di segreta affezione, possiamo avanzarne il sospetto, **ma senza la minima prova: non c'è un Pascal, tra i suoi libri** [...].», in *Pirandello dall'A alla Z*, supplemento al n. 26 dell'«Espresso», 6 luglio 1986, p. 28. Ripubblicando questo dizionarietto con il titolo *Alfabeto pirandelliano* (Milano, Adelphi, 1989), Sciascia, pur senza aggiungere prove certe (come la citazione del nome di Pascal nelle due novelle citate), 'capovolse' il «ma senza la minima prova» in «**e non senza qualche indizio**», aggiungendo «**pare ci fosse, tra i suoi libri, un Pascal postillato ai margini** [...].» (LEONARDO SCIASCIA, *Opere 1984-1989*, a cura di Claude Ambroise, Milano, Bompiani, 1991, p. 491; ma anche *Opere*, II, *Inquisizioni. Memorie. Saggi*, tomo II, *Saggi letterari, storici e civili*, a cura di Paolo Squillacioti, Milano, Adelphi, 2019, p. 945. A parte alcune varianti grafiche, nemmeno questa edizione registra le varianti sostanziali tra le edizioni, compresa questa su Pascal).

Capitolo secondo

BRANCATI, PIRANDELLO E IL SOGNO

Quarant'anni ho scalzati, ed ecco già
Assottigliato del mio tempo il muro
Lascia sentire dell'eternità
Il suono vasto, solitario, duro.
Chi chiamerò in soccorso, la Bontà
Che l'invecchiato occhio renda puro?
O la glabra indolore Aridità
Che m'addormenti prima che sia scuro?
Sotto un rovescio gelido, è finita
Di giovinezza l'ebrietà. Era un sogno
Quel che al mattino chiamavamo vita.
Prati inodori ha il maggio, e langue il fuoco
Nel sole. Ormai non resta che il bisogno
Di sapere chi è l'Altro in questo giuoco.

Brancati, *Diario romano*

Il sogno può essere colto e studiato nella narrativa di Brancati in tutta la sua estensione semantica, che va dal significato psicologico di attività del pensiero notturno a quello di fantasia e fantasticheria, incubo e illusione, desiderio, progetto, ideale.

In premessa a un'ipotesi generale di lettura dei sogni presenti nei romanzi, accenno rapidamente a una serie di racconti onirici in cui il sogno è inteso prevalentemente come utopia o allegoria di modelli di società e di conformismi che costituiscono per lo scrittore oggetto di rappresentazione ironica o surreale.[1]

In cerca di un sì del 1935 (che dà il titolo a una raccolta del 1939) è una lunga novella in cui il protagonista sogna di trovarsi nell'*anticamera celeste* («"Sono davvero morto" pensò Riccardo. "O è un sogno?"»), dove ottiene

---

[1] I racconti brancatiani si possono leggere in Vitaliano Brancati, *Tutti i racconti*, 2 voll., a cura di Domenica Perrone, Milano, Bompiani, 1994 (in nuova edizione, Mondadori, 2002); oppure in *Racconti, teatro, scritti giornalistici*, a cura di Marco Dondero, con un saggio introduttivo di Giulio Ferroni, Milano, Mondadori, 2003.

dal Gran Segretario la concessione di potere tornare a vivere se un suo amico in terra risponderà *sì* alla domanda «Vuoi tu che il signor Riccardo torni a vivere?». Tornato per una notte sulla terra, Riccardo non trova nessun amico che dica il *sì*, e sarà risvegliato da un usciere nell'anticamera del commendatore presso cui si era recato per ottenere un *sì* alla sua richiesta di un posto di lavoro. Ma anche stavolta per lui non c'è lavoro.

Il sogno di Lucia del '37 è incentrato sul sogno della giovane Lucia, in un imprecisato paese a «sistema collettivo» dell'Est europeo, di «scappare di casa col proprio innamorato» prendendolo nella sua slitta. Ma questi, con altri, non può trasgredire all'ordine di un ispettore di «girare a passo di marcia attorno alla piazza del villaggio». Tornata delusa a casa, nel dormiveglia vede una radunata di persone tutte nella stessa posa e con gli stessi pensieri e sentimenti. A questa segue la radunata di miliardi e miliardi di persone che «continuano ad essere morti». In preda al terrore, si sveglia e scopre «che, al di là del Pacifico, la gente era sveglia».

La nave del sonno del '39 ha come protagonista il giovane architetto Raffaele, dall'amico che narra visto dedicarsi, nelle poche pause dal sonno, a immaginare tanti progetti, fino a imbarcarsi per «dare l'addio alle donne d'Europa», e a programmare legami e matrimoni, compreso il suo. Infine, la sognatrice Sara, da lui sposata per procura dalla Guiana olandese, a sua volta s'imbarca per «raggiungere il marito, che dormiva presso l'Equatore!».

Un bel sogno del '52, l'ultimo dei racconti brancatiani (e non solo di quelli onirici), riprende il tema 'celeste' di *In cerca di un sì* con l'io del narratore che arriva nella «più saggia città del mondo», con alberghi separati per uomini e donne, e dove pullulano i confessionali, e altoparlanti collocati in ogni strada diffondono il comandamento di «Non fornicare!».

1. *Singolare avventura di viaggio*. I sogni leggeri e i sogni di desiderio

In *Singolare avventura di viaggio*, uscito nel 1934, entrambi i protagonisti, i cugini Anna ed Enrico Leoni, hanno a che fare col sogno. Ad inizio del romanzo, sul treno che li porta a Viterbo, Anna dice di avere sognato la mamma, ed Enrico ci viene presentato in una condizione di fantasticheria e di sogno («Ora che, *per un attimo*, le sue idee erano uscite dalla sua anima, le rivedeva in tutta la loro forza e splendore, e sognava il momento in cui sarebbero tornate»).[2] Il suo volto poi è per la cugina «un animatore di sogni». E anche il paesaggio viterbese produce «un effetto di sogno».

---

[2] V. Brancati, *Opere 1932-1946*, a cura di Leonardo Sciascia, Milano, Bompiani, 1987, p. 13.

In sintesi, si potrebbe dire che nel libro c'è un doppio livello onirico: quello dei «sogni leggeri» della fanciullezza, che si può sempre ritrovare nella memoria come un «bel sogno», e l'altro dell'avventura erotica, «sporca», come la definisce Anna, caratterizzata da due veri sogni di desiderio, e quindi di altro genere rispetto a quelli dell'infanzia.

L'anticipazione di questo 'sporco' della relazione viterbese con la cugina si ha nel sogno di 'incesto' che Enrico fa della ragazza come somigliante a sua sorella («"Vattene! Tu somigli a mia sorella! Vattene! Vattene, ti dico!"»).[3] Segue un contatto fisico con la cugina, le cui mani «gli strapparono un fuoco tremendo e piacevole», dopo il quale egli «si sentì sporco, umido».[4] E Anna, nel capitolo settimo, dice: «"Ormai quest'avventura è così sporca" [...] "che il solo modo di uscirne è di essere volgari, chiaramente e coraggiosamente volgari... [...]"».[5]

Al centro di questo secondo livello sta il sogno fatto da Enrico su cui si apre il capitolo ottavo, e che si potrebbe definire sogno della coscienza e di Anna. Egli sogna di trovarsi nella stessa camera d'albergo in cui sta dormendo, vede «la sua coscienza seduta in una sedia alta per bambini», parla con le cose, e poi appare Anna che «gli metteva la mano sul ventre»:

> Di nuovo, scivolò nel sonno. Il suo desiderio era stato esaudito: egli si trovava nella camera d'albergo in cui dormiva: **l'unica differenza, fra il sogno e la realtà, era che nel sogno aveva gli occhi aperti e svegli**. Le pareti, le imposte, le poltrone dicevano: "Tutto sarà ragionevole e chiaro! Tu non vedrai più una cosa goffa come quella che hai visto nel sogno precedente: puah, quella coscienza seduta in una sedia alta per bambini! È una situazione che fa schifo!"
>
> "No, non fa schifo!" osservava egli, con un candore infantile, parlando piano, come quando si è sdraiati sotto gli alberi, nei pomeriggi d'aprile. "È soltanto una cosa contro natura."
>
> "Ah, ah!" diceva tutto intorno, specialmente le penombre degli angoli. "Ah, ah, una cosa che non fa schifo, ma che è contro natura!... Questo significa non avere coscienza."
>
> "Basta! L'avete sentito? Basta!"
>
> Tutto taceva, tutto era tranquillo e guardava il sole. D'un tratto, la porta si aprì e apparve Anna: quello che lo colpì di lei fu la mano nuda.
>
> "È impazzita!" pensò egli. "È impazzita! Ma come? Con la mano nuda!... Ma dove s'è vista una sconcezza simile? una mano nuda!"
>
> "Cosa vuoi fare con quella mano?" le domandò.
>
> Anna sorrise e si sedette a piè del letto. Poco dopo, guardandolo fissamente

---

3 *Ivi*, p. 27.

4 *Ivi*, pp. 27-28.

5 *Ivi*, pp. 59-60.

negli occhi, e sorridendo con una piega singolare "e divina" presso la bocca, gli metteva la mano sul ventre.

Egli sentì anche il peso del braccio.

Poi la mano si abbassava e, con una freschezza infinita, come se continuamente in quella palma si rinnovassero dei petali bagnati, gli si posava sul basso ventre.[6]

Nel sogno, freudianamente, agisce il residuo diurno dell'esperienza erotica già procuratagli dalla mano di Anna e, svegliatosi, Enrico «sul basso ventre aveva ancora il peso della mano». Si reca nella stanza di Anna, dove scopre che la cugina aveva sognato di andare nella sua camera e di accarezzarlo ancora eroticamente: «"È vero, dunque" fece egli, abbandonandosi alla stanchezza. "**Nel sogno, ma è vero!**... Che stranezza, questi due sogni che corrispondono così! che orribile stranezza!"».

Anna (che già nella realtà era stata protagonista con Enrico dell'episodio della mano), di fronte alla difesa della verità del sogno fatta dal cugino, osserva: «Un sogno, in fin dei conti, non è che un sogno». Ma è dopo questo sogno che i due vincono le ultime resistenze.

1.1. *Il sogno di Gesù Cristo e il senso di colpa*

Dopo il possesso, Enrico si allontana da Anna, la trascura, ha dei rimorsi, si sdraia sul letto, senza sapere «se fosse sveglio o dormisse», e vede «Gesù Cristo in persona, seduto con una semplicità estrema»:

"Vedi" cominciò subito Enrico. C'è poco da fare: è passato molto tempo da quando sei venuto sulla terra. Io credo in Te, sai? Non mentisco: io credo in Te... Cioè a dire..."

Si confuse come dinanzi a un professore [...]. Lo sguardo di Gesù Cristo, su di lui, illuminava intanto anche l'erba.

"Cioè a dire" continuò "cioè a dire: io credo in Dio... Tu (non devi offenderti, non devi offenderti, per carità!) sei l'apparizione umana di Lui. Nota bene (scusami questo linguaggio da notaro!), nota bene: umana... È una cosa molto grave questa: umana... Significa un'apparizione soggetta alla nascita, e quindi alla vecchiezza e alla morte... [...] Sentiva gli occhi di Colui che lo ascoltava, larghi e diffusi su tutto il suo corpo. Alla fine, la nota alta si spezzò ed egli riebbe la voce consueta: "Bisognerebbe che Dio ora mandasse un'altra Sua apparizione umana, e rinnovasse la Sua carne... e anche le Sue parole, che son fatti corporei... Sì, per quanto si possa dire, son fatti corporei... Per esempio, vuoi ridire i comandamenti?".[7]

---

[6] *Ivi*, pp. 62-63.

[7] *Ivi*, pp. 75-76.

Egli parla a Cristo come ad un amico della necessità che Dio «mandasse una Sua apparizione umana, e rinnovasse la Sua carne». Alla fine «Colui che aveva ascoltato aprì la mano e se la guardò. "Che intimità!" diceva Enrico, atterrito. "Che gesto intimo! Egli non dovrebbe farlo, dinanzi a me!". Quasi sveglio, egli poi pensa ai comandamenti: «Non mentire! Non desiderare la donna d'altri. Non fornicare!...». Il sogno dunque in Brancati si presenta inizialmente (e alla fine, se si pensa al «Non fornicare!» che si ripete nell'ultimo racconto onirico brancatiano che è *Un bel sogno*) in un contesto di educazione cattolico-penitenziale in cui si installa un ineliminabile senso di colpa.

Cristo seduto e che si guarda la mano ripete elementi del sogno della coscienza seduta e della mano di Anna, e porta sull'avventura erotica dei cugini l'ombra ineliminabile del peccato. È da questo momento che Enrico si propone di «scovare la sua coscienza»; e a questo fine, per fare reagire il proprio senso morale, egli si immerge nel vortice lussurioso di rapporti con Anna sempre più degradati. Infine, decide di fuggire senza nemmeno salutarla; e tutta l'avventura di Viterbo gli si configura allora

come un sogno, da cui bastava svegliarsi. Quel credere di non possedere una coscienza è "**tale e quale la paura del bambino che sogna di aver perduto il giocattolo**, accanto al quale s'è addormentato; e quella ricerca disperata del senso morale era, essa stessa, senso morale".[8]

La singolare avventura di viaggio si articola allora agli occhi del protagonista come un sogno in cui erano incastonati altri sogni. E il sogno più ampio non è quello del desiderio della donna, ma l'altro della ricerca della coscienza, della legge morale.

Non mi sembra privo di significato questo esordio onirico-morale-religioso di Brancati. Il sogno di desiderio, in cui appare prima la coscienza e poi la mano lasciva di Anna, viene replicato da quello di Cristo, della sua mano e dei comandamenti divini. Questo Cristo, più di Eros, attraversa tutta la narrativa di Brancati per assumere la forza ossessiva di un complesso, di un istinto naturale nell'incompiuto *Paolo il caldo*. Alla fine della singolare avventura viterbese, il personaggio brancatiano fugge con un doppio indelebile ricordo: «**Egli ricorda i sogni di Viterbo; ricorda anche l'apparizione di Cristo**».

In questa prospettiva, che si potrebbe definire persino metafisica, il tema del sogno come puro appagamento di desiderio tende a ridursi sempre di più. Da ciò l'opportunità di cercare di cogliere alcuni caratteri propri dell'onirismo di Brancati nella sua prima stagione, quando esso è più consistente.

---

[8] *Ivi*, p. 82.

1.2. *Una linea pirandelliana*

A me sembra che i sogni di *Singolare avventura*, come di altri testi, possano agevolmente interpretarsi in chiave freudiana, vedendovi, ad esempio, appagamenti di desiderio, residui diurni, fenomeni di condensazione e spostamento. Ma mi sembra anche che in essi sia possibile individuare quella che chiamerei una linea propriamente pirandelliana, con al centro la novella *La realtà del sogno*, in cui il sogno è una forma del reale. Per Freud il sogno prende senso dalla realtà o ad essa dà senso, ma resta da essa distinto come espressione tipica del pensiero notturno che vive della logica confusiva dei processi primari.

Brancati con *Singolare avventura di viaggio* si pone con prudenza sulla scia di Pirandello, suggestionato soprattutto dal tema della realtà del sogno, e cioè dalla possibilità di una qualche confusione tra reale e onirico. Ma su questa strada egli non giunge agli estremismi metafisici pirandelliani.

Quando Enrico, riferendosi al sogno erotico della mano, dice «Nel sogno, ma è vero!», egli riconosce una forma di realtà al sogno. Anche il tema della concordanza e dell'incontro dei due sogni (di Enrico e di Anna) è, oltre che surrealista, pirandelliano (per esempio, appare in *Effetti d'un sogno interrotto*). Brancati però non è più sulle orme di Pirandello quando considera tutta l'avventura come un sogno dal quale poi il protagonista si sarebbe svegliato per conquistare la coscienza. Il sogno allora si amplia in una dimensione morale, come qualcosa che comprende il reale e i sogni, ma da cui si può, e si deve, uscire per conseguire la condizione etica di un uomo attivo e responsabile e una felicità lontana dall'avventura oniroide di Viterbo.

2. *Sogno di un valzer*. Dai «brutti sogni» alla realtà

Pubblicato nel 1938 su «Quadrivio», il *Sogno di un valzer* esplicita subito nel titolo il proprio tema, amplificato alla condizione esistenziale di ogni uomo con la citazione della celebre immagine di Pindaro dell'uomo come «sogno di un'ombra».[9] Il valzer è il sogno, il progetto vagheggiato dagli abitanti di Nissa per evadere dalla solita routine provinciale.[10] L'incarico di

[9] «Lisa scelse un volume dalla scansia più vicina, lo aprì e cominciò a leggere. Le ultime parole erano di Pindaro: "Chi siamo? Dove andiamo? Donde veniamo? L'uomo è il sogno di un'ombra!», *ivi*, p. 205.

[10] In questo senso è forse utile ricordare che il titolo del romanzo breve riprende quello di una celebre operetta viennese di Oscar Straus (*Ein Walzertraum*, del 1907), su libretto di Felix Dörmann e Leopold Jacobson, molto rappresentata anche in Italia fino ai nostri giorni.

organizzare il ballo viene affidato al professore Ottavio Carrubba, ex prete e cultore di letteratura, il quale pensa di associare all'impresa Giovanni La Pergola, rivenditore di frutta, ma uomo di grande saggezza. Il ballo viene rimandato perché a Nissa giungono i predicatori paolini, che parlano, seguitissimi, della vita e della morte, dell'anima e di Dio. Ai paolini succedono poi gli antroposofi che predicano il verbo di Steiner sul corpo, sugli astri, sullo spirito e sulla reincarnazione.

Intanto Giovanni La Pergola sogna il fratello ucciso, il quale gli dà dei numeri per il lotto e gli parla della sua misera vita in terra. La Pergola racconta il sogno al professore Carrubba, tacendogli però che nel sogno egli aveva nominato il professore al fratello provocando la sua irritazione e la fine del sogno. Il professore gli chiede allora se egli crede ai sogni e quello gli risponde di no («"Nossignore! Non ci credo!"»), e a riprova esamina acutamente «tutte le assurdità del proprio sogno».

Mentre a Nissa molti, suggestionati dalle teorie antroposofiche, si appassionano a disquisire sui sogni 'rivelatori' o meno di verità e sull'anima dei morti, La Pergola continua a sognare il fratello, che gli dice tra l'altro di essere entrato nella stanza di Dio, gli rivela che via delle Calcare (dove abita) è diventata una via di donnacce, e infine gli confessa di essere stato ucciso da un suo amico. La Pergola, spaventato e ormai 'ammalato' dei suoi «brutti sogni», si reca ancora dal professore per ribadirgli che non crede ai sogni, ma è tormentato dal sospetto. Carrubba, alla domanda dell'amico «"Lei crede ai sogni?"», risponde che è «probabile che siano più veri delle cose che vediamo da svegli», aggiungendo «che, pur essendo un uomo onesto, aveva molti rimorsi e molte cose da farsi perdonare».

La Pergola rivede in un ultimo sogno il fratello che gli fa il nome del professor Carrubba come suo uccisore. All'obiezione di Giovanni sul perché il professore lo tratti così bene, il morto gli risponde che il suo comportamento gentile è dovuto al rimorso. Svegliatosi, La Pergola si reca da Ottavio Carrubba con un'ascia in mano e lo uccide:

> Fu nel viso che La Pergola colpì. E subito **ebbe l'impressione di svegliarsi da un brutto sogno**. Il fratello, l'antroposofo, il ballo... Quante sciocchezze gli affastellavano la mente! Ora ricordava, con esattezza, che il fratello era stato ucciso da una schioppettata, in via Cavour. La storia del burrone mostrava la sua assurdità.
>
> Ma **di questo brutto sogno**, che rapidamente gli lasciava il cervello, **solo rimaneva**, con l'aria di non voler più sparire, **il viso, ferito a morte, del professor Carrubba**, nel quale la contrazione del dolore non turbava del tutto la consueta dolcezza. Questo era spaventoso.[11]

---

[11] *Ivi*, p. 248.

Carrubba, ovviamente, era innocente, e l'antroposofo, richiamato a Nissa, «negò che il sogno di La Pergola avesse detto apertamente la verità», ma chiarì che «in una vita precedente Carrubba aveva danneggiato La Pergola». E al cimitero i vivi continuavano a parlare delle idee e delle non-idee, e dalle tombe si levava un gemito che «era come un grazie dei morti alla vita».

2.1. *Ancora Pirandello*

Se a proposito di *Singolare avventura di viaggio* il riferimento a Pirandello poteva scaturire dall'analisi interna al testo, con il *Sogno di un valzer* il richiamo all'agrigentino è esplicito ad apertura del libro, dopo la proposizione del tema del ballo. Come segni di una moda pirandelliana dilagante fra signore e signorine, Brancati cita lo studio della parte dell'attrice in *Trovarsi* fatto da Lisa Martoglio, uno dei personaggi principali del libro;[12] e richiama ironicamente il motivo dello sdoppiamento della persona (in due, cento, mille, centomila), e l'altro della colpa sessuale (come l'«essersi lasciata baciare da un amico del marito»), accompagnata dal rimorso e dalla conseguente autoassoluzione perché l'atto proibito sarebbe stato «compiuto "come in sogno"».

Si ricordi che il bacio nel sogno era già nella *Realtà del sogno* di Pirandello, e si noti che Brancati scrive «come in sogno» tra virgolette probabilmente perché sta citando un'espressione pirandelliana presente in *Non si sa come*, che è del 1935 (cioè di tre anni precedente al romanzo brancatiano, mentre l'antecedente novellistico diretto del dramma è nella novella *Nel gorgo* del 1913). Nel testo teatrale Romeo confessa dopo trent'anni un delitto da lui compiuto senza premeditazione e poi rimosso: «Io ho ucciso [...]. Sì, sì, ucciso, **ucciso – come in sogno** [...]. **Delitto innocente. Come in un sogno che ritorna**».

La tesi del personaggio pirandelliano è che un tradimento reale può essere «accaduto e svanito come in un sogno». Lo stesso può valere per un

---

[12] «Lisa Martoglio, la più intelligente e colta fra le intelligenti e colte [...] aveva studiato e recitato, sola davanti a uno specchio, la parte dell'attrice in *Trovarsi* di Pirandello. **Le signore e signorine adoravano Pirandello**. Era da lui che avevano capito perché spesso si sentissero non una, ma due; **era da lui che Anna Rosali**, dopo una notte di rimorsi per essersi lasciata baciare da un amico del marito, **aveva appreso, piangendo di tenerezza, di non essere colpevole perché l'atto del giorno avanti ella l'aveva compiuto "come in sogno"**. Era infine Pirandello che confortava queste care ragazze (giovanissime, le più) della maldicenza che le perseguitava, anche quando esse correvano lontano da Nissa, sole e scapigliate con la loro piccola *fuoriserie*.» (*ivi*, p. 180). La stessa Lisa, che nella realtà una volta aveva respinto la tentazione di Carrubba di abbracciarla, dopo la morte di questi confesserà falsamente al marito (che la perdonerà del «nobile peccato» commesso con «un uomo superiore») di «essere stata l'amante di Ottavio Carrubba!» (*ivi*, pp. 250-51).

omicidio. Entrambi gli atti sono «**Delitti in sogno. Delitti innocenti; ma veri delitti**».

Brancati, in linea con un atteggiamento di fondo alquanto critico verso il Pirandello «diabolico» del profondismo filosofico, sembra irridere all'ipocrisia che giustifica il tradimento con un sofisma. Nel seguito del romanzo ci sono altri riferimenti espliciti all'autore di *Sogno (ma forse no)* come al teorico e descrittore della frantumazione della personalità. Tra l'altro, l'insistenza ironica sulle discussioni religiose e filosofiche a cui si dedicano gli abitanti di Nissa può far pensare a suggestioni pirandelliane. Si potrebbe, ad esempio, ritenere che le farneticazioni antroposofiche siano una ripresa delle problematiche teosofiche ben presenti nel mondo di Pirandello.[13]

Per restare al tema onirico, è da osservare che l'evento narrativo finale del libro, cioè l'uccisione del Carrubba, rientra nella categoria dei delitti innocenti teorizzati da Pirandello nella *Realtà del sogno* e in *Non si sa come*. La Pergola infatti non vive più nella realtà ma interamente nella dimensione del sogno. Il delitto è l'epilogo di un «brutto sogno» dal quale egli riesce a svegliarsi solo in parte. Dopo il sogno, infatti, gli resta l'incubo della visione del viso del professore ferito a morte.

Siamo, come si può vedere, in una situazione pirandelliana a metà. Pirandello infatti può giuocare fino in fondo con i suoi personaggi perché crede alla realtà del sogno, cioè alla intercambiabilità tra sogno e realtà. Brancati no, anche se è tentato di dire con Carrubba che i sogni forse sono «più veri delle cose che vediamo da svegli». Ma in fondo per lui l'ambivalenza sogno / realtà è solo una tentazione, mediata certo da Pirandello, ma pur sempre una tentazione, non una fede filosofica.

La sua è sostanzialmente una posizione razionalistica, che riconosce insieme il valore della realtà e, a volte, la necessità del suo superamento, ma non ammette confusioni tra vero e sogno. E tuttavia, la coazione al delitto che, partendo dal sogno, spinge La Pergola ad uccidere l'amico, se può essere intesa come patologica, è pur sempre una forma di realtà effettuale del sogno.

---

[13] Emblematico in questo senso è il sogno fatto da un personaggio del romanzo, il quale mette insieme le teorie antroposofiche e le banalizzazioni correnti del relativismo pirandelliano in tema di sdoppiamento della personalità: «Maria Carnevale, entrando nel regno delle esperienze antroposofiche, **non dimenticò il suo Pirandello: essa fece un sogno straordinario**, e fu incapace di narrarlo, essendo il vero senso di quello che aveva provato rimasto dentro il momento in cui lo provava. **Nel sogno ella vedeva tutte le sue impressioni, e pensieri e sentimenti, convergere, invece che verso di lei, verso un punto distante da lei**. Riusciva veramente impossibile spiegare questo fatto: perché si trattava proprio delle *sue* impressioni, dei *suoi* pensieri e dei *suoi* sentimenti, e nello stesso tempo queste impressioni, questi pensieri e questi sentimenti si riferivano non più a lei, ma a un punto lontano. **Evidentemente era la personalità che usciva dall'Io**.» (*ivi*, pp. 224-225).

3. *Gli Anni perduti*. Dalla vita come sogno di nulla alla gioia

Negli *Anni perduti* (pubblicato in volume nel 1941) appaiono alcuni sogni espliciti, ma è una fantasia, un sogno continuo a occhi aperti il progetto della torre da costruire a Natàca fatto da un gruppo di giovani per sfuggire alla noia che li opprime. Uno di essi, Leonardo, il personaggio più complesso e quello più vicino alla biografia dell'autore, può dire a sé stesso:

> Ma frattanto, **poi che è notte, e forse io sogno,** nulla di strano che si costruisca una torre, e nulla di strano che questa sia la cosa più seria che si possa fare.

Alla fine, di fronte al fallimento dell'impresa, i giovani si accorgono di avere vissuto e sognato il nulla, e Leonardo confesserà a sé stesso di non avere dato alcuna importanza alle cose accadute «come se fossero sogni». Ma a riconoscere che «tutto, tutto sia stato uno stupido sogno che, ecco finalmente è finito!» è la saggia Lisa, che sceglie la luce dell'amore e della vita.

L'ambiente nel quale si svolge la vicenda è quello immobile di Natàca, una città del sud chiaramente identificabile con Catania. Il ritmo nel quale vivono gli abitanti, e soprattutto i giovani, è quello lento di un'inerzia molto simile al sonno. Proprio nella prima pagina del libro Leonardo Barini, rientrato da Roma con l'intenzione di trattenersi a casa per pochi giorni, dice alla madre: «Adesso lasciami dormire per una ventina di minuti». Egli è tornato a casa perché la luce che lo aveva accompagnato fin dai primi giorni dell'infanzia adesso era passata insieme alla gioia di vivere. Egli non avrebbe potuto più vivere nel buio. Il suo dormire non è un vero sonno, ma un pensare a questa perdita e al chiedersi il perché gli venivano tolte la gioia e la luce.

Insieme agli altri giovani di Natàca, Leonardo si interroga su dove e come si dovesse passare la sera, e a un certo punto qualcuno della comitiva, «**svegliandosi come da un brutto sogno**», e notando che da un'ora si stava fermi sotto lo stesso annuncio d'asta pubblica, «pronunciava la solita frase: "Ma chi è morto qui?"». Dunque il loro vivere assomiglia al sonno, a un brutto sogno, a cui fanno da corteo i sogni e i desideri delle madri che vorrebbero i loro figli sempre in casa, a dormire nella cameretta da bambini:

> "Oh, le mamme sono le nostre peggiori nemiche" osservò Rodolfo De Mei. "Queste mamme siciliane che fanno i figli e poi se li mangiano."
>
> "[...] 'Rodolfo, mammuccia tua, non rincasare tardi!' Ed io rispondo: 'Ma ti pare?' Dieci anni di 'Rodolfo, mammuccia tua, non rincasare tardi!' e dieci anni di 'Ma ti pare?' sono qualcosa che fa pensare. **Ma il sogno di mia madre è che questo possa durare ancora trent'anni.**"[14]

---

[14] *Ivi*, p. 267.

I giovani sono sempre «in attesa che il convoglio della vita, che un giorno correva e adesso s'era arrestato bruscamente, riprendesse a correre verso Roma»; intanto, come accade a Leonardo, si sta sdraiati a letto anche da svegli, a fare «**pensieri che potrebbero molto bene far parte di un sogno**», e magari a osservare le «piazze in cui non accade niente», chiedendosi «Come mai non accade niente?», e osservando «in che modo non accade niente!». La conclusione di Leonardo è che

> È uno spettacolo interessante, e sempre nuovo, e alla fine inspiegabile, questo di **una vita che non arriva a partorire mai nulla**.[15]

Il niente e il nulla sono della vita reale e insieme del sogno della vita (di uno di essi lo scrittore dice che «**sognava ad occhi aperti**»),[16] e si ripetono ogni giorno senza contenuti concreti. Il pensiero/sogno di Leonardo si concentra sul fatto «che, un giorno, tutto era bello e piacevole, e adesso tutto era brutto e sgradevole. Era davvero come se qualcuno avesse portato via dalle case la lampada che le illuminava». Egli pensa anche che «si sarebbe sposato, quando fosse tornata la luce». Ma intanto «c'era da far passare l'inverno o, come si diceva a Natàca, da ammazzare l'inverno»; e anche quando questi giovani sembrano svegliarsi (e sapientemente Brancati scrive «**come svegliandosi**») cadono tutti come «**in uno stato di trasognamento**». Talvolta essi si raccontano un sogno 'vero', ma di morte («'Senti una cosa, tu! Questa notte **ti ho visto in sogno**, sospeso a una croce, elegantemente vestito, **ma morto**'»).[17]

Leonardo non fa eccezione rispetto agli altri giovani che «sognavano parlando», e che Brancati crudelmente descrive mentre sdraiati sui sedili sognano ad occhi aperti credendo di vivere e parlano di sogni come se fossero vita:

> Sdraiati sui sedili di ferro, **i giovanotti sognavano parlando**. Le voci della strada s'innalzavano tutte. Chi dormiva al primo piano conosceva nei più minuti dettagli quello che i nottambuli **pensavano** della signorina Elsa e della signorina Luisa, **come l'avevano sognata, come speravano di sognarla, cosa sarebbe accaduto se il sogno fosse diventato realtà** a bordo di un piroscafo.[18]

A Natàca anche i vecchi vivono sognando: c'è chi si crede un inventore, chi un poeta, chi un musicista. I quattro amici più intimi, per i quali il tem-

---

[15] *Ivi*, p. 278.

[16] *Ivi*, p. 285.

[17] *Ivi*, p. 290.

[18] *Ivi*, p. 297.

po passa in un mare di noia e di orrore, non si decidono a partire e si perfezionano nell'arte di dormire e nell'arte di ammazzare il tempo, o meglio in quella di ammazzare se stessi:

"Calmati!" fece Giovanni Luisi, spegnendo la radio e stiracchiandosi, "cosa c'è?"
"La vita!"
"La vita?"
"Sì, la vita: se ne va."
"Come, se ne va? Quale vita?"
"La nostra! Se ne va! Diciamo di ammazzare il tempo. **È noi stessi che ammazziamo!**"
"Oh!, l'hai capito adesso?"
"No, no, non sorridere! Non si tratta di averlo capito! L'ho sentito come quattro e quattr'otto, l'ho visto, davanti a me, chiaro, preciso, che la vita se ne va. È un peccato! **La gioventù, la vita, ci vengono date una volta sola, e se ne vanno, se ne vanno**..."[19]

Leonardo fa l'errore di tornare a Roma, ma al terzo giorno rientra precipitosamente a Natàca, consapevole che egli non potrà partire prima che siano tornate la luce e la gioia di vivere. Uno degli amici dice: «Questa città è una trappola. Ci ha presi, non ci lascia più!». E Leonardo, che ribadisce di volere ancora partire, in un giorno imprecisato ma «con calma», non accetta la definizione di trappola per «una città larga, col mare, la montagna, e centinaia di migliaia di abitanti».

Ed ecco che arriva a Natàca un tale Buscaino che lancia un'idea che potrebbe cambiare la vita di questi giovani e di tutta la città. Si tratterebbe di costruire in città una torre panoramica, e Leonardo comincia a pensare che un progetto di questo genere, comportando molto lavoro e molte preoccupazioni, possa essere adatto a riempire la loro vita («Purtroppo, nella nostra vita si è formato un vuoto in cui può stare comodamente una torre di quaranta metri di altezza.»).[20] Egli, ricordandosi dei consigli del professor Luigini sulla difficoltà di scrivere un romanzo, dirotta la sua vita verso questa proposta che potrebbe portare la luce di un sogno nella notte della sua vita:

"[...] È meglio dunque non scrivere un romanzo. Del resto, tutto è ancora nero intorno a me. Da quando sono arrivato a Natàca, mi pare che sia stato sempre notte; che il tempo, trascorso da allora ad oggi, non sia che una notte, un'unica lunghissima notte. Tornerà il sole? Oh, io credo di sì... Ma frattanto, **poi che**

---

[19] *Ivi*, p. 309.

[20] *Ivi*, pp. 333-334.

è notte, e forse io sogno, nulla di strano che si costruisca una torre, e nulla di strano che questa sia la cosa più seria che si possa fare."[21]

Dunque, nonostante il dubbio che si trovi dentro un sogno, Leonardo si aggrappa a questa idea della torre per cercare di riconquistare la gioia e la luce. Egli, quasi affascinato dalle parole di Buscaino («Svegliarsi la mattina e dire: 'Io ho uno scopo! Il sole mi porta uno scopo!' Vedere nel sole uno scopo, un tuo scopo, che si leva raggiante ad oriente ed illumina il mondo!»), sente che il suo vuoto può riempirsi anche dei «ciottoli di un selciato» («alla fine del discorso di Buscaino, là dove Leonardo aveva tenuto il vuoto, l'incertezza, la mobilità, c'era la dura stipa del selciato.»).[22] Il messaggio positivo di Buscaino, anche per i vecchi che farebbero da finanziatori all'impresa, è quello di portare in città «un po' di vita», e quindi di potere scacciare il nulla, il niente. Anche se per Leonardo questa fase della sua vita non coincide con la riconquista totale della luce e della gioia, l'idea della torre gli dava come «una copia di esse veramente ben fatta».

La parte più difficile del progetto consiste nel convincere gli abitanti più ricchi a sborsare i denari per i lavori. Si tratta per lo più di vecchi un po' fissati e quasi maniaci, come il Tommasini che vive pensando al «nulla», e credendo di incontrarlo, ad esempio, nella persona di un certo signor Dilentini, o anche nello stesso Buscaino, che però ha «in più qualche cosa».[23] Un altro, il professor Solco, «**aveva sognato di vedere, nella vetrina di un libraio, tutti i propri libri** con le copertine verdi e rosse [...] meno il nome di Federico Solco, ch'era stato sostituito da quello di Lewis Brellinghton».[24]

Nonostante i mesi e gli anni che passano, Leonardo continua a pensare che con la presenza di Buscaino

"[...] le cose si sforzano di sorridere, e tutto somiglia alla gioia. Oh, io so bene che questo non è vero sorriso né vera gioia. Ma è meglio di niente. Quest'uomo, che vuol dare ad ogni costo un contenuto alla nostra vita, ha tutta la mia gratitudine. Il suo sforzo è generoso. E poi domani, **quando la torre non sarà un sogno ma una cosa reale e visibile da tutti**, quando la gente di Natàca verrà issata su di lei e posta a guardare il panorama della città, e verso di noi come per giuoco, ma per

---

21 *Ivi*, p. 336.

22 *Ivi*, p. 290.

23 «E quattro giorni dopo, **davanti agli occhi commossi di Tommasini, tornò a passare il povero "nulla"**. A dire la verità, **un nulla con in più qualche cosa che il nulla non aveva**: una certa aria di americano frettoloso, una tal quale spinta dall'interno verso scopi ben precisi, uno stare per riempirsi, per crearsi, e, quasi quasi, per combinare un affare. Insomma, **un fiuto molto fine avrebbe sentito, entro quel nulla, odore di carne umana.**» (*ivi*, p. 375).

24 *Ivi*, p. 377.

un giuoco che a mano a mano diventa un affare abbastanza serio, rotoleranno le lirette dei cittadini di Natàca, e tutt'a un tratto una buona somma, radunata nel nostro borsellino, ci dirà: 'Potete partire, potete lasciare Natàca!' oh, allora!..."[25]

Finalmente gli intoppi sembrano scomparsi, e uno degli amici (Rodolfo) in una sola notte «disegnò il progetto della torre: che fu realmente una bella cosa», e

Leonardo sentì picchiare in alto, molto in alto, alla finestrella da cui un giorno irrompeva la luce. E una mattina credette davvero che la felicità fosse tornata, un canto di cardellino gli parve bello, chiaro, pieno di promesse, come una volta, al tempo della luce.[26]

Cominciano i lavori per la torre. Sono passati tredici anni dal ritorno degli amici a Natàca e «sette da quando furono gettate le fondamenta della torre», e il sogno di una intera città sembra cominciare a diventare realtà:

Ma non erano soltanto i tre amici ad agitarsi. Tutta Natàca era in subbuglio. **Era la prima volta che un sogno di questo tipo, così intimo, così di Natàca e, dunque, così caro, diventasse realtà**.[27]

Buscaino, che aveva «il senso della realtà e uno scopo pratico», manifesta impazienza dopo dieci anni di lavori e promette che «Fra poco, usciremo a riveder le stelle!». Ma in questa euforia si inseriscono anche i festeggiamenti per il centenario di Bellini, la cui musica «bianca come il sole di maggio [...] entrava nelle orecchie e riusciva dalla bocca dei cittadini di Natàca, lasciando il loro cuore nella tenebra più fitta»,[28] e scompigliando i piani finanziari di Buscaino.

Ma gli amici aspetteranno, se sarà necessario, ancora un anno; e finalmente Leonardo si accorge che il faro di una nave nel porto illumina la torre: «"Guardate!" disse Leonardo. "C'è luce!"».[29] Gli amici cominciano a credere che sia arrivata la benedizione del Signore, e tutti si preparano alla festa per l'inaugurazione della torre, in cui ci sarà «molta luce». Ma ecco che un'ordinanza comunale, frutto di «**un brutto sogno d'impiegati, di travet**», vieta l'inaugurazione della torre, riporta il buio e la consapevolezza che l'impresa della torre è un fallimento. Buscaino «rimase come traso-

---

25 *Ivi*, p. 380.

26 *Ivi*, p. 388.

27 *Ivi*, p. 393.

28 *Ivi*, p. 400.

29 *Ivi*, p. 412.

gnato», e si chiede se la direzione del cielo verso la quale aveva innalzato i suoi sforzi non fosse alla fine sbagliata. «La luce non era venuta», e lui, difendendo ancora il suo progetto, conclude che «il vero è che questa è terra nera e maledetta da Dio, e non v'ha buon seme che riesca a fruttare come si deve!».[30] Preso nella trappola come gli altri, egli – che diceva di venire dall'America, ma che l'America non aveva vista «**neppure in sogno**» – prima di fuggire di notte, «udì rumoreggiare tristemente per le vie di Natàca quel pezzo della sua vita, quei suoi cari dieci anni perduti».[31]

Gli amici ripiombano nella noia di sempre, ritornando a dormire come prima. Uno di loro, Giovanni Luisi, nel sonno viaggiava:

> Ma poi i sonni diventarono più quieti, e anche in essi egli non viaggiò più; e **la visione migliore**, ch'egli avesse dormendo, **era ormai quella di se stesso sdraiato sul letto**, col pugno chiuso sotto il collo, **proprio com'egli si trovava a stare nel momento in cui sognava**.[32]

Dunque, il contenuto del sogno è il vuoto di contenuto e di senso, e il sognatore sogna di se stesso mentre non sogna nulla. Anche Leonardo riconosce il vuoto e l'irrealtà del sogno e, facendo il punto sulla sua vita, constata che

> "[...] La luce s'era spenta! Tutto era buio! E allora, cosa ho fatto? Visto ch'era buio, ho dormito. **Alle cose che sono accadute, non ho dato alcuna importanza come se fossero sogni**. Così questi quattordici anni di Natàca, la volta che tornerà la luce, io potrò considerarli come una sola notte, una sola ora perduta!"[33]

Nelle pagine conclusive del romanzo riappare la figura di Lisa Careni, la quale a Leonardo, che le confessa di avere «preferito di non far nulla» in attesa del ritorno della luce, contesta che la sua è «la vigliaccheria di uno che non vuol far nulla, e tenta di buttare polvere negli occhi suoi e degli altri con grosse parole».[34] Leonardo ribatte che se non ha fatto nulla è stato proprio per restare «fedele» a quella gioia che ancora aspetta.

La torre giace al buio come un monumento incompiuto e inutile, iconico del vuoto e del niente/nulla in cui vivono i giovani (ormai invecchiati) di Natàca, e forse sarà chiamata «la torre dei giovanotti». Le signorine radunate nel salotto Careni, anche se un po' esaltate da «alcuni bicchie-

---

[30] *Ivi*, p. 431.

[31] *Ivi*, p. 434.

[32] *Ivi*, p. 441.

[33] *Ivi*, p. 443.

[34] *Ibid*.

rini di liquore», osservano freddamente che la torre «sembra naturale e bene intonata al panorama di Natàca [...] ora che **di essa si conosce con esattezza che non serve a nulla!**». Anch'esse riconoscono nella loro vita l'incombenza quotidiana di «Noia, noia, noia, e noia! Sciocchezze, sciocchezze, sciocchezze e sciocchezze!». Ma improvvisamente Lisa (ormai disillusa sull'amore inerte di Leonardo) viene «presa da un sentimento nuovo e forte», sente «una felicità, ma non come le solite: qualcosa davvero che, una volta incominciato, forse non avrà termine». Affacciandosi al balcone vede una donna che «disfascia un marmocchio, lo solleva nudo in alto, se lo pone sulla fascia arrovesciata». Con quest'immagine di persone vive e vere essa prova forte la gioia che mancava a Leonardo.

Questa gioia comporta per Lisa (e forse anche per Brancati, se nel romanzo, come in altri testi, appare la figura di Gesù Cristo)[35] che la sofferenza e la gioia possano accadere e viversi «nel nome del Signore» e nella 'salvezza' di tutti.[36] In questa prospettiva la gioia potrebbe essere duratura:

> Ma questa gioia, cos'è? Un momento di bene? No, essa non ha nulla di momentaneo. In essa, al contrario, **si perdono, come i momenti di un sogno al rialzarsi delle palpebre, quegli anni d'inezie faticose**, quei lamenti, quelle vanità, quelle tetre sciocchezze, quella torre panoramica; e il punto, in cui tutto questo si squaglia nella luce, è così chiaro e fermo che non solo la buona **Lisa pensa che sia vero quello che disse Leonardo: essere stati quei quattordici anni di Natàca il sogno di una notte; ma che** perfino Leonardo, che ha parlato a quel modo, e Giovanni, Rodolfo, Buscaino, e la propria età avanzata, e gli affetti delusi, tutto, **tutto sia stato uno stupido sogno che, ecco, finalmente, è finito!**[37]

Per restare al tema del sogno, la conclusione di questo libro, del tutto antipirandelliana, afferma nettamente l'irrealtà e l'inanità del sogno. Molti lettori vedono una chiusura del romanzo in chiave ironica, comica, e diciamo pure nichilistica, ma l'«Evviva la vita!» gridato di fronte a un «cielo scintillante» dalla «buona Lisa» resta una provocazione attuale per una lettura diversa di questo e di tutto Brancati.

---

[35] «**E Gesù Cristo, quando finiremo d'ingannarlo?** Fino a quando, mentre ci diciamo cristiani e dondoliamo con una mano la crocetta che abbiamo al collo, penseremo e diremo ch'è meglio uccidere che perdonare il nostro nemico, ch'è buona previdenza diffidare del proprio vicino, ch'è necessario saltargli al collo non appena fa un gesto sospetto?» (*ivi*, p. 355).

[36] «Ma non importa! A chiunque sia venuta [la gioia], essa è qui! E come chi soffre nel nome del Signore, sente che tutti i suoi cari, intorno a lei, diventan sempre più buoni per questa sua sofferenza, ed ella a poco a poco salva le loro anime; così **Lisa, giocando nel nome del Signore, pensa che tutti gli amici di Natàca diventano sempre meno scuri e pigri per questa sua gioia, ed ella a poco a poco li salvi tutti**.» (*ivi*, p. 448). Il brano seguente di questa citazione è riportato sopra nel testo.

[37] *Ivi*, pp. 448-449.

4. *Don Giovanni in Sicilia*. La realtà nel sogno

Il sogno ritorna in *Don Giovanni in Sicilia* (1940) in maniera pirandellianamente significativa, anche se sotto lo schermo ironico; come quando (al capitolo II) ai tre amici scapoloni (Muscarà, Percolla e Scannapieco) accade di vedersi innanzi una donna, «la più giovane delle Luciano», con indosso la «vestaglia rosa» con cui era apparsa nel sogno che Scannapieco da poco aveva finito di raccontare. I tre amici, nel momento in cui il sogno sembra essere divenuto realtà, restano confusi e sbalorditi («arrossirono come bambini, incespicarono»).

Altro richiamo al sogno troviamo all'inizio del quinto capitolo, allorché l'esistenza di Giovanni viene sconvolta da un evento di importanza capitale, quale lo sguardo di Maria Antonietta dei marchesi di Marconella:

> [...] era accaduto a Giovanni **un fatto così enorme che, se l'avesse semplicemente sognato, egli sarebbe rimasto per un mese sottosopra**, e ogni notte sarebbe entrato nel letto col batticuore, temendo di avere una seconda volta quel **sogno piacevole e pauroso**.[38]

La realtà entra prepotentemente nel sogno, sino a spingere Giovanni a «starnazzare», cinque o sei volte, e a svegliarsi con un «riso selvaggio» perché, ricordandosi di avere un pessimo profilo, nel dormiveglia egli aveva sognato di «gettare in terra con un calcio il baronello Licalzi e d'impadronirsi del profilo greco di costui, come fa il ladro di un portafogli».

Il tema del sogno ritorna poi a chiusura del libro, allorché Giovanni, sul treno che lo riporta in Sicilia, avvolto in uno scialle caldo che gli aveva regalato la sorella Rosa, ritrova la sua terra, prima che nella realtà, nel sogno. Egli sogna, infatti, i pomeriggi d'inverno della sua Catania, il Natale, tanti Bambin Gesù; sogna la «zampogna, grande e viva come una mammella di vacca», e sogna la «zuppiera gigantesca», posta al centro di una lunga tavola «accidentata», dove «i visi scompaiono in una nuvola di vapore entro cui tutti annusano e si dimenano cercando caldo e odori saporosi. Una dopo l'altra le cucchiaiate fumanti entrano nelle bocche».

A questo punto ritorna il motivo del sogno parallelo già incontrato in *Singolare avventura di viaggio*. Anche Ninetta, infatti, che dormiva, come Giovanni, avvolta in una sciarpa, ha «sognato», nel frattempo, la Sicilia.

Fantasie regressive, allucinatorie, e comunque oniriche, stanno alla base delle «immagini calde e rosse» che si condensano, con i procedimenti

---

[38] *Ivi*, p. 490.

tipici dei sogni, nella mente di Giovanni nei momenti che precedono il primo bacio di Ninetta, che non a caso avviene nella Casa degli Spettri!

L'approssimarsi del bacio tanto atteso sospinge Giovanni improvvisamente, in apparenza irragionevolmente, verso il suo più lontano passato, in un accavallarsi di ricordi, e di immagini ad alta densità figurale, che sembrano non avere connessione logica con l'evento presente. Egli si rivede bambino, riode i discorsi del padre, di lui rivive le affettuosità, le paure, e si ritrova a discorrere con gli amici, a immergersi nel suo passato, ormai «diventato così visibile nei minimi fatti ch'egli può dire di trovarsi ancora in tutti i luoghi dai quali è passato, e di non essere né più giovane né più vecchio di tutte le età che gli è toccato di avere prima di giungere ai quarant'anni».

Anche la confusività spazio-temporale ci richiama inequivocabilmente all'essenza dei sogni, se il bacio, che corona questo tuffo allucinatorio nel passato, spinge poco dopo Giovanni a pensare: «**Dio mio, che abbia sognato?**».

5. *Il bell'Antonio*. Dal sogno alla realtà?

Una variante del radicale dubbio pirandelliano (*Sogno (ma forse no)*) si incontra anche nel *Bell'Antonio* (1949), quando la suocera, che ha chiamato il genero «amore mio» nel momento stesso in cui gli prospetta la necessità dello scioglimento del matrimonio con Barbara, alla fine della scena, con Antonio svenuto, «si sollevò di scatto, credendo (**o aveva sognato?**) di averlo baciato più volte sulla bocca». È la stessa suocera che poco prima, parlando del nuovo innamorato della figlia, era stata come avvolta dal «**sogno di un piacere che la facesse straparlare**».

Il sogno, se non è proprio, pirandellianamente, una realtà vera e propria, ad essa assomiglia, se può dare a volte un piacere reale. È ciò che ci dice il sogno che Antonio, abbandonato da Barbara, racconta alla fine del libro al cugino Edoardo:

> "**Ho fatto un bel sogno**!" disse Antonio, con un vago sorriso sulle labbre pallide. "Che bel sogno ho fatto!" [...] "ho sognato che... Mi capisci?" [...] "Ho sognato di fare, di fare veramente... Ho provato una felicità da morirne! E **forse non è stato un sogno o è stato un sogno solo la donna, ma io... quanto a me... non ho sognato.**"[39]

---

[39] V. Brancati, *Opere 1947-1954*, a cura di Leonardo Sciascia, postfazione e apparati di Domenica Perrone, Milano, Bompiani, 1992, p. 266.

Di fronte ai rimproveri del cugino («È proprio questo il momento di **fare sogni da collegiale**!»), e ai suoi tentativi di convincerlo che «non c'è nessun disonore a passare tutta la vita nella castità», Antonio ribatte malinconicamente: «Io, caro Edoardo, **vorrei** una sola cosa: **che il sogno che ho fatto non fosse un sogno!**».

Il povero Antonio, felice nel sogno, vorrebbe illudersi che il sogno sia realtà («forse non è stato un sogno»), ma alla fine deve riconoscere che, se il sogno può dare una qualche forma di godimento momentaneo, esso non attinge la vera realtà e non può coinvolgere nella stessa esperienza di felicità onirica un'altra persona.

In definitiva, dunque, il sogno viene riconosciuto dal personaggio brancatiano come di altra natura che non quella del reale. Se permane sempre la tentazione pirandelliana del *Sogno (ma forse no)*, è pur vero che Brancati respinge le esasperazioni filosofiche del detestato «profondismo», che vorrebbe il sogno equivalente e intercambiabile con la realtà.

6. *Paolo il caldo*, il «brutto» sogno del fascismo e il sogno «irreale»

Il Brancati 'romano' manifesta nell'incompiuto *Paolo il caldo*, attraverso la controfigura del protagonista, tutto il suo distacco dal brutto sogno su cui si erano fondati l'ideologia e il regime fascisti, esaltando la guerra e costruendo monumenti ed edifici in successive «ondate di bruttezza»:

> Al di là [del Tevere], s'ergeva la cima di Monte Mario salita tortuosamente da processioni di cipressi e, a destra, le pendici del monte, con la loro vegetazione arruffata e gialla come pelo di pecora, tosate in alto e fitte in basso di pini marittimi tra cui biancheggiavano, come fantocci di sale, le statue del Foro Italico, nelle quali **un'epoca che aveva sognato la guerra e la gloria lasciava scolpita per sempre la confessione pubblica e violenta che il suo sogno era stato brutto**.[40]

Al livello della psicologia individuale, il sogno viene chiaramente definito dal narratore «irreale» («**irreale come il sogno del dolore fisico**»),[41] e si orienta genericamente nella direzione erotica del desiderio represso, come si vede nel dialogo di Paolo con la sorella Maria. Paolo ammira la sorella che dopo un anno di matrimonio, partorita la prima e unica figlia, provando disgusto per le gioie e le inquietudini della carne, «aveva interrotto i

---

[40] *Ivi*, p. 782.

[41] *Ivi*, p. 909. Al contrario Giovanna, la servetta sessualmente sfruttata dal nonno e 'innamorata' di Paolo, pensando al giovane si svegliava «da un sogno ch'era del tutto uguale alla realtà», *ivi*, p. 673.

rapporti col marito, perché "quelle cose la facevano tanto ridere"». Dedita al sacrificio e alla spiritualità, riempie la casa di immagini sacre, e il fratello le dice che, se dipendesse da lui, essa sarebbe «subito eletta santa». E lei:

> "Sì?" fece la sorella diventando seria e angosciata "e **dove li metti i sogni che ho la notte?**"
>
> "**Che sogni?**" esclamò Paolo, sorpreso.
>
> La poveretta annaspò con la sinistra fra le pieghe del sipario che le pendeva dalle volute dei fianchi e finalmente trovò un fazzoletto. Non appena lo sentì fra le dita, scoppiò a piangere.[42]

Paolo, ormai incapace di amare la moglie Caterina come una donna normale, si illude di potere continuare a vivere in una condizione di felicità irreale com'è quella dei sogni. Ma lei si ribella, lo allontana da sé, e allora lui si abbandona di nuovo alla sua natura 'lussuriosa'. Dopo un approccio con un'amica intellettuale, da cui riceve uno schiaffo, riprecipita stancamente in una sorta di animalità onirica:

> Si abbandonò di nuovo alla propria natura, la quale, come per ringraziarlo di non frapporle ostacoli, riprese le sue operazioni fiaccamente; ma per poco; **come un leone cresciuto in casa** che, all'odore del sangue, si sveglia dai suoi affetti e bonarietà domestici, che le abitudini gli hanno imposto**, come il vago sogno di essere un cane**, e lanciato un ruggito, sbrana la sua piccola padrona; **così egli tornò alla sua furiosa cupidigia, e a tutte le paure e i rimorsi** di cui andava ormai carica questa passione come bestia di zecche che la dissanguano e aizzano a un tempo.[43]

In sintesi, mi pare di potere rilevare che il sognare di Paolo alla fine si esprima, più che nel vagheggiamento erotico, nella ricerca impossibile di una dolcezza del sogno come fantasia, memoria e poesia, e infine nella visionarietà ossessiva di tipo religioso. E infatti dell'aspirazione a una dimensione serena del sogno testimonia la citazione del sognatore del *Paradiso* dantesco:

> Si dava a letture incessanti per stancarsi il cervello.
>
> Qual è colui che somniando vede,
> che dopo il sogno la passione impressa
> rimane, e l'altro alla mente non riede...

---

[42] *Ivi*, p. 886. A margine dell'incontro con la pia sorella, appare il cognato di lei, «**un adolescente consumato dai piaceri involontari del sogno**», *ibid*.

[43] *Ivi*, p. 935.

Il godimento della poesia diventava d'un tratto più vasto, soverchiante, si accompagnava a una sensazione di vera e propria luce, smuoveva nella memoria zone di antica felicità, aboliva la distanza fra idee e immagini le più disparate, tutto diventava alla portata di una rapida e inebriante comprensione.[44]

Il delirio religioso invece si presenta a Paolo come una continua, implacata ossessione cristologica (come un «complesso del Cristo»). Ritorna, in forme diverse, il sogno di Cristo fatto in *Singolare avventura di viaggio*. Forse per Paolo (per Brancati?) è solo Cristo ad essere più reale dei sogni e della stessa realtà.

44 *Ivi*, p. 936.

Capitolo terzo

BRANCATI, *GLI ANNI PERDUTI* E LA LUCE DI GUGLIELMINO

> Progenie d'un giorno! Che cosa noi siamo? Che cosa non siamo?
> È sogno d'un'ombra il mortale.
> Ma pure, se luce
> gli piove dal Nume,
> fulgore con vita soave
> lo irradiano. O Egina, tu madre diletta,
> il corso a quest'isola agevola, con Giove, col buon Telamòne,
> con Peleo, con Èaco possente ed Achille.
>
> Pindaro, *Ode Pitia VIII*

È noto, anche se non valutato adeguatamente, il posto che Francesco Guglielmino[1] ha avuto, come maestro particolarmente amato, nella formazione di Brancati, alla cui memoria l'autore di *Ciuri di strata*[2] dedicava i suoi versi italiani: quei *Bagliori nell'ombra*[3] che non molto aggiungono alla grandezza del poeta dialettale che il Momigliano, nel 1923, aveva definito «uno dei non molti viventi che meritino il nome di poeta».[4]

---

[1] Sulla figura di questo poeta dialettale siciliano (ma anche grecista e classicista) si può vedere il ritratto che ne fa Carlo D'Alessio, in *Dizionario Biografico degli Italiani*, Roma, Treccani, vol. 60 (2003). Mi sia consentito il richiamo al profilo che ne ho tracciato in *Novecento siciliano*, a cura di Gaetano Caponetto, Sergio Collura, Salvatore Rossi, Rita Verdirame, I, Catania, Tifeo, 1986, pp. 53-58; e a due altri miei scritti: *Guglielmino poeta nella critica*, in Accademia di scienze lettere e belle arti degli Zelanti e dei Dafnici, *Memorie e rendiconti*, Acireale, S. II, vol. VIII, 1978, pp. 337-348; e *Guglielmino poeta crepuscolare*, in «Archivio Storico per la Sicilia Orientale», *La letteratura siciliana nella critica contemporanea*, Catania, 1980, pp. 249-260.

[2] Le edizioni di *Ciuri di strata* [*Fiori di strada*] sono quattro: la prima, con prefazione di Federico De Roberto, Catania, Battiato, 1922; la seconda, con prefazione di Vitaliano Brancati, Catania, Centro di studi cristiani, 1948; la terza, con *Note introduttive* di F. De Roberto, V. Brancati, L. Sciascia, Palermo, Sellerio, 1978 (ristampata, in seconda edizione, con prefazione di G. Savoca, Palermo, Sellerio, 1989).

[3] Francesco Guglielmino, *Bagliori nell'ombra*, versi di Leo Nardi, Catania, Giannotta, 1955. Leo Nardi è scomposizione del cognome della madre del poeta (Giuseppina Leonardi).

[4] Attilio Momigliano, *Impressioni di un lettore di poesia*, in «Siciliana», febbraio 1923, pp. 20-23 (si ricordi che negli anni 1920-25 il critico piemontese insegnava Letteratura italiana presso l'Università di Catania).

La figura di Guglielmino è presente in maniera decisiva nella carriera umana e culturale di Brancati, il quale nel 1948 scriveva una fervida prefazione alla seconda edizione di *Ciuri di strata*. Il piacere dell'amicizia è per lui legato a Guglielmino, poeta vernacolo e maestro di greco, ma innanzitutto uomo di grande virtù. Nel libro del 1940 sui *Piaceri* lo scrittore colloca il suo professore del liceo Spedalieri (e poi di letteratura greca all'università) in un'«aula luccicante del sole di Sicilia»:

> C'è anche un vecchio professore, poeta vernacolo, privo di capelli, sempre con l'orecchio destro in avanti per sentire dal filo di udito che gli resta solo da quella parte, e tuttavia così amabile e ricco di bei pensieri. Egli per primo mi parlò della Grecia in greco, in un'aula luccicante del sole di Sicilia. Educato dalla Cortesia, dalla Poesia, dal Rispetto per gli altri, dalla Serenità di giudizio, egli parla la più saggia e umana lingua che si sia parlata nel mondo; accanto a lui, si pensa che l'uomo ha fatto veramente grandi passi in avanti dall'epoca delle caverne. Egli è legato ai miei migliori ricordi, sicché mi sembra che il vocabolo di ogni cosa gradita faccia da cognome al nome di lui.[5]

Tra Guglielmino e Brancati intercorse un carteggio molto interessante, di cui sono stati pubblicati alcuni estratti;[6] ma Guglielmino è anche presente, con nome e cognome, negli scritti del Brancati giornalista. Lo incontriamo, ad esempio, nella *Lettera al direttore* del 18 dicembre 1937 (su «Omnibus») intitolata *Verga e le statue*. In questo articolo si dà notizia della confessione di Verga a Guglielmino (il mio «caro professore») sui motivi per cui l'autore dei *Malavoglia* non si sentì di completare *La duchessa di Leyra*. E Guglielmino (il quale nei suoi *Ciuri di strata* dedica due sonetti *A Giovanni Verga*, i cui «pirsunaggi / hannu la vita di l'omini veri») incontriamo ancora accanto a Verga, sotto la sigla F. G. (con la qualifica depistante di dottore), mentre racconta di un Verga che vecchio passava «sotto i balconi di un suo amore di gioventù» (*Gli ultimi giorni di G. Verga*). E lo vediamo anche accanto a un De Roberto amareggiato che si considera «uno scrittore fallito» (*Un letterato d'altri tempi*).[7]

---

[5] *Opere 1932-1946*, cit., p. 635. Noto che Brancati restò amico e vicino al Guglielmino anche quando questi fu vecchio veramente, come si vede, tra l'altro, da una lettera alla moglie del 4 ottobre 1952: «[...] molti miei amici sono invecchiati veramente, a cominciare dal mio amico Guglielmino che ha superato gli ottant'anni, e poiché in ogni amico che ci precede negli anni vediamo noi stessi nel momento in cui metteremo il piede sulla sua orma, un leggero brivido mi accompagna in tutte le visite che faccio.», in V. Brancati-Anna Proclemer, *Lettere da un matrimonio*, Milano, Rizzoli, 1978, p. 201.

[6] Si veda Ermanno Scuderi, *Il fecondo sodalizio Brancati-Guglielmino (Dal carteggio inedito)*, in «Le ragioni critiche», n. 1, luglio 1971, pp. 64-69 (poi in *Questioni di letteratura moderna e contemporanea*, Catania, Muglia, 1974).

[7] Questi scritti, come gli altri due citati subito dopo, sono stati raccolti in *Il borghese e l'im-*

L'ultimo scritto giornalistico di Brancati, uscito postumo, è dedicato ancora a Verga (*L'orologio di Verga*), e in esso ritorna la figura del «professore e poeta di lettere Francesco Guglielmino», nella stessa situazione dell'articolo di diciotto anni prima. Uno dei suoi ultimi, e tra i bellissimi, articoli (apparso sul «Corriere della Sera» del 22 ottobre 1952) era intitolato *La luce del sud*, che è quella luce la quale è un «aspetto» delle cose dell'isola e «rivela nella memoria una profonda natura di tenebra»[8] («bagliori nell'ombra» dice Guglielmino).

Per Brancati (come sarà anche per Tomasi di Lampedusa e per Bufalino) quella che «penetra subito i cervelli è la parte luttuosa della luce». Ed è denso di implicazioni il fatto che questa luce sia, per così dire, filtrata dalla cultura classica, dalla fatale luce della tragedia greca a cui l'aveva fatto accostare Guglielmino:

> Le sollecitazioni alla mente sono quelle stesse che produssero gli dei, gli eroi, le forme architettoniche della civiltà greca, ma la mente non le vuole più accettare, immersa com'è in un'inerzia simile a un pensiero complesso e inesprimibile, a un amaro sospetto che cerca di chiarirsi. Dei, eroi, forme architettoniche sono sospesi lamentosamente su questo popolo dai capelli corvini come una miriade di anime ansiose di reincarnarsi su coppie di sposi che tardano ad avvicinare le bocche.[9]

1. Guglielmino personaggio di Brancati e la luce perduta

Guglielmino non era solo il maestro di greco ma, come ha già notato Leonardo Sciascia, per il suo «gusto della battuta arguta e qualche volta tagliente, dello scherzo, della beffa», e anche per il suo «vagheggiamento della bellezza femminile», egli era già «personaggio di Brancati».[10] E in effetti Guglielmino appare come il professore Luigini (secondo un'identificazione ovvia, attestata dallo stesso scrittore in una lettera al suo professore)[11] negli

---

mensità. Scritti 1930-1954, a cura di Sandro de Feo e Gian Antonio Cibotto, Milano, Bompiani, 1973, da cui si cita.

[8] *Ivi*, p. 372.

[9] *Ivi*, p. 373. Questo brano, insieme ad altri dello stesso articolo, passa integralmente nel primo capitolo dell'incompiuto *Paolo il caldo* (in *Opere 1947-1954*, cit., p. 647), dove tra gli «amici che mi sono stati accanto per diecine di anni, e ora sono lontani» appare anche il nome di Guglielmino (*ivi*, p. 655).

[10] Francesco Guglielmino, *Ciuri di strata*, Palermo, Sellerio, 1989, p. xxxii.

[11] La lettera, già pubblicata da Scuderi, si può leggere oggi anche nell'apparato ai *Romanzi e saggi*, a cura di Marco Dondero, con un saggio introduttivo di Giulio Ferroni, Milano, Mondadori, 2003, p. 1615. Va qui segnalato che nei racconti molto giovanili di Brancati il Guglielimino

Anni perduti (datati «novembre 1934 – marzo 1936», usciti in rivista nel 1938 e, accresciuti, in volume nel 1941).

Il libro (come s'è già visto) è imperniato tutto sulla storia (o non storia) di tre amici di Natàca che vivono nell'ozio e nell'inutilità in una città dominata dalla noia e dalla pigrizia e si illudono di evadere associandosi all'impresa di un tale Buscaino, che, dicendo di venire dall'America, propone la costruzione di una grande torre panoramica.[12] Dopo dieci anni di lavoro la torre risulta un fallimento in tutti i sensi. Dei tre amici di Natàca, il personaggio di Leonardo è per l'autore il più chiaramente autobiografico, se egli ha velleità letterarie e se lo incontriamo in una fase di apprendistato letterario, in conversazione con il professore Luigini, il quale gli parla degli ingredienti da adoperare nella composizione di un buon romanzo:

> "E mettici dei personaggi, e mettici un po' d'intreccio, e mettici delle verità, e mettici anche un tantino di sentimento: farai un bel romanzo!" Ma quando io ci metto i personaggi, resta fuori la verità; quando ci metto il sentimento, resta fuori l'intreccio... È meglio dunque non scrivere un romanzo. Del resto, tutto è ancora nero intorno a me. Da quando sono arrivato a Natàca, mi pare che sia stato sempre notte; che il tempo, trascorso da allora ad oggi, non sia che una notte, un'unica lunghissima notte. **Tornerà il sole? Oh, io credo di sì**...[13]

Tutto il romanzo di Brancati è percorso dal tema della luce. La vicenda muove dall'evento tragico della perdita della luce, è sottesa dalla nostalgia della luce e sembra chiudersi nella sua riconquista. Dico «sembra» perché il vero protagonista di Brancati (quello dei grandi romanzi della maturità che ha la sua prefigurazione in Leonardo) vive nella zona luttuosa della luce, mentre alla fine degli *Anni perduti* la grazia della luce viene concessa a Lisa, la mite creatura che invano ha aspettato da Leonardo una matura scelta d'amore. Quella luce e quella gioia che si attendeva Leonardo giungono invece a Lisa, di fronte a un cielo «scintillante», in una luce in cui tutto «si squaglia», con un'immagine d'amore e di vita, nella visione di una donna che «disfascia un marmocchio, lo solleva nudo in alto, se lo pone sulla faccia arrovesciata».

Il libro si era aperto sullo spegnimento della «bella luce» che aveva accompagnato Leonardo «fin dai primi giorni dell'infanzia», quella luce che

---

era apparso come professor Trampolini in *Una conferenza di Trampolini al Lyceum di Catania* e *Trampolini si imbatte in una donna alle soglie del giardino Bellini*.

12 In realtà a Catania esisteva già dalla fine dell'Ottocento una Torre Alessi, costruita come torre-vasca su progetto dell'architetto Carlo Sada, abbattuta poi negli anni sessanta del Novecento.

13 *Opere 1932-1946*, cit., p. 336.

«illuminava tutte le cose, e dava un senso anche alle sedie e al calamaio» «e adesso era passata», «s'era spenta». Impossibile «vivere senza di lei»:

> Se non fosse tornata la luce, se non fosse tornata la gioia che stava nel cuore senza ragione, così come adesso era passata senza ragione, egli non si sarebbe mosso da quel letto, da quella casa! Gli altri potevano vivere tranquillamente tutta la vita, in un buio simile; egli, invece, non era capace di fare un passo, e si sentiva morire.[14]

La luce è dunque gioia, vita. Il dramma esistenziale di Leonardo sta tutto qui, nella scomparsa della luce: «Mi manca quella luce interna che rischiara la via, che fa vedere davanti a noi, che dà uno scopo a quello che si fa; mi manca...». Egli sperava che un giorno «allorché guardava una cosa, quella cosa (beata lei! e beato anche lui!) ne era come illuminata».

Dopo quattro anni di inerte contemplazione del proprio vuoto e di stanchi esercizi «nell'arte d'ammazzare il tempo», arriva il Buscaino con la proposta che porta a Natàca «un po' di vita»: «Non era ancora la luce, non era ancora la gioia, smarrite quattro anni fa e non più ritrovate, ma era una copia di esse veramente ben fatta».[15]

La travagliata e lentissima costruzione della torre panoramica si configura come l'unico modo possibile per fare uscire i giovani di Natàca dal buio tunnel dell'insensatezza e della noia. Come diceva 'dantescamente' Buscaino, al decimo anno di lavoro, «Fra poco, usciremo a riveder le stelle».

Un ultimo intoppo è costituito dalla musica, «bianca come il sole di maggio», di Bellini, della cui nascita ricorreva in quei giorni il centenario (qui va notato in parentesi che Brancati, parlando esplicitamente del «centenario» della nascita di Bellini, più che commettere una svista, giuoca col lettore giacché, essendo il romanzo ambientato chiaramente, anche se non esplicitamente, nella Catania degli anni trenta, nel 1935 si celebrava il centenario della morte, e non della nascita, del musicista, commemorata regolarmente nel 1901). E Brancati annota crudelmente: «Ma cotesta gioia, cotesta bianca canzone entrava nelle orecchie e riusciva dalla bocca dei cittadini di Natàca, lasciando il loro cuore nella tenebra più fitta».

Le somme raccolte per i festeggiamenti belliniani (e per altri festeggiamenti di cui non si seppe mai molto) ritardarono ancora un poco i lavori per la torre, la quale però viene sempre più «trapassata dal cielo d'oriente», diventa una scala alla luce, luce essa stessa. Una sera, Leonardo è folgorato dalla visione della torre illuminata dal faro di una nave: «Guardate! – disse

---

[14] *Ivi*, p. 278.

[15] *Ivi*, p. 360.

Leonardo. – C'è luce!». E Buscaino gli fa eco, alcune pagine più avanti: «Avremo molta luce, entro la torre».

Eppure, passati i primi entusiasmi, riaffiorano le difficoltà. L'azienda elettrica non manda la luce: «C'era soltanto la luce che ritardava, proprio come quella di Leonardo». Infine, il Comune non dà la licenza di apertura della torre al pubblico perché essa avrebbe potuto costituire una tentazione per gli aspiranti suicidi.

La direzione di Buscaino, che aveva puntato verso il cielo, era forse sbagliata? La conclusione è amara: «La luce non era venuta». Natàca si rivela una trappola mortale per tutti, e se Buscaino ne fugge all'improvviso, così com'era apparso, Leonardo resiste nella sua accidia, nella sua tragedia di privato della luce, o forse, come gli dice Lisa, nella «vigliaccheria di uno che non vuol far nulla». Nonostante il rimprovero della donna, Leonardo continua a non sentire le responsabilità dei fatti e delle azioni: «Alle cose che sono accadute, non ho dato alcuna importanza, come se fossero sogni. Così questi quattordici anni di Natàca, la volta che tornerà la luce, io potrò considerarli una sola notte, una sola ora perduta».

Con l'aspirazione accidiosa alla luce resta l'enigma fascinoso della luce, che negli *Anni perduti* è legato alla figura felice del professore Luigini, «un caro vecchio calvo, insegnante di greco, poeta, scrittore, cuore contento, mente tranquilla», ai cui piedi va a morire la lupa Dora, in casa Careni, dove incontriamo il professore mentre dà suggerimenti di tecnica narrativa (così come sappiamo faceva il professore Guglielmino, secondo quanto dice lo stesso Brancati nelle lettere).

Particolarmente suggestiva la presenza del professore Luigini in un momento «misterioso», dopo che Buscaino ha lanciato l'idea della torre, quando «tutto somiglia alla gioia»:

> Il professore Luigini s'era fermato sotto un albero dal quale veniva giù una luce verde che sembrava il raggio di un nobilissimo sole, il più nobile di tutto il cielo, dedicato a lui solo [...].[16]

Una luce speciale illumina ancora il Luigini l'ultima volta che egli appare nel romanzo, in pagine dense ed emblematiche. A Leonardo si è rivelato ormai chiaro che Natàca è una città funesta nella sua immobilità. Eppure, tre cose non erano abbastanza chiare: una, l'abitudine di Maria Careni[17] e

---

[16] *Ivi*, p. 380. Ricordo che uno degli scritti critici più apprezzati di Guglielmino (tra gli altri da Croce e Gentile) si intitolava *Il sole nella lirica del Carducci* («Rivista d'Italia», XI [1908], 12, pp. 990-1011).

[17] Nella prima edizione (Firenze, Parenti, 1941) il cognome della donna era Torrini, mentre Careni appare nella successiva edizione (Milano, Bompiani, 1943, p. 202), conservato poi

del marito di fare eseguire e di conservare centinaia di fotografie; l'altra, il contegno dello zio Giovanni, che non si lasciava impressionare dalle vuote chiacchiere degli amici e, «rosso e paffuto impiegato delle Imposte e consumi», viveva felice del suo lavoro. Ma la prima delle tre cose poco chiare riguardava proprio il professore Luigini, il suo sguardo «che brillava in un modo singolare, per cui veniva fatto di domandarsi, come chi, dopo aver chiuso gli scuri e spento tutte le lampade, veda ancora un raggio sul pavimento: "Ma donde viene questa luce?"».[18]

Dunque nel romanzo c'è un doppio ordine di personaggi: da un lato stanno quelli che hanno a che fare con la luce, come il Luigini e poi Lisa Careni; dall'altro quelli che l'hanno perduta e ne hanno, come Leonardo, un'impossibile nostalgia. La domanda radicale sull'enigma della luce («Ma donde viene questa luce?») è legata alla nobile figura del Luigini-Guglielmino. E la risposta che lo scrittore Brancati suggerisce all'enigma è implicita nel ritratto che egli ci dà, nello stesso luogo in cui pone la domanda, del personaggio che l'ha suscitata:

> Il professore era un uomo ostinatamente sereno e, per quanto andasse soggetto a scatti di collera, e s'irritasse talvolta, emettendo gridi e gesticolando, **una parte di lui continuava sempre a sorridere. Così nell'arte**. Egli componeva poesie in vernacolo e, per quanto esprimesse dolori e dubbi che non sono degli uomini che pensano in vernacolo, né dei momenti in cui si pensa in vernacolo, i suoi versi erano più semplici, sinceri e duraturi di quelli che scappavano, la sera, di bocca ai contadini. Come andava tutto questo?[19]

2. La luce nella vita della poesia

Brancati non dà una risposta esplicita al mistero della luce significato dallo sguardo e dal sorriso del professore Luigini. Tuttavia l'inciso «Così nell'arte», e quello che egli scrive qui e altrove della poesia di Guglielmino, non lasciano dubbi sulla natura della luce di cui è portatore il Luigini-Guglielmino. Si tratta della luce-sorriso di una poesia che è innanzitutto scelta di vita, consapevolezza che la vita è «tila fatta a trami di duluri» a cui la poesia si sforza di sottrarre quanto di bello e luminoso risplende anche nel dolore della morte.

---

nelle edizioni successive fino alle *Opere* curate da Sciascia e ai *Romanzi e saggi* curati da Dondero (in cui si fa un'accurata ricostruzione delle vicende redazionali ed editoriali del romanzo, alle pp. 1615-1648).

[18] *Opere 1932-1946*, cit., p. 410.

[19] *Ibid.*

In effetti, la poesia di *Ciuri di strata* vive tutta nella luce splendida e fatale della Sicilia greca. È questo paesaggio dell'anima che Guglielmino evoca nella prefazione del 1922, descrivendo l'ampio panorama che si gode dalle alture di Zafferana, quando l'occhio spazia da Messina a Siracusa:

> Non si diventa ebbri talvolta guardando?
> E, più che il senso, non ci sembrava angusta quasi l'anima nostra per raccogliere e racchiudere in sé tanta bellezza? **In così divino paesaggio, nel settembre giocondo di canti e odoroso di mosto che ferveva nei tini, rifulgeva la gloria del sole** [...].[20]

Il libro, che si apre nella gloria del pieno mezzogiorno, quando anche «la musica è scritta cu la luci», sembra imperniato sull'inno *A la luci*, e si chiude con un *Cungedu* di tramonto: manca ormai l'olio al lume della poesia («ma ora manca l'ogghiu a la lumera»). La vita di chi non è più visitato dal dono della poesia è simile a quella dell'uccello che ripiega la testa sotto l'ala:

> iu puru m'arrizzettu e fazzu puntu;
> lu mè jornu finiu, l'ummira cala
> e annegghia tutta la mè fantasia.[21]

Il mondo senza poesia è pieno d'ombra, buio deserto. La poesia dà un raggio di luce alla vita, è la luce della vita, del paesaggio e delle persone, dei sentimenti e dell'amore. Gli uomini sono per Guglielmino faville fuggitive, frammenti istantanei di luce («mumintanii faiddi»), sospesi per un attimo tra l'amore e la morte; e l'arte che illumina ciò che di umano c'è nell'uomo è allora scoperta della luce:

> Iu sacciu c'appena ti vitti
> la strata mi parsi ciuruta,
> mi parsi ca tutta la luci
> mi fussi d'attornu chiuvuta.[22]
> (*Cu' eri?: Chi eri?*)

Certo, lo splendore luminoso delle creature che, affacciandosi alla vita, portano luce anche quando il sole non c'è, è destinato a spegnersi: la vita è come un fiume che tutto trascina, e per primi gli uomini, simili alle foglie,

---

20 *Ciuri di strata*, cit., p. 4.

21 Versione in italiano: «anch'io mi riposo e metto un punto; / il mio giorno è finito, cala l'ombra / e annebbia del tutto la mia fantasia».

22 «Io so che appena ti vidi / la strada mi sembrò fiorita, / mi sembrò che tutta la luce / mi fosse piovuta d'intorno».

che fioriscono per una sola stagione. Per questo, per quanto sole ci sia nella Sicilia di Guglielmino, per quanti occhi luminosi di donne si incontrino, nella poesia di *Ciuri di strata* c'è sempre una nuvola in fondo (*C'è sempri 'na nuvula 'n funnu*).

La serena, malinconica saggezza del 'classico' Guglielmino resta senza dubbio un mito per un Brancati il cui mondo è illuminato sempre più dalla «parte luttuosa della luce».

L'«Evviva la vita!» gridato di fronte a un «cielo scintillante» dalla «buona Lisa», a conclusione degli *Anni perduti*, segna la fase di massima adesione dello scrittore alla «luminosa» lezione del maestro di greco e poeta Francesco Guglielmino.

3. Postilla. Lettera di Guglielmino a Sciascia sulla morte di Brancati

Credo utile pubblicare qui la trascrizione (senza 'aggiustamenti' grafici) di una lettera di Guglielmino a Sciascia, in cui il vecchio maestro (nato l'8 marzo 1872 ad Aci Catena, morirà a Catania il 23 febbraio 1956) ricorda affettuosamente il suo scolaro di liceo e università (nato a Pachino, in provincia di Siracusa, il 24 luglio 1907, muore il 25 settembre 1954 durante un intervento chirurgico a Torino). La lettera si apre su un riferimento e un ringraziamento allo stesso Sciascia e al poeta abruzzese Vittorio Clemente, che avevano pubblicato, rispettivamente, un *Ritratto di Francesco Guglielmino* e un *Omaggio a Guglielmino* sulla rivista di Mario Dell'Arco «il Belli» (III, 1954, 3). E aggiungo che Dell'Arco e Pasolini avevano già incluso poesie di Guglielmino nella loro antologia di *Poesia dialettale del Novecento* (Parma, Guanda, 1952).

Ringrazio, tramite il mio caro amico Mario Patanè, gli eredi di Sciascia per avermi fornito copia di questa lettera di Guglielmino (conservata, insieme ad altre del professore allo scrittore, presso la Fondazione Leonardo Sciascia di Racalmuto), e averne consentito la stampa.

Catania 13 dicembre 1954

Caro prof. Sciascia

non posso non gradire l'omaggio tanto lusinghiero, e non essere grato del pensiero gentile a Lei promotore e ai suoi collaboratori e particolarmente al dott. Clemente tanto cortese e benevolo verso di me. Mi avete valutato al di là del mio merito e vorrei protestare ma temo di potervi sembrare insincero e mi limito a dirvi che vi sono molto grato.

Caro prof. Sciascia sono costernato, ai miei non lievi acciacchi – e ringrazio Iddio che non siano più gravi – si sono aggiunte in questi ultimi tempi tristezze che mi hanno depresso assai: sono spariti a distanza di pochi giorni l'uno dall'altro tre cari amici: Peppino Patanè, Vitaliano Brancati al quale ero legato da affetto vivissimo, e da ultimo Vincenzo Guarnaccia. Questi era malato non lievemente e dal letto dettò una lettera per me in cui mi manifestava il suo cordoglio per la fine di Brancati *che aveva tanto avvenire davanti a sé*, e non prevedeva che di lì a pochi giorni lo avrebbe seguito. Era preside dell'istituto tecnico di Treviglio e fu mandato a presiedere gli esami a Novara e a Domodossola. Nella presidenza del liceo di Novara fu colto da malore, trasportato subito nella sua casa a Milano i medici diagnosticarono infarto cardiaco e quindi riposo assoluto.

Stette meglio a segno che si credette già guarito; volle alzarsi, continuò vivace in una inconsueta euforia. Il cuore risentì subito di questo eccesso e in due giorni lo spense.

Pochi mesi or sono aveva pubblicato un romanzo che a me è parso una bella opera d'arte e spero non sia per mancarle il dovuto riconoscimento della critica e il successo presso i lettori. Si intitola «La vita di Filippo Busambra» e si legge con grande interesse e con diletto. Peccato! Non potrà godere del successo se come spero non mancherà.

Quanto al Brancati il suo destino è stato veramente avverso; ne ha scritto il Moravia nel *Mondo*. Attendeva ad un romanzo che mi si assicura gli avrebbe fatto molto onore perché è tale da sorpassare i suoi lavori precedenti; mi si scrive che era quasi finito e che gli amici Moravia, Ercole Patti e qualche altro cureranno la pubblicazione. Caro prof Sciascia, il Brancati valeva assai, non solo era intelligentissimo e colto ma era anche dotato di grandi qualità morali, e l'arte sua di magnifico narratore sarebbe stata sempre più elevata di morale ed umano significato. Muore a 47 anni; pochi giorni prima ci incontrammo a Catania egli era da qualche giorno a Zafferana e quella mattina era sceso a Catania con E. Patti e venne a dirmi che mi voleva ospite suo fra tre giorni, sarebbe venuto il Patti a rilevarmi.

Aveva una cisti intercostale, ma i valentissimi clinici Frugoni e Condorelli capirono che era un tumore e che bisognava operare senza indugio. Egli ne fu sorpreso e meravigliato non aveva sofferto che un lieve impaccio scrivendo, ma ad ogni modo credette opportuno ubbidire, e si recò a Torino per essere operato da un taumaturgo come il Dr. [*sic*] Il tumore era voluminoso, sei chili, e fu asportato; si determinò un vuoto uno squilibrio di pressione fatale per il cuore che si arrestò; egli era sotto l'influsso della narcosi e non si svegliò più...

Non ci si può pensare; è una vera perdita per le lettere nostre. Era buono ed era finissimo nelle maniere, nel portamento; scevro di invidia disposto a dir bene degli altri, di quanto potesse onestamente lodare, e con gli occhi chiusi vedere deficienze altrui.

Lo ebbi scolaro al liceo, poi all'università e poi amico carissimo e confidente dei suoi propositi: diceva a me ciò che confidava al padre e alla mamma sua che lo adorava,

Mi scusi prof. Sciascia se l'affliggo con questa mia lett.; mi perdoni anzi perché sono come ossessionato dalle memorie, o dirò meglio, dai ricordi di questi amici la cui compagnia era un diletto, un sollievo, un conforto. E noti che io ero già amareggiato dalla fine di Attilio Momigliano, spentosi dopo atroci sofferenze per cancro alla vescica, e di Ettore Bignone, che uomo, di non comune valore, che mi scrivevano sempre ed ogni loro lettera o cartolina era per me gioia ed incitamento e qualche volta benevola affettuosa lusinga. Tutti scomparsi questi amici cari e mi pare di essere un sopravvissuto.

Voglia scusarmi caro Sciascia e credermi con grato animo il suo

prof. Francesco Guglielmino

Capitolo quarto

LO SCHIAFFO DEL PADRE NEL *BELL'ANTONIO* E SVEVO

> Poi, al funerale, riuscii a ricordare mio padre debole e buono come l'avevo sempre conosciuto dopo la mia infanzia e mi convinsi che quello schiaffo che m'era stato inflitto da lui moribondo, non era stato da lui voluto. Divenni buono, buono e il ricordo di mio padre s'accompagnò a me, divenendo sempre più dolce. Fu come un sogno delizioso: eravamo oramai perfettamente d'accordo, io divenuto il più debole e lui il più forte. Ritornai e per molto tempo rimasi nella religione della mia infanzia. Immaginavo che mio padre mi sentisse e potessi dirgli che la colpa non era stata mia, ma del dottore. La bugia non aveva importanza perché egli oramai intendeva tutto ed io pure.
>
> Italo Svevo, *La coscienza di Zeno*

Nell'ultimo capitolo del *Bell'Antonio*, dopo la morte di Alfio Magnano (avvenuta in una «casa da tè»), si legge:

> E Antonio? La morte del padre lo annichilì per alcuni giorni: **quel tenero padre**, che lo amava più degli occhi suoi, **se n'era andato assestandogli il più forte schiaffo che mai padre abbia dato a figlio.**[1]

Di che schiaffo si tratti è noto a chi conosce il romanzo: il «vecchio senza pace», in una notte in cui i bombardamenti non avrebbero lasciato «pietra su pietra», vuole andare a morire «tra le macerie di un quartiere malfamato» perché «tutta Catania sappia che Alfio Magnano coi suoi settant'anni andava a putt...».[2] La gente interpreta questa morte come un gesto del vecchio Alfio che così intende riscattare il buon nome dei Magnano dall'infamia e dallo scandalo legati alla impotenza di Antonio, ormai abbandonato da Barbara, che si è risposata con un nobile.

---

[1] V. Brancati, *Opere 1947-1954*, cit., p. 247.

[2] *Ivi*, p. 243.

In questo senso lo schiaffo paterno ha un valore puramente metaforico come la punizione che il padre, con la sua morte, dà al figlio che lo ha profondamente deluso e che anzi, non riuscendo ad essere con la moglie un «maschio», era per il padre come se fosse già morto. È quello che Alfio, apprendendo la terribile verità, aveva detto al cognato: «Vuol dire che io non ho più un figlio maschio! Morì, mio figlio! L'avevo, e morì!». E ancora:

> Quello che fu fu, e non torna! Avevo un figlio maschio sino a ieri, avevo un figlio a Roma ch'era l'orgoglio della mia vita, che tenevo sopra un trono, che tutti me lo invidiavano [...].[3]

La figura di questo padre del *Bell'Antonio*, nel suo amore frustrato per il figlio, è di quelle che non si dimenticano, e che meriterebbe, da parte dei lettori, un'attenzione più vigile, che non lo riduca a macchietta di un gallismo imperterrito e teatrale. Alfio è il padre che si è proiettato e identificato nel figlio e che, in una società in cui (come per i turchi della Bosnia-Herzegovina di cui parla Freud nella *Psicologia della vita quotidiana*) la vivibilità della vita si concentra nella potenza sessuale («Il Signore mi deve far morire prima di mandarmi una disgrazia simile! E che ne ha, uno, della vita, se gli levano anche quello? [...] *Megghiu mortu centu miliuni di voti!*»).[4] Egli perde ogni interesse alla vita nel momento in cui scopre la «disgrazia» del figlio.

Morta l'immagine ideale del figlio amatissimo, è tempo che muoia anche il padre, il quale sceglie di «morire accanto a una donna» per purificare dalle maldicenze, con il nome di Alfio Magnano, anche quello di Antonio Magnano. Alfio, decidendo di morire («voglio che mi trovino morto qui! [...] sono venuto a morire qui.»), dà al figlio in dono la sua vita, egli che non era riuscito a proteggerlo dal disonore dello scioglimento del matrimonio e dalle chiacchiere.

1. Il fallimento dei padri. Ermenegildo, Gesù Cristo e Dio padre

Com'è stato giustamente notato, la figura di Alfio è, nel romanzo, quella meglio delineata; ma forse non si è ancora messo adeguatamente in luce il fatto che egli rappresenta il fallimento di tutta una generazione di padri sotto il fascismo, non compensato per nulla dai figli che avrebbero dovuto sostituirli con nuovi valori esistenziali, ma anche di democrazia e civiltà (di cui la potenza sessuale, al di là dei suoi pur rilevanti significati bio-psicologi-

3 *Ivi*, pp. 180-181.

4 *Ivi*, p. 184.

ci e sociali, è pur sempre una metafora). In questo senso la tragedia di Alfio è profonda, familiare sì, ma soprattutto storica, sociale ed anche ideologica e metafisica. Il suo uscire dalla vita è un vero suicidio mascherato: non per nulla gli trovano in tasca, custodito gelosamente, il biglietto che due anni prima aveva lasciato il cognato Ermenegildo, suicida esplicito, che è l'altra grande figura di vecchio deluso, a cui non importava più, non solo del sesso che aveva ingannato la sua giovinezza, ma neppure di fascismo, comunismo o altro. Ermenegildo, nella guerra di Spagna e nel mondo, aveva scoperto, con il fallimento congiunto di civiltà cristiana e giustizia sociale, che la violenza e il fanatismo generano crudeltà e ingiustizie, e che nel futuro ci sarà sempre orrore e morte. Ecco perché egli aveva l'abitudine di addormentarsi evocando ogni sera l'immagine della morte seduta al suo capezzale. Ecco perché egli sceglie la morte.

Eppure, le pagine più profonde e più drammatiche del libro sono quelle che Brancati scrive per questo pessimista pascaliano, che, entrato in chiesa col nipote, esprime in un monologo martellato da laceranti interrogativi il dolore di un'anima *naturaliter* cristiana, sgomentata e angosciata da tutte le assurdità e crudeltà del mondo:

> E dunque per noi uomini, ci chiamiamo Ermenegildo Fasanaro o Gesù Cristo di Nazaret, non c'è che buio e ignoranza e, se andiamo a scuola, una rassegnata filosofia che si accontenta di chiamare verità le nostre disgraziate domande senza risposta? Ebbene, no!... Lo ripeto per la terza volta: Gesù Cristo!... No, perdio, no!... **Ge-sù Cri-sto! Eh, no, non è come dire: Ermenegildo Fasanaro. È ben diverso!... Ge-sù Cri-sto!... Eppure, chi lo sa?**[5]

Ermenegildo appartiene alla generazione dei padri, e non è senza significato che al centro della sua dolorosa preghiera siano «Dio padre onnipotente», e «il suo unico Figliuolo e l'unico Signore nostro». Certo, quella di Ermenegildo non è la preghiera di uno che possieda una fede pacifica, ma essa esprime un tormento che è già sulla strada della fede e della speranza in una comunità di padri e di figli riconciliati:

> "Gesù Cristo!" mormorò ancora una volta, senza scostarsi dall'attitudine in cui s'era tutto abbandonato, "più ripeto questo nome e più ne smarrisco il significato... E nondimeno come sarebbe stato bello se uno di noi uomini, questo cittadino di Nazaret, fosse stato figlio di Dio, e ci aspettasse dall'altra parte, col suo corpo simile al nostro, sapendo per esperienza cosa voglia dire avere avuto dei polmoni, un fegato, un intestino, un cuore con le valvole!..."[6]

---

[5] *Ivi*, p. 237.

[6] *Ibid.*

E forse è per vedere se dall'altra parte ci sia veramente Gesù Cristo che Ermenegildo si incammina sulla via del suicidio, il quale perciò si carica di una disperata ricerca del senso ultimo, al di là delle illusioni del mondo (se nel biglietto di addio scrive: «Quest'incubo della vita è stato potente e continuo e, pur tra le sue assurdità, ha saputo avere un'aria di coerenza e quasi di naturalezza.»).

È da qui, da questo punto oscuro, dall'inquietudine che accomuna i due cognati che andrebbe riletto *Il bell'Antonio*. È da qui, dal *taedium vitae* che si esprime in queste grandi figure, e diciamo pure dal fondo metafisico del suo mondo, che forse andrebbe reinterpretato tutto Brancati.

In questa prospettiva, il pessimismo brancatiano sulla storia sarebbe assoluto, senza scampo se non nella difficile, e narrativamente quasi indicibile scommessa della fede. E nel *Bell'Antonio* allora non ci sarebbe tanto rappresentato, come non mi pare ci sia, il dramma del figlio impotente, quanto invece la tragedia dei padri, impotenti da sempre a rendere il mondo meno brutto. E quindi, nessun rimprovero dal padre al figlio, ma piuttosto la confessione di una crisi irresolubile.

2. Lo schiaffo e *La coscienza di Zeno*

Così viste le cose, il forte schiaffo che Alfio aveva dato, morendo, al figlio, era dunque del tutto involontario. Che la sua morte in casa di una prostituta venga considerata come una punizione, è un segno della nevrosi sessuale del figlio (e della società), ma in realtà il comportamento del padre è complesso, simbolico (il suo, ripeto, è una sorta di suicidio metafisico), non riconducibile a un puro gesto gallistico-teatrale.

Se adesso interroghiamo la nostra memoria, ci viene in mente, a proposito di un altro schiaffo paterno, un antecedente letterario che, *mutatis mutandis* (e sono molte), forse fu presente a Brancati. Si tratta del luogo della *Coscienza di Zeno* in cui il protagonista racconta che il padre incosciente, sul punto di morire, «arrivò a mettersi in piedi, alzò la mano alto alto, come se avesse saputo ch'egli non poteva comunicarle altra forza di quella del suo peso e la lasciò cadere sulla mia guancia. Poi scivolò sul letto e di là sul pavimento. Morto!». E Zeno aggiunge: «Non lo sapevo morto, ma mi si contrasse il cuore dal dolore della punizione ch'egli, moribondo, aveva voluto darmi». Sebbene Zeno voglia convincersi «che quello schiaffo [...] non era stato da lui voluto», gli resterà per sempre il dubbio di averlo in qualche modo meritato («Ma allora io avrei meritato anche lo schiaffo che mio padre volle darmi morendo?»).

A me pare che la situazione dello schiaffo che il padre, morendo, dà al figlio sia così eccezionale che forse non è azzardato pensare che Brancati si sia ricordato di questo celebre tema sveviano. Superfluo notare che questa reminiscenza, se tale è (come io riterrei), non ha niente di scolastico e di meccanico. Intanto va registrata una differenza fondamentale, e cioè che Brancati parla qui di uno schiaffo allegorico-morale,[7] mentre Svevo descrive uno schiaffo reale, fisico, anche se molto probabilmente involontario. E poi, quella di Brancati è una rapida notazione, mentre nella *Coscienza di Zeno* lo schiaffo del padre è un motivo contenutistico che dà al personaggio di Zeno un elemento di forte rilievo drammatico-simbolico nel rapporto con il padre (il capitolo sulla morte del padre pone centralmente il problema della costellazione edipica entro la quale si situa, per molti versi, la vicenda del personaggio sveviano).

All'Antonio di Brancati, tutto assorbito dal trauma della sua impotenza e frustrazione sessuale, è impossibile amare il padre, soffrire per lui. A Zeno la figura del padre morto sarà presente «per molto tempo», mentre Antonio resta annichilito «per alcuni giorni», e in lui poi il sentimento di vergogna per la morte «non era per il vecchio», ma «la vergogna era per lui, Antonio». Se Alfio vive tutto (e muore) per amore del figlio, questi è da parte sua incapace di uscire dal cerchio angusto della sua nevrosi sessuale.

Il richiamo a Svevo che qui si propone è solo un invito a recuperare, nell'ambito del vasto universo letterario di Brancati, la presenza di uno scrittore, un maestro del Novecento, verso cui egli fu particolarmente taciturno (e forse, nella fase giovanile, piuttosto ostile). E ovviamente le tracce più evidenti di una frequentazione sveviana da parte di Brancati andrebbero ricercate, forse con la speranza di risultati inediti, anche nella sua prima produzione. Penso, ad esempio, alla giovanile *Singolare avventura di viaggio* (1933), dove potrebbe rintracciarsi più d'un elemento sveviano, ma mi basta qui accennare al 'gioco' del personaggio di Enrico con la sua «coscienza».

Ovvio osservare che, per uno scrittore della levatura di Brancati, ogni richiamo ad altri autori va fatto nella prospettiva di arricchirne la complessità e il fascino, non per togliere ma, se possibile, per aggiungere qualcosa alla sua grande originalità.

---

[7] Schiaffi 'reali' sono invece quelli di cui Michele (padre di Paolo) si ricorderà di avere ricevuto dal padre («Sento a uno a uno tutti gli schiaffi che m'ha dato, quand'ero ragazzo.»: *Paolo il caldo*, in *Opere 1947-1954*, cit., p. 710).

Capitolo quinto

PERDITA DEL PADRE E «COMPLESSO DEL CRISTO» IN *PAOLO IL CALDO*

Zosima

È possibile che sia un sogno che l'uomo finisca per trovare le sue gioie unicamente nelle opere di istruzione e carità, e non nei piaceri brutali, come oggi, quali la ghiottoneria, la fornicazione, la boria, la millanteria e l'invidiosa supremazia degli uni sugli altri? Credo fermamente di no, e che il tempo sia prossimo. Ridono e domandano: quando mai arriverà questo tempo, ed è probabile che arrivi? Io invece penso che risolveremo questa grande questione con Cristo.

Fëdor Dostoevskij, *I fratelli Karamazov*

In *Paolo il caldo*, ultima e incompiuta opera di Brancati,[1] il personaggio principale si caratterizza per una opposizione implicita al padre naturale Michele, e per una continuità che si direbbe fisiologica con il nonno Paolo e con lo zio Edmondo. E infatti, mentre tutti i Castorini hanno «molto sangue», Michele, figlio del barone Paolo e padre del Paolo protagonista del romanzo, ne ha «troppo poco». Egli era stato concepito quando il padre era affetto da una «certa malattia» non meglio definita, ma chiaramente di origine venerea, e per questo era nato gracile, senza «vitalità», «un pezzo di ghiaccio». La moglie, l'esuberante Marietta, che lo 'tradisce' solo dopo morto, lo ricorda così al figlio Paolo: «Era freddo, freddo, freddo, che non sarà più freddo ora dopo trent'anni dalla morte».

Il figlio salta, per così dire, la freddezza del padre e si avvicina per il carattere caldo e sensuale al nonno, con il quale non a caso egli e il fratello Luigi rivaleggiano per il possesso di una giovane serva. La «vitalità animale» dei Castorini è del tutto assente nel debole Michele («Io mi sento un estraneo,

[1] Il libro uscì l'anno dopo la morte dell'autore, con una prefazione di Alberto Moravia (Milano, Bompiani, 1955).

in questa famiglia...»). Egli non sente la «voce del sangue», ma sa che il suo «ritmo del sangue» è diverso, più lento; rifiuta la «legge della forza» nei rapporti fra stati e fra uomini, e rifugge da quella vita sensuale e gaudente («La carne! ecco la vostra meta.») che invece «piace molto» agli altri familiari. Per lui, come dice al figlio, la felicità consiste nell'uso della ragione:

"Però", aggiunse Michele, alzandosi e volgendo a una libreria la faccia improvvisamente in fiamme, "la felicità non circola in nessuno di voi, è bene che te lo ricordi per l'avvenire. **La felicità, in questa famiglia, avrei potuto averla soltanto io, perché la felicità è la ragione**. [...]"[2]

Il rapporto di Michele con il proprio padre era stato avvelenato da un «sentimento di antipatia» e di «repulsione». Con una certa ambivalenza, egli confessa al figlio di non avere amato le carezze del padre ma i suoi schiaffi («Sento a uno a uno tutti gli schiaffi che m'ha dato, quand'ero ragazzo.»; «Anche le sue carezze, da bambino, mi davano un principio di nausea. Preferivo i suoi schiaffi.»). Ritiene poi di essersi «liberato dai rimorsi» nei confronti del padre perché pensa di avere la «certezza di dover essere ripagato dal figlio con lo stesso sentimento di antipatia ch'egli provava per suo padre». In realtà Paolo, di fronte alla confessione di Michele, che dichiara di non aver saputo amare bene, cioè capire «interamente», i suoi familiari, resta affascinato dal «magro e piccolo padre», che gli risulta «tanto simpatico». Anzi egli pensò «che il padre, sotto le sue apparenze malinconiche, fosse un uomo estremamente felice».

1. Il suicidio del padre. La vita animale e l'eterno nei corpi

Anche se Paolo una volta dirà che al di là dell'appagamento sensuale «non c'è altra felicità a questo mondo», è fin troppo evidente che la felicità è inattingibile non solo dai Castorini sanguigni e sensuali, ma anche dal casto e freddo Michele («avrei potuto averla soltanto io»). E ciò è così vero che un giorno egli, sempre mite e sereno, si spara allo stomaco. Prima di morire però parla al figlio, rivelandogli la natura della sua infelicità in una sorta di dissidio tra una «tetraggine di bassa lega», che gli proveniva dal corpo malato, e l'aspirazione alla «felicità», alla «chiarezza» e a una «salute» che non fosse quella, quasi «bestiale», del padre (per la quale provava «ripugnanza»).

Il suicidio di Michele, considerando la storia e le dichiarazioni del personaggio, appare motivato da un'ansia platonica in quanto teso alla conquista

---

[2] *Opere 1947-1954*, cit., p. 713.

della libertà della «mente», del «pensare» e forse dell'anima. Nel primo colloquio col figlio egli aveva detto:

> **Un uomo rimane chiuso nel cerchio del suo corpo**, e non produce che sbadigli e silenzio... [...]. Ricordati che la salute ha una dolcezza senza pari quando diventa meditazione. Quando il respiro è profondo, il fegato soffice, i reni elastici, torci il collo ai sensi che sono sempre lì, pronti, come serpenti, a bere un sangue così pulito: sentirai allora nel tuo corpo un battito d'ali, un angelo che spicca il volo: è la mente che comincia a pensare in tutta la sua pienezza. Noi, caro Paolo, pensiamo con un terzo del nostro cervello, perché gli altri due rimangono sempre al buio. **Pensare, figlio mio! Cosa c'è di più bello? Pensare significa anche amare, credimi**.[3]

Se questa è, in fondo, la filosofia dell'esistenza di Michele (lettore di Sant'Agostino e Leopardi), non c'è da stupirsi del suo gesto finale, che è il momento culminante di una diuturna meditazione sullo spirito e di una ansiosa ricerca di liberazione dalla «vita animale». Eppure, egli che ha intuito «poche volte cosa sia la vita nella sua forma normale», alla fine sembra rendersi conto che all'uomo, nel concreto dell'esistenza, non è dato altro strumento del pensiero all'infuori del corpo:

> "[...] Sì, lo so, **può darsi che l'unico spiraglio che mi sia concesso per vedere il mondo e pensare concretamente sia questo corpo contro il quale ho sparato... e una volta che l'abbia sotterrato, io non torni mai più a pensare... per sempre**..." Fece una pausa: "Ma d'altra parte, com'è possibile?... Ho sentito sempre la mia vita animale distaccata da me stesso... [...] Ho sentito sempre l'ottusità delle mie cellule... e questo mi ha fatto sperare che io fossi diverso... **Muoio pieno di speranza, come se mi toccasse di diritto qualcosa di meglio**... Il sarto mi cambierà il vestito riconoscendo che ho avuto ragione di rimandarglielo indietro... Tranne però", aggiunse aggrottando le ciglia, "che non mi venga addebitata la colpa di averlo trascurato, perché da ragazzo non volevo somigliare a tuo nonno che mangiava, beveva, ingrassava, e mi lasciavo deperire... Tuo nonno mi ha dato la ripugnanza per una salute come la sua [...]".[4]

Se consideriamo il suicidio di questo personaggio alla luce della teoria freudiana della malinconia (non si dimentichi che Michele era di «apparenze malinconiche»), possiamo rilevare, citando Freud, che Michele «può uccidersi solo quando riesce a trattare se stesso come un oggetto, quando può dirigere contro di sé l'ostilità che riguarda un oggetto che rappresenta la reazione originaria dell'io rispetto agli oggetti del mondo esterno».[5]

---

3 *Ivi*, p. 715.

4 *Ivi*, pp. 743-744.

5 SIGMUND FREUD, *Lutto e malinconia*, in *Opere*, VIII, tr. it., Torino, Boringhieri, 1976, p. 111.

Non c'è dubbio che l'ostilità di Michele vada contro il proprio corpo malato e contro il padre che gli aveva dato «goccia a goccia» il suo sangue infetto. Il proprio corpo e il proprio padre sono l'oggetto contro cui spara Michele che, scegliendo la morte, si libera del gravame del corpo e insieme del padre che «lo aveva schiacciato col suo peso fino a deformarne il gusto della vita e il pensiero». E tuttavia egli muore «pieno di speranza». Stando alle sue letture e alle pagine del diario che Paolo leggerà dopo tanti anni, questa speranza era ancorata a ciò che si può intravedere dell'eterno nei corpi (compreso il proprio) e alla presenza delle persone amate:

> "[...] Voci dei miei figli, cantarellare di mia moglie, siete i più chiari modi a me consentiti di percepire lo Spirito Eterno... Fugaci spiragli, **quella che amo in voi è soprattutto l'eternità che mi fate intravedere**."
>
> [...] "**Si può passare tutta l'esistenza a contemplare lo Spirito universale nel proprio spirito particolare, la Vita nel proprio corpo**."[6]

Di fronte al padre che muore sereno, Paolo ha lo «sguardo disperato», e nei giorni successivi prova intensamente il sentimento della perdita:

> Sembrava addirittura che, attraverso il dolore che gli suscitava, il padre si fosse interamente trasfuso in lui. **Nulla somigliava a Michele quanto il dolore di Paolo per la morte di lui**.[7]

Brancati non spende molte parole per descriverci il lavoro del lutto di Paolo. Registra (come scritto in un quadernetto) un suo pensiero sul corpo («questo strumento della mia vita, ma in cui per parecchi anni abiterà la mia morte»), il suo bisogno di «meditazione», i suoi «pensieri tetri» e la pressione bassa. Ma tosto, spinto dalla vitalità dello zio Edmondo, dal «calore» e dalla «frustata della luce» delle giornate di luglio, anche Paolo riassapora la «gioia di vivere», e cioè il gusto delle avventure erotiche. E quando, una notte in cui non riusciva a dormire, sente che la madre e lo zio Edmondo sono diventati amanti, decide di partire dalla Sicilia per Roma. Comincia allora un lungo periodo di dissipazione che segna il passaggio dalla sensualità alla lussuria («**Sotto la sensualità di Paolo, qualcosa di più profondo tornò a muoversi, la lussuria**.»).

---

[6] *Opere 1947-1954*, cit., p. 889. Noto di sfuggita che il verbo *cantarellare* nelle edizioni precedenti del romanzo (presso Bompiani e Mondadori) ricorreva nella forma *canterellare*. In mancanza di una auspicabile edizione critica è impossibile sapere quale sia la grafia corretta brancatiana. Ritroviamo la forma *cantarellare* nell'edizione mondadoriana dei *Romanzi e saggi*, cit., p. 1086.

[7] *Opere 1947-1954*, cit., p. 750.

2. Il lutto e la lussuria

Paolo trascorre la sua giovinezza nei salotti romani, ricercato dalle donne per la sua fama di amante focoso. Tornato in Sicilia, sposa la giovane Caterina, che conduce con sé a Roma. Questo matrimonio gli dà «la speranza di una vita feconda e onesta, la felicità dell'amore». Ma presto egli si rende conto che Caterina, pur dicendo di amarlo, è completamente frigida, e anzi finisce per escluderlo dalla sua stanza. Infine, essa riparte per Catania e Paolo resta «solo, in balìa di se stesso». Si consegna di nuovo alla lussuria, ma per lui «incominciava il periodo più doloroso della sua vita», dominato dall'insoddisfazione, dalla «nevrosi» e dalla disperazione. Egli sperava che Caterina sarebbe tornata, ma, annota Brancati nell'appunto lasciato a proposito della conclusione non scritta del romanzo, Paolo «si aggrovigliava sempre di più in se stesso fino a sentire l'ala della stupidità sfiorargli il cervello».

La vita di Paolo dopo la morte del padre può essere vista come un lungo processo di lutto che si evolve, all'apparenza e all'inizio, normalmente: egli infatti supera la perdita e diventa capace di riattaccarsi a nuovi oggetti. Tuttavia, il rapporto con il padre è di quelli che sfuggono «alle misure comuni del tempo», e Paolo può ben dire allo zio Edmondo (quasi il suo padre giusto, perché a lui vicino nella sensualità) che vecchiaia e giovinezza, presto e tardi sono «termini ridicoli»:

> "Un tuo discorso di venticinque anni fa, o un discorso di mio padre, mi risuona ancora nelle orecchie con tutte le sue riflessioni, lo capisco soltanto ora, non perché c'è voluto molto tempo per intendere certe cose, ma perché **venticinque anni sono stati l'attimo occorrente per cambiare la parola di un altro in un pensiero mio**. [...]"[8]

Nel primo discorso al figlio, come s'è visto, Michele aveva detto che la felicità non circolava in nessuno dei Castorini. Egli, congedando Paolo, aveva anche osservato che la natura avrebbe «passato la spugna» su tutte le sue parole. Ma il figlio gli aveva risposto: «Ti sbagli». È del tutto rivelatore del profondo legame tra di loro il fatto che, tornato in Sicilia, risuonino nella mente di Paolo le parole del padre sulla felicità:

> "Però la felicità non circola in nessuno di voi, è bene che te lo ricordi per l'avvenire. **La felicità, in questa famiglia, avrei potuto averla soltanto io, perché la felicità è la ragione**..." Era passato un tempo ridicolmente breve da quando

---

[8] *Ivi*, p. 899.

Michele aveva pronunziato quella frase, e il lontano avvenire, di cui egli parlava, era arrivato. **Il maturo Paolo già consentiva alle parole del giovane padre, con tutto il fervore di un cuore impaurito.**[9]

A questo punto Paolo deve finalmente prendere coscienza della verità delle parole paterne:

"Se l'inferno ha i suoi santi, io sarò uno dei maggiori... **Non sono stato mai felice, mai un momento felice!... Com'è possibile, gran Dio?** Mai un momento felice!... **Ho rinunziato alla felicità pur di peccare!** Capisco darsi al diavolo per godere le bellezze del mondo... **Ma soffrire per darsi al diavolo?...**"[10]

3. L'*IMITATIO PATRIS*

Il ritorno in Sicilia comporta per Paolo non solo un riconoscimento delle ragioni e della grandezza del padre, ma anche un tentativo di ritrovarlo e di identificarsi in lui. La «faticosa» lettura che egli fa del diario di Michele, frutto di «pensieri taglienti e dolorosi», di «lucide e contorte sensazioni», lo porta al centro di riflessioni sul senso di un'esistenza certamente contemplativa ma anche attenta al valore delle creature, nelle quali (come s'è letto in un passo prima citato) il padre intravedeva l'eternità.

Paolo rimane profondamente scosso dalle meditazioni paterne, che somigliano «alle impressioni di cui erano state ricche le sue giornate siciliane». La lettura del diario gli dà anche la rivelazione dell'intuizione che il padre aveva avuto sulla reale natura del figlio, adatto nel suo io profondo a «poter dedicare il suo vero sguardo a quanto gli accadeva dentro» (così come faceva un certo barone Rapisardi). Paolo nel diario può anche leggere: «Come il barone Rapisardi, sono io. E come me Paolo (senonché egli è sviato da incessanti impulsi di sensualità)...».

La scoperta di questa verità, cioè l'essere egli Paolo come il padre, giunge al culmine di un suo processo di riparazione e ripresa del padre morto che è proprio della dinamica del lutto e che si suggella, su una base eminentemente narcisistica, nell'identificazione dell'io con l'oggetto perduto. Non è un caso che il figlio resti colpito da un «ultimo pensiero» del diario in cui si parla di «narcisismo», di forza «sublimata», di «rimorso». E non è senza significato che nelle ultime pagine del libro si discorra di psicanalisi, nevrosi, inconscio, subcosciente, complesso paterno, scissione. Non è neppure da sottovalutare il fatto che verso la fine del romanzo, a rivelare la natura

---

[9] *Ivi*, p. 878.

[10] *Ivi*, p. 880.

distruttiva del narcisismo orale (e quindi di un erotismo regressivo, predatorio), si affollano metafore animalesche di uomini trasformati in cani, di maiali, di lupi alsaziani, fino all'immagine (nell'ultima pagina del libro) di «un cannibale a cui la forma e i moti di un'esistenza simile alla sua non provocano che appetiti e abbondante salivazione». In verità, il pensiero stesso di Paolo, per il quale le donne erano «una pasta animale», è definito infine «divoratore». E l'ultimo personaggio brancatiano si avvia alla «stupidità» (cioè a una follia di tipo maniacale), presentandocisi in preda ad alterni sentimenti di narcisismo onnipotente e di grave depressione malinconica, al cui centro stanno la figura e il sistema di valori del padre.

In sintesi, va rilevato che il processo di identificazione di Paolo con il padre si svolge sul duplice piano dei gesti concreti e dell'appropriazione, e quasi dell'incorporazione fantasmatica, del suo pensiero e della sua vita.

Il matrimonio con la giovane Caterina è il tentativo di un cambiamento di vita («caro zio, voglio cambiar vita») che è una vera *imitatio patris*. La candida Caterina condivide infatti con Michele la caratteristica fondamentale della castità e della freddezza, e certo è anche perché lei gli ricorda il padre che Paolo la sceglie:

> [...] che ella si giudicasse fredda era già largamente confortato dal fatto che, per lui, ella era in ogni caso incantevole, e la stessa freddezza, circoscritta del resto a una piccola parte del suo bellissimo corpo, gli riusciva estremamente graziosa.[11]

In realtà, nell'amore di Caterina Paolo aveva sperato di trovare l'occasione esistenziale decisiva per lasciarsi alle spalle «il suo più torbido passato», per sanare finalmente l'opposizione tra «amore» e «lussuria». Senonché, nel rapporto coniugale egli è vittima di una sorta di contemplazione adolescenziale che, passato l'incantesimo del primo anno, causerà la frigidità di Caterina. In fondo, questa non chiederebbe altro che di essere amata come una donna in carne ed ossa («Sono anch'io una giovane. Lasciami scendere. Prenderò il posto di quella donna», dice al marito in macchina, quando egli le parla delle giovani che praticano il sesso senza porsi problemi morali). Paolo si ostina a idealizzarla, a inseguire in lei «l'essenza delicata» dei desideri, a guardarla «con l'umiltà dell'adorazione», a farla oggetto di sola «tenerezza». E Caterina finisce allora per incolpare il marito della sua freddezza ("Oh, non dico che la colpa sia tutta mia" [...] "tu avresti dovuto forse... Io sono così, un po' tardiva... Non ho mai fatto esperimenti di nessun genere, da ragazza...").[12] La verità è che per Paolo l'amore fisico

---

[11] *Ivi*, p. 913.

[12] *Ibid*.

nei confronti di Caterina è impossibile in forma piena perché in lui è attiva una dicotomia tra amore e sensualità, tra rispetto e profanazione, tra bene e male. Ciò accade perché nell'immagine della donna è coinvolto il suo ideale dell'io, nel quale agisce l'identificazione con il padre, con l'inevitabile corollario di una componente d'«incesto» che gli impedisce di uscire dallo stadio contemplativo e adorante:

> **Quest'uomo sensuale, [...] a causa della fenditura profonda nella vita dei sensi, fra male e bene, rasentava nel puritanesimo i rigori della follia**. Cos'avrebbe dovuto fare? Cosa gli chiedeva quella ragazza tardiva, dalla morale diritta, dal passato senza macchie? **Avrebbe dovuto egli, per farle piacere, compiere l'operazione dolorosa e innaturale per lui come per un uomo normale un atto d'incesto, di mescolare le due parti nettamente distinte della sua vita sessuale?** Intorbidare l'essenza delicata della voluttà accompagnata dall'amore, scaricarvi dentro le fogne dei piaceri vendicativi e profanatori?[13]

Dopo i primi dubbi, Paolo capisce che «nient'altro gli si chiedeva in definitiva che di mettere il suo amore nelle mani della sua lussuria, e questo lo faceva arrossire di vergogna». Lasciandolo fuori della sua stanza da letto, Caterina respinge Paolo al di là «di una cinta nella quale si era sentito sicuro»:

> **Al di là del battente, tutto era illuminato nella sua memoria da una quieta luce di sicurezza e di beatitudine**; [...] scuoté il battente, bussò. [...] **avrebbe voluto supplicarla con le parole di antiche preghiere** [...] o almeno con tutta la disperazione e il bisogno di amore protettivo che lo facevano appoggiare alla porta come l'animale che si attacca a un altro corpo vivo nel cui calore soltanto troverà le condizioni per vivere.[14]

4. Dalla perdita del padre al *Padre nostro*

Se Paolo aveva scelto Caterina secondo il tipo che Freud definì narcisistico (in quanto essa incarnava un ideale dell'io di cui faceva parte la purezza paterna), è anche vero che egli opera una scelta d'oggetto per appoggio sul modello delle figure genitoriali che assicurano nutrimento, calore,

---

[13] *Ivi*, p. 914. Segnalo nella citazione (un po' scorciata) che l'espressione *a causa* nell'edizione delle *Opere* viene registrata senza la preposizione *a* (*causa*), con un evidente errore di stampa, non presente nella prima edizione del romanzo (dove l'intero periodo si legge correttamente: «Quest'uomo sensuale, che aveva smaniato una settimana per far ripetere alla Banchedi la telefonata di quattro parole, *a causa* della fenditura profonda, nella vita dei sensi, fra male e bene, rasentava nel puritanesimo i rigori della follia.»: V. Brancati, *Paolo il caldo*, con prefazione di Alberto Moravia, cit., p. 332). La forma corretta *a causa* si legge anche nei *Romanzi e saggi*, cit., p. 1113.

[14] *Opere 1947-1954*, cit., p. 916.

protezione. Privato di questo «amore protettivo», egli diviene preda della disperazione. Il suo tentativo di superarla rituffandosi nell'«inferno» della lussuria fallisce miseramente. E insieme a Caterina Paolo perde la speranza di identificarsi compiutamente nel padre, di rivivere la sua vita, di diventare uno scrittore come lui, che aveva lasciato le pagine del diario. Il padre è definitivamente morto. Ma è in questa situazione di estremo abbandono e di disperazione che si presentano alla mente del figlio una voce e il ricordo di un altro padre:

> "**Padre nostro che stai nei cieli**..." Chi ha parlato? Le labbra di Paolo sembra che non si siano mosse. Ma ecco ancora: "... sia santificato il Tuo nome." **Sono proprio queste le parole che risuonano forti e disperate dentro la macchina** [...].
>
> Nell'aria fredda del traforo, quest'uomo dalla fronte imperlata di sudore (sulla cui bocca, incurvata da una vecchia espressione di sadismo, risuonavano sempre, come per lo scherzo di un ventriloquo che gli stesse accanto, quelle disperate parole sacre) avvertiva già cupidamente il lontano odore di tabacco, vino e strofinaccio.
>
> Solo all'uscita del traforo, sotto i due ponti della ferrovia, egli e la sua disperazione furono per un momento la stessa persona.
>
> "**E non c'indurre in tentazione... Liberaci dal male, e così sia...**" **Una lacrima gli era spuntata sull'orlo dell'occhio.**[15]

Dal fondo della disperazione di chi ha perduto definitivamente il padre affiorano «le parole [...] forti e disperate», «quelle disperate parole sacre» che introducono prepotentemente nella vicenda di Paolo la presenza del Padre nostro che sta nei cieli.

Il tema del *Padre nostro* porta in superficie la questione religiosa, che si rivela decisiva nelle pagine dell'incompiuta parte terza del romanzo, e che era emersa in relazione alla figura del padre Michele (anche se piuttosto indirettamente), con il riferimento alla lettura di Sant'Agostino e alle sue meditazioni sull'eternità. Nel romanzo anche lo zio Edmondo dice di avere letto le *Confessioni*, ma per lui Sant'Agostino «era più santo nella prima parte della sua vita [...]. Perché peccava soffrendo e sbattendo i denti».

5. Il rimorso e la psicanalisi

È da rilevare a questo proposito che il motivo religioso si impianta per Paolo su una matrice paterna, forse in origine per il legame strutturale tra morale religiosa e super-io (in quanto fondato sull'interiorizzazione dei di-

[15] *Ivi*, pp. 923-924.

vieti parentali), ma forse anche perché Paolo è simile al padre nel sentire il rimorso come prodotto dell'atto sessuale. Nell'ultimo pensiero letto nel diario paterno egli aveva trovato scritto: «dopo quell'atto, provo sempre un grande rimorso». E in una delle sue riflessioni finali sul senso della vita il figlio confessa a sé stesso di non avere mai compiuto certe cose senza rimorso:

> "Quando compivo queste cose senza rimorsi, e cedendo subito alla tentazione, ero felice e mi sentivo bene... Sì", aggiungeva, cambiando tono di voce dentro di sé, "ma un benessere unicamente fisico, non mentale... **E poi, senza rimorsi?** Era completamente narcotizzata la parte di me stesso in cui vivono i rimorsi. **Erano rimorsi incoscienti, ma profondi e distruttori**. Si vede, dopo, la rovina che può fare un pensiero che si aggiri al limite della coscienza."[16]

I rimorsi incoscienti, i pensieri al limite della coscienza designano, in questo tardo Brancati molto attento alla psicanalisi, i sensi di colpa che, agendo in profondità, sono normalmente inconsci ma fanno anche sentire il loro peso sulla coscienza. Non mi pare il caso di procedere adesso a un'analisi della terminologia e dei concetti che in questo libro sono ascrivibili a una buona conoscenza della psicanalisi, che indubbiamente faceva parte del bagaglio culturale del Brancati maturo. È evidente, stando ai dati del romanzo, che lo scrittore, insieme al suo Paolo e a una interpretazione allora corrente, identificasse gli psicanalisti con quei «medici moderni» che «hanno una stupida fiducia nella funzione sessuale».[17]

Certamente è da osservare che il protagonista brancatiano di sempre, significato qui da Paolo, soffre riguardo al sesso di una scissione, oscillando tra un'esigenza, piuttosto volontaristica, di decolpevolizzazione della sessualità, e una posizione di rigido moralismo che vede nei «peccati sessuali» quel «diavolo» a cui non credono, con i «medici moderni», nemmeno le donne (quelle infine – fomentando la lussuria: «Al diavolo, quanta lussuria, in questo mondo! Che maledizione!», – diventano quasi ministre del diavolo: «Maledette! Non fossero mai esistite!»).[18]

In realtà Paolo, pur nella sua disperazione, ha la certezza che esiste una via alla felicità in quell'astinenza che per lui si incarna nell'esempio e nel ricordo del padre «casto» e «bianco come una colomba». È questo che rivela all'amico Pinsuto:

> "**Lei, che mi consiglia di andare dai medici psicanalisti... Gli dica a questi suoi amici, che nessuna cosa dà tanta felicità come l'astinenza. Mio padre era**

---

[16] *Ivi*, p. 936.

[17] *Ivi*, p. 939.

[18] *Ibid*.

casto... Ecco che ora mi ricordo di mio padre... Era bianco come una colomba... Era un grand'uomo: io non sarò come lui... La prego", aggiunse, fulminandolo con gli occhi, come se l'avesse sorpreso nell'atto di cavare furtivamente la rivoltella da un cassetto, "la prego: non mi rompa le scatole, ora, col complesso del padre!"[19]

Per inciso è da notare che queste insistenze finali del romanzo sulla psicanalisi, sulla nevrosi, sui complessi, ecc., presentano una qualche analogia con temi sveviani della *Coscienza di Zeno*: lì il protagonista, verso la fine del libro, nega l'esistenza di un complesso edipico su base prevalentemente materna; qui Paolo nega il complesso paterno (che è concetto e termine freudiano).[20] Brancati non parla di complesso di Edipo ma di complesso del padre, e ciò rivela come, in generale, l'universo parentale del personaggio brancatiano sia dominato dalla figura del padre più che da quella della madre (in realtà Marietta, se serve a definire meglio la personalità del marito Michele, è quasi del tutto inattiva nella storia profonda del figlio).

6. Il «complesso del Cristo» e Pascal

La dimensione nuova del personaggio di Paolo, rispetto alle sue prefigurazioni apparse negli altri romanzi (dall'Enrico di *Singolare avventura di viaggio* al *Bell'Antonio*), sta nel fatto che egli, dopo la perdita del padre reale, si solleva alla ricerca del padre cui lo indirizza Cristo. In questo senso è centrale il fatto che, respingendo, nello stesso dialogo con Pinsuto appena citato, l'idea di potere essere vittima del complesso del padre, egli ammetta invece di credere al «complesso del Cristo»:

"[...] Sa che cosa **ho rimosso** io, invece, che cosa ho scacciato fuori della coscienza, e buttato nelle fogne di me stesso? il pudore, la carità, **un comandamento del Vangelo! Sa che cosa ho calpestato e ridotto al silenzio? Gesù Cristo in persona!** [...]" [...] "**Al complesso del Cristo credo sempre di più**. [...]"[21]

A commento di questa centralità del Cristo, che nasce sulla dissoluzione del complesso paterno, e che quindi di esso è per così dire uno sviluppo di grado superiore, si potrebbe forse citare un pensiero di Pascal:

---

19 *Ibid.*

20 Freud parla di *Vaterkomplex* «per designare una delle principali dimensioni del complesso di Edipo: la relazione ambivalente col padre.» (Jean Laplanche e Jean-Bertrand Pontalis, *Enciclopedia della psicanalisi*, tr. it., Bari, Laterza, 1973, I, p. 89).

21 *Opere 1947-1954*, cit., p. 940.

Considérer J.-C. en toutes les personnes, et en nous-mêmes. J.-C. comme père en son père. J.-C. comme frère en ses frères. J.-C. comme pauvre en les pauvres. J.-C. comme riche en les riches. J.-C. comme docteur et prêtre en les prêtres. J.-C. comme souverain en les princes, etc.[22]

Dunque, Gesù Cristo «comme père» e «comme frère». Il motivo del «Padre nostro», che scandisce tante pagine e tante esistenze in tutto l'universo brancatiano,[23] riceve il suggello più alto in questo finale complesso del Cristo, che apre l'anima di *Paolo il caldo* al «problema spirituale», al tema dello «Spirito». Pinsuto, che sostiene quella che si potrebbe dire la parte del diavolo, muove a Paolo un'obiezione in certo modo fondata:

"**Ma cos'è mai** [...] **codesta inflazione della parola spirito, nei suoi discorsi?** Sento nella sua voce, ogni volta che la pronuncia, un leggero tremito di paura. Non sarà, codesta maledetta parola, il punto di raccolta di tutti i suoi oscuri e infondati timori?...[...]"[24]

Di fronte a questa insinuazione su una genesi dell'interesse di Paolo per l'anima nella paura della punizione divina, viene da pensare ancora a Pascal:

Superstition et concupiscence.
Scrupules, désirs mauvais.
Crainte, mauvaise.

Crainte, non celle qui vient de ce qu'on croit Dieu, mais celle de ce qu'on doute s'il est ou non. La bonne crainte vient de la foi, la fausse crainte du doute; la bonne crainte jointe à l'espérance, parce qu'elle naît de la foi et qu'on espère au Dieu que l'on croit; la mauvaise jointe au désespoir parce qu'on craint le Dieu auquel on n'a point eu foi. Les uns craignent de le perdre, les autres de le trouver.[25]

---

22 Blaise Pascal, *Pensées*, texte établi par Louis Lafuma, Paris, Editions du Seuil, 1962, p. 378 (*pensée* 946). «Considerare Gesù Cristo in ogni persona e in noi stessi: Gesù Cristo come padre nel suo Padre, Gesù Cristo come fratello nei suoi fratelli. Gesù Cristo come povero nei poveri, Gesù Cristo come ricco nei ricchi. Gesù Cristo come dottore e sacerdote nei sacerdoti. Gesù Cristo come sovrano nei prìncipi, ecc.»: trad. in Blaise Pascal, *Opere complete*, Testi francesi e latini a fronte, a cura di Maria Vita Romeo, Milano, Bompiani, 2020, p. 2767.

23 In *Singolare avventura di viaggio* il protagonista Enrico osserva attraverso il buco della serratura nella stanza d'albergo accanto alla sua un vecchio che prega a recita il *Padre nostro* (in *Opere 1932-1946*, cit., pp. 56-57), ed egli stesso infine dichiara di credere in Cristo (p. 75). Nel *Bell'Antonio* è lo zio Ermenegildo Fasanaro a recitare un intenso monologo centrato su Gesù Cristo e sul Padre (Dio), e a ripetere le parole del credo «*in Dio padre onnipotente* [...]. *Ed in Gesù Cristo suo unico Figliuolo unico Signore nostro...*»: *Opere 1947-1954*, cit., p. 238. Ma il tema andrebbe indagato in tutta l'opera nella prospettiva di un'analisi complessiva sul posto che la religione ha nell'interiorità del personaggio di Brancati, e naturalmente anche nello scrittore e uomo Brancati.

24 *Opere 1947-1954*, cit., p. 941.

25 Pascal, *Pensées*, cit., p. 357 (*pensée* 908). «Superstizione e concupiscenza. / Scrupoli, desideri cattivi, timore cattivo. / Timore, non quello che deriva dal credere in Dio, ma dal dubbio

È del tutto legittimo il dubbio di Pinsuto che Paolo sia condizionato da una visione primitiva della religione cristiana (rimorsi, diavolo, ecc.). In verità nel romanzo ci viene presentato un cristianesimo non sereno e non liberatorio; ma è anche vero che Paolo aspira a «nuove matrici», a un rinnovamento fondato su una fede che finalmente liberi dall'angoscia e dalla paura. La verità è che egli si sforza di uscire dalla disperazione con la fede in Cristo, nel quale dichiara di credere «sempre di più». Per lui il «dentro» è diventato il centro dell'esistenza. A Ester, una donna attiva in politica, egli così parla:

> "E voi volete modificare gli uomini", disse, "senza sapere chi sono gli uomini e cosa gli succede dentro!" [...] "Ebbene, allora?" disse Paolo [...] "dica! Cosa c'è dentro di me? Lo dica!"[26]

Questa finale insistenza sul «dentro» (che era già il tema del diario paterno),[27] punta agostinianamente «in interiore homine», e ci fa sospettare che forse il romanzo si chiude dove ne sarebbe dovuto cominciare un altro.

---

se egli esista o no. Il timore buono proviene dalla fede, il falso timore proviene dal dubbio, il timore buono è unito alla speranza, perché nasce dalla fede e si spera in Dio in cui si crede, il timore cattivo si accompagna alla disperazione, perché si teme il Dio in cui non si è creduto. Gli uni temono di perderlo, gli altri temono di trovarlo.»: trad. in *Opere complete*, cit., p. 2513.

[26] *Opere 1947-1954*, cit., pp. 943-944.

[27] «Il barone Rapisardi, che abitava cinquanta metri più in là del teatro Bellini, trascorse i suoi giorni (anche quelli d'estate) a mirare la fiamma del camino, dando in pasto agli occhi una forma immobile nella sua apparente vivacità, in modo da poter dedicare il suo vero sguardo a quanto gli accadeva dentro [...]. Come il barone Rapisardi, sono io. E come me Paolo (senonché egli è sviato da incessanti impulsi di sensualità)...» (*ivi*, pp. 889-90).

Capitolo sesto

SCIASCIA E I SOGNI DEI SICILIANI

> Quella ragazza, per esempio, che faceva capolino dietro i vasi di basilico, quando il fruscìo della vostra veste metteva in rivoluzione la viuzza, se vedeva un altro viso notissimo alla finestra di faccia, sorrideva come se fosse stata vestita di seta anch'essa. Chi sa quali povere gioie sognava su quel davanzale, dietro quel basilico odoroso, cogli occhi intenti in quell'altra casa coronata di tralci di vite?
>
> Giovanni Verga, *Fantasticheria*

Nella storia di Sciascia, per sua stessa ammissione, Pirandello è padre e maestro di scrittura originario. Egli ribadirà più volte che la sua produzione è stata un ininterrotto dialogo con l'agrigentino. Una simile vicinanza, ma ovviamente sul terreno della 'fratellanza' di due siciliani quasi coetanei, egli manifestò più volte per Brancati (da lui conosciuto al tempo degli studi secondari a Caltanissetta). In effetti, sia Pirandello che Brancati agiscono specificamente anche sulla frequenza e sull'articolazione narrativa delle rappresentazioni dei sogni che costellano dall'inizio alla fine testi significativi sciasciani.

In sintesi si può affermare che in Sciascia è presente in maniera costante una fenomenologia delle tematiche oniriche che si può rilevare, e quindi studiare nel concreto della sua opera propriamente creativa, ma anche nella produzione saggistica.

1. Un'intervista a Sciascia sul sogno. I sogni dei siciliani. Il sogno dell'America

Esiste una intervista, del tutto ignorata e assente nelle *Opere* e nelle bibliografie, in cui Sciascia viene interrogato (da Francesca Pansa) intorno alle sue idee sul sogno.[1] Le sue risposte non riguardano specificamente i

1 L'intervista fatta a Sciascia nell'agosto del 1989, pubblicata due anni dopo su una rivista

molti sogni presenti nella sua narrativa e nelle sue riflessioni sulla letteratura e sul cinema, ma tuttavia sono utili per consentirci di intuire l'ampiezza di un tema a cui lo scrittore è stato sempre attentissimo.

Il primo ambito di una possibile analisi e descrizione del sogno in Sciascia è quello che si potrebbe definire antropologico, ed è legato alla sua nascita ed educazione di siciliano. La sua attenzione sul sogno in Sicilia si focalizza su alcuni punti che toccano il folklore e la condizione di povertà di un largo strato della popolazione isolana, la quale 'sognava' un cambiamento in meglio grazie ai numeri da giocare al lotto, per lo più sognati e/o ispirati dal morto che parla nei sogni. In questo settore si aveva riguardo ai parenti morti che, in cambio delle preghiere dei vivi, suggerivano in sogno i numeri vincenti. Nella credenza popolare la figura, secondo Sciascia inesistente storicamente, di santa Filomena era capace di ispirare in sogno numeri vincenti.[2] Altra possibilità di arricchimento per i siciliani derivava dal sogno di tesori nascosti, soprattutto in luoghi remoti, e che si potrebbero trovare a patto di eseguire certe prescrizioni date nel sogno, tra cui quella di mantenere il massimo segreto.[3]

Il denominatore comune di questa elementare varietà onirica dei siciliani è dunque quello che si potrebbe definire il sogno di una ricchezza impossibile nella realtà. A questi sogni 'tradizionali' si aggiungevano, sul piano sociale e su quello politico, il sogno dell'emigrazione in America, e, specie nel secondo dopoguerra, quello dell'uguaglianza comunista.

Incontriamo alle origini il mito/sogno dell'America come luogo in cui i siciliani erano già emigrati, o speravano di potere emigrare, per sfuggire all'oppressione della miseria, soprattutto sotto il fascismo. In questa dire-

---

distribuita ai viaggiatori notturni delle Ferrovie dello Stato, *I viaggi in treno*, si può leggere in Francesca Pansa, *Viaggio intorno ai sogni*, Milano, Camunia, 1993, pp. 121-126.

[2] «Questo è il bello della storia: che ci sono i miracoli... **Io mi ricordo quando tua madre vide in sogno santa Filomena, e aveva tre numeri in mano: e la vecchia li giuocò, e vinse il terno**. Santa Filomena che porta i numeri del lotto, già la cosa era da ridere... Ma c'è di peggio: c'è che un prete, che aveva visioni di santa Filomena, per queste visioni è diventato quasi Santo; un prete francese, non ricordo come si chiamasse...»: novella *La rimozione*, in *Opere 1956-1971*, a cura di Claude Ambroise, Milano, Bompiani, 1987, p. 1322.

[3] «Coloro che **in sogno avevano rivelazione di un tesoro sepolto**, e **secondo le istruzioni nel sogno ricevute dovevano di notte andare a disseppellirlo**, senza tremare davanti ai fantasmi che lo custodivano, se invece andavano di giorno altro non trovavano che un mucchio di gusci di lumache. Così era accaduto a un certo Piraino, zolfataro: che ebbe la rivelazione di un tesoro nascosto in una grotta della contrada Poggio del Conte, una rivelazione così topograficamente esatta che la notte stessa con sicurezza vi arrivò; ma non ebbe cuore di entrare, anche se i due fantasmi (di guerrieri saraceni, come sempre a guardia dei tesori sognati) gli facevano gesti d'invito. Vi andò l'indomani: e nella grotta non c'erano che "quattro craculi". Da povero che era, i fantasmi, indignati, lo fecero poi diventare poverissimo.»: alla voce *Craculi*, in *Occhio di capra*, in *Opere 1984-1989*, cit., pp. 39-40.

zione vanno letti alcuni racconti della prima stagione. Ma il sogno dell'America è nella realtà un'illusione e anche una crudele beffa se, come si narra nella novella *Il lungo viaggio* (del 1962, poi in *Il mare colore del vino*), un gruppo di siciliani, illusi da un abile truffatore, si imbarcano su un battello che invece di portarli in America li fa scendere di notte, dopo una peregrinazione farsesca di undici giorni intorno all'isola, su una spiaggia siciliana. In fondo il sogno dell'America era per loro quello di una favolosa ricchezza:

> **Il sogno dell'America traboccava di dollari**: non più, il denaro, custodito nel logoro portafogli o nascosto tra la camicia e la pelle, ma cacciato con noncuranza nelle tasche dei pantaloni, tirato fuori a manciate: come avevano visto fare ai loro parenti, che erano partiti morti di fame, magri e cotti dal sole; e dopo venti o trent'anni tornavano, ma per una breve vacanza, con la faccia piena e rosea che faceva bel contrasto coi capelli candidi.[4]

A questa dimensione siciliana del sogno dell'America partecipa lo stesso Sciascia, il quale da ragazzo non mancava di frequentare il cinema del paese in cui si proiettavano soprattutto film americani. E poi egli confessa di avere letto fin da giovanissimo gli autori americani.

Nelle dolenti prose delle *Parrocchie di Regalpetra* il sogno in versione 'idillica' è pressoché estraneo alla tragedia della vita dei poveri abitanti, che vivono nell'incubo «di ruzzolare dalle scale del mondo» sempre più in basso.[5] In una condizione di povertà che si trasforma spesso in miseria, gli zolfatari possono ricordare «come un sogno, un favoloso desiderio» la loro abitudine di un tempo passato in cui mangiavano spesso il baccalà.[6]

In questo ambiente di poveri si colloca il sogno incubo del narratore che, ad inizio delle *Cronache scolastiche*, dichiara di non amare la scuola, costituita sempre da classi di poveri, e a cui si sente come imprigionato:

> Legato al remo della scuola; **battere, battere come in un sogno in cui è l'incubo di una disperata immobilità, della impossibile fuga**.[7]

---

[4] *Il lungo viaggio*, in *Opere 1956-1971*, cit., p. 1265.

[5] *Cronache scolastiche*, *ivi*, p. 113. Questo sogno delle scale ha un corrispettivo preciso nell'esperienza onirica dello scrittore, il quale, a una domanda dell'intervistatrice sui suoi sogni ricorrenti, risponde: «Uno, soprattutto, e riguarda **l'orrore del vuoto. Salire una scala e trovare in cima il vuoto**. Come me lo spiego? **Forse è attrazione verso la morte**: sono sicuro che, se restassi a guardare il vuoto da una certa altezza per un determinato periodo di tempo, a un certo punto mi butterei di sotto. **Ho questa paura e perciò nel sogno la evito sempre**.», *Viaggio intorno ai sogni*, cit., pp. 123-124.

[6] *Opere 1956-1971*, cit., p. 47.

[7] *Ivi*, p. 93.

Un po' diverso è il clima onirico che si respira negli *Zii di Sicilia* (1958), dove il sogno appare esplicitamente. Nella *Zia d'America*, il primo di questi racconti, c'è la figura di un ragazzo di Regalpetra che rievoca in prima persona gli anni della sua formazione in relazione alle lettere di una sorella della madre, la quale era emigrata in America, e che quando torna in paese trova tutto malmesso e disprezzabile. Egli, che è anche il narratore, coltiva il sogno dell'America («"Io ci vorrei andare in America" dissi "mi faccio i soldi e poi torno; compro una bella automobile e torno."»),[8] e si invaghisce della cugina americana; ma la madre la fa sposare con uno zio dello stesso ragazzo, il quale andava sempre di più ridimensionando la sua originaria simpatia per l'America e i siciliani là emigrati. Il suo sogno si colloca all'arrivo degli americani in paese, dopo lo sbarco in Sicilia, e rappresenta la sua emozione di fronte alla parata che accompagna questo arrivo:

> Non so come, d'improvviso, sentii crescermi dentro un'ondata di pianto, forse fu per i carabinieri, per quella bandiera che si levava sulla folla, per Filippo e suo padre che erano rimasti soli nella bottega, per mia madre. Mi assalì struggente, quasi potessi non ritrovarla come l'avevo lasciata, l'ansia della mia casa: di corsa risalii la strada ora festosa di voci; e quando mi chiusi il portone alle spalle **mi sentii come dentro a un sogno, che qualcuno sognasse, e io fossi dentro quel sogno,** a salire stanco le scale e un groppo di pianto che mi serrava la gola.[9]

Più che un vero sogno notturno narrato, questa è la confessione di un sentimento di caduta del sogno americano nell'animo di un ragazzo che aveva coltivato, insieme a una generazione di siciliani poveri, l'illusione e l'irrealtà di una speranza di rigenerazione sociale all'insegna del mito dell'America. Nel racconto, l'unico sogno 'vero' è quello dell'amico Filippo, che rivede in sogno un militare tedesco morto:

> "Io una volta ho visto un morto" disse Filippo "era un tedesco, lo tirarono morto dall'apparecchio; qui vicino è caduto. Poi **la notte l'ho sognato, mi pareva vivo,** non ci vado più a vedere i morti."[10]

A lui il narratore ribatte:

> "E che ti fanno i morti?" dissi; non ne avevo mai visti, né avrei voluto vederne. "**I morti, quando muoiono, non ci sono più**. Io avrei voluto vederlo il tedesco morto. Tu ne hai visti tedeschi morti?" domandai al soldato.[11]

---

8 *Ivi*, p. 192.

9 *Ivi*, p. 183.

10 *Ivi*, p. 189.

11 *Ibid*.

Queste prime apparizioni del sogno in Sciascia sono, per così dire, fondative di una problematica e di una fenomenologia in cui si esprimono nodi profondi e stabili di una idea dell'uomo e della letteratura nelle quali il sogno è vita e morte e 'giuoca' con esse. Si cita dalla ricordata intervista un passaggio in cui Sciascia sembra riprendere le parole di Filippo:

Tutti i morti affiorano nei miei sogni, ma come se fossero ancora vivi. Anche mio padre; d'altro canto credo che esista un rapporto preciso tra il sogno, la paura, il morto che ritorna.[12]

E ancora:

È la vita a determinare certi atteggiamenti. **E i sogni mi fanno pensare spesso alla morte**. Alla miniera delle ombre, di cui parla Rilke.[13]

Al di là dello specifico sociologico, qui soprattutto cogliamo l'enunciazione di un tema onirico che sarà decisivo per tutto Sciascia, e che è quello del sogno dentro un sogno. Sulle origini di questa figura del sogno dentro un sogno, che tecnicamente è ignota sia a Pirandello che a Brancati, occorre, credo, risalire alla passione sciasciana per la letteratura americana (e, come vedremo, a Poe) di cui c'è traccia anche proprio nella figura del giovane narratore della *Zia d'America*, il quale, ad esempio, leggeva Saroyan:

Io, in un libretto che avevano portato i soldati americani per educarci all'America, *La commedia umana* si intitolava, **avevo tenuto Saroyan come una bibbia**: ora cominciava un po' a venirmi a noia, mi pareva fosse un giuoco, uno di quei giuochi fragili che dopo un buon pranzo certuni fanno con gli stuzzicadenti e la mollica: Saroyan era l'uomo finalmente sazio, e grato, che giuocando con gli stuzzicadenti cantava l'America.[14]

2. Il sogno della morte di Stalin

In opposizione al sogno dell'America, c'era chi in Sicilia coltivava il sogno della Russia, incarnato nella figura di Stalin e nel mito dell'uguaglianza comunista, che avevano in certa misura affascinato, con molti siciliani, lo stesso scrittore da giovane. E il sogno ritorna prepotentemente nell'*incipit* del secondo racconto (stavolta in terza persona) degli *Zii di Sicilia*, che si intitola *La morte di Stalin*. Il protagonista è un ciabattino di molte letture di

---

12 F. Pansa, *Viaggio intorno ai sogni*, cit., p. 126.

13 *Ivi*, p. 124.

14 *Opere 1956-1971*, cit., p. 218.

nome Calogero Schirò, vissuto nel culto di Stalin, e che non si rassegna alla disillusione seguita alla scoperta dei suoi crimini denunciata nel rapporto di Kruscev. Eccone il testo:

> Il 18 aprile del 1948, nel sonno dell'alba, Calogero Schirò vide Stalin. **Era un sogno dentro un sogno, Calogero stava sognando un gran mucchio di schede elettorali**, ne aveva firmate un migliaio la sera prima perché il partito lo aveva designato scrutinatore; vedeva tutte quelle schede e a un certo punto sulle schede una mano pesante che usciva dalla manica di una giubba militare di quelle all'antica. **Nel sogno pensò 'ora sto sognando, questo è Stalin**' e alzò gli occhi a guardare Stalin in faccia. Aveva una faccia scura, Calogero pensò 'è incazzato, c'è qualcosa che va per traverso' e subito fece un esame di coscienza per sé e per la sezione di Regalpetra, trovò piccole macule, il vice che in municipio aveva fregato un po' di zucchero Unrra e non era stato espulso, il segretario dei minatori che prendeva soldi per il disbrigo di certe pratiche: cominciò a sentirsi inquieto. Stalin parlò con un marcato accento napoletano, disse "Calì, in queste elezioni abbiamo da perdere, non c'è niente da fare, i preti hanno la prima mano".
>
> **Calogero pensava 'sogno è'** ma forse Stalin gli lesse in faccia delusione e tristezza, fece un mezzo sorriso dicendo "e che credi che non la spunteremo? Oggi perderemo, la gente non è ancora matura, ma vedrai se non ci arriveremo."[15]

Com'è, dopo Freud, risaputo, il sogno è espressione del pensiero notturno nel quale si elaborano i residui diurni. Qui è innanzitutto da notare l'apparizione del motivo (già incontrato nel sogno diurno del ragazzo della *Zia d'America*) del sogno dentro un sogno. Calogero sogna le schede elettorali e dentro questo sogno si insinua il sogno di Stalin, il quale gli anticipa la sconfitta dei 'progressisti' alle elezioni. In realtà a questo sogno si intreccia il pensiero diurno del protagonista, per il quale il sogno non ha valore 'politico', ma è una sorta di stato mentale nel quale si deve cogliere soltanto quello che concorda con i fatti, con la realtà. È di questo che Calogero, il quale «per il sogno che aveva fatto si sentiva un polipo nero aggroppato dentro», parla con il compagno Carmelo:

> **Non voleva dir niente del sogno**, Carmelo era giovane e se ne rideva dei sogni, i giovani come lui nemmeno al lotto giuocavano. **Calogero** non credeva nelle anime del purgatorio, né che le anime del purgatorio portassero numeri, però **credeva in certi sogni**, quelli fatti in punta all'alba soprattutto, anche Dante li credeva veritieri. Calogero aveva fatto il confino con un anarchico poeta, sapeva a memoria una decina di canti della *Divina Commedia* e poesie di Carducci e dell'amico anarchico. **E non era la prima volta che vedeva Stalin in sogno, e dai fatti era poi risultata la verità del sogno**. Niente di soprannaturale, si capi-

---

[15] *Ivi*, p. 225.

sce: **Stalin pensava e in sogno lui riceveva quel pensiero**, anche gli scienziati lo ammettono.[16]

Del sogno di Stalin Sciascia parla (nell'intervista di più di trent'anni dopo) come di «un sogno che si faceva da svegli» e come di una costruzione fatta a tavolino «a immagine e somiglianza della vita»; e il fatto che Calogero non racconta a nessuno i suoi sogni può indurci a ritenere che essi siano raccontati dall'interno della narrazione e da parte del narratore-sognatore.[17] Calogero aveva sognato Stalin anche nel 1939, quando aveva letto sui giornali del patto con Hitler, al quale si era rifiutato di credere, pensando che la notizia fosse falsa o che ci fosse sotto dell'altro. In ogni caso egli, in battibecco con l'arciprete del paese, dichiara che Stalin «era meglio del papa»:

Fu così che Calogero sognò Stalin, e Stalin in confidenza gli disse. "Calì, dobbiamo schiacciarlo questo serpe velenoso; quando sarà il momento vedrai che stoccata gli caccio" e Calogero si sentì sereno, era ormai chiaro come il sole che il colpo dritto Hitler lo avrebbe avuto da Stalin, e al momento giusto.[18]

Calogero segue le vicende della guerra, talvolta dubitando del comportamento e delle mosse di Stalin, e pensando magari che qualcuno lo consigliasse male; ma in fondo era contento di avere alcuni compagni che consentivano con lui nell'approvare la strategia di Stalin, il quale gli torna ancora in sogno:

Di nuovo aveva sognato Stalin, ma in modo confuso, c'era neve e neve, betulle che per il vento fischiavano; e uomini formicolavano nella neve, in file spezzate; poi apparve, ma come in estrema dissolvenza, la faccia di Stalin in arguta intesa sorridente.[19]

Allo sbarco degli americani in Sicilia Calogero, ritagliandoli da una rivista americana, mette in cornice due ritratti di Stalin, collocandoli in bottega e nella stanza da letto. La moglie contrariata gli dice «e che è tuo padre?». In realtà egli giudica ancora il compagno Stalin l'uomo che aveva fatto della Russia la patria della speranza umana, «l'uomo che la faccia del mondo

---

16 *Ivi*, p. 226.

17 «La storia di Calogero Schirò è un po' la mia storia.» afferma Sciascia in una lettera a Calvino del 1956 (in LEONARDO SCIASCIA, *Opere*, vol. I, *Narrativa. Teatro. Poesia*, a cura di Paolo Squillacioti, Milano, Adelphi, 2012, p. 1722).

18 *Opere 1956-1971*, cit., pp. 227-228.

19 *Ivi*, p. 236.

avrebbe cambiato, il più grande il più giusto uomo».[20] Questa fiducia viene confermata dalla verità del sogno del 18 aprile 1948, consistente nel fatto che le sinistre avevano perso:

> **Il 18 aprile del 1948 Calogero ebbe quel sogno; e l'indomani i risultati delle elezioni provarono la verità del sogno**, Calogero non aveva dubbio, era così certo che nemmeno volle andare a sentire in sezione i comunicati radio; i compagni che la mattina del 18 sentirono le sue previsioni ultime, prima dissero che era un uccello di malaugurio, convennero poi che era tutta questione di ragionamento. **A nessuno Calogero rivelò che quella previsione Stalin in sogno gliela aveva portata.**[21]

Quando poi vengono rivelate le malefatte del grande uomo, Calogero non sa rassegnarsi alla verità concreta della storia e tenta di rientrare nel sogno. I sogni di Stalin finiscono («**Non che per l'affare della Corea avesse avuto altro sogno**, né previsto che qualcosa si doveva muovere in Corea, ché nemmeno sapeva che al mondo c'era la Corea: ma era certo che Stalin una mossa doveva farla, almeno per vedere come gli americani reagivano.»),[22] e quando giunge la notizia della sua morte, dapprima egli ritiene che la notizia sia falsa, ma poi medita sulla morte, sulla giustizia, su Dio, su Cristo, e sulla morte della propria madre, che credeva in Dio. A Stalin lo legavano speranze e ricordi, e quando dopo il ventesimo congresso del partito comunista russo si condannava il culto della personalità, egli non pensava ancora a Stalin. I compagni di partito cercano invano di convincerlo che forse i detrattori di Stalin dicono la verità, ed egli «**come avesse attraversato un sogno**», va a parlare con il deputato del suo partito, dal quale è indotto a balbettare «Stalin era dunque, né più né meno, come Hitler...». Egli allora ritorna a sognare Stalin vivo, ma stavolta nella bara funeraria di vetro:

> Poi **sul vetro della bara vide una grande mano** che si posava, era la mano di Stalin, era vivo e diceva "meglio di così non potevano ammazzarmi; due volte..." ma la voce era diventata un mormorio perché Calogero, camminando di traverso come un granchio, fuggiva verso la porta; contro la porta urtò il gomito e per il dolore si trovò sveglio, ansante e sudato. Gli venne un pensiero nitido 'lo hanno ammazzato, domani mi dimetto' ma di nuovo affondò nel sonno.
>
> **Si svegliò brutto, la testa gli doleva, il sogno che aveva fatto appena traluceva, voleva afferrarlo per ricordarsene e non ce la faceva.**[23]

---

20 *Ivi*, p. 238.

21 *Ivi*, p. 243.

22 *Ibid.*

23 *Ivi*, p. 254.

Calogero deve finalmente prendere atto della morte di Stalin. Si consola al pensiero che egli era stato fino alla vittoria un grande uomo, e che comunque il comunismo resta vivo anche dopo la sua morte. A denti stretti deve tuttavia ammettere all'arciprete che Stalin possa aver fatto «cose strambe», e invoca anche per lui, in quanto «prossimo», «un po' di compassione».

3. Il sogno nel *Quarantotto* e nell'*Antimonio*. Il sogno dell'albero-corpo

Negli altri due racconti degli *Zii di Sicilia* il sogno appare fuggevolmente nel *Quarantotto*, in relazione alla credenza popolare siciliana che sognare dolci significasse disgrazia («"fuoco grande nella mia casa! Disgrazia doveva venire, lo sapevo io: ché **stanotte ho sognato dolci e dolci, tanti dolci che mi veniva da vomitare... Lo sapevo io, i dolci disgrazia sono**"»),[24] e più estesamente nell'*Antimonio*, dove viene rappresentata la delusione dei siciliani che, nella speranza di uscire dalla povertà, erano andati a combattere in Spagna, ma dalla parte sbagliata. Sciascia parlò più volte di questo fenomeno sociale, che lo commuoveva e dal quale cominciò il suo interesse per la cultura spagnola.[25]

Lo zolfataro dell'*Antimonio* (che racconta in prima persona), cedendo alla propaganda e alla retorica del regime, si arruola tra i volontari che combattono in Spagna, ma capisce poi che è stato mandato a lottare contro persone che avevano i suoi stessi bisogni, le stesse aspirazioni di giustizia e di benessere sociale, la stessa umanità. Ed era per questi sentimenti che quando la sua pattuglia faceva dei prigionieri la loro visione era per lui fonte di angoscia e di grande malessere (e in testa gli «venivano **cose di sogno, una cabala di cose**»). Il fuoco delle armi gli ricordava come un incubo la sua esperienza di zolfataro con la paura di morire bruciato dal grisou:

> Mio zio ancora raccomandò "basse le acetilene" e un minuto dopo dal fondo della galleria venne un ruggito di fuoco, come avevo visto al cinematografo l'acqua precipitare dalle chiuse aperte, così il fuoco venne verso di noi urlando; ma questo sto pensandolo ora, non sono sicuro fosse proprio così, **mi vedevo il fuoco sopra e non capivo niente, mio zio che gridava "l'antimonio" e mi trascina-**

---

24 *Ivi*, p. 268.

25 «Erano gli anni in cui il fascismo governava in Italia e partecipava alla guerra civile a fianco di Franco. Il mio interesse nasce dal fatto che da qui partivano molti uomini disoccupati, poveri, miserabili, per andare a fare la guerra in Spagna, gente che per fame approfittava del lavoro offerto dalla guerra. Da questo fatto che mi commuoveva, che mi provocava compassione e una certa rabbia, ho iniziato a interessarmi della Spagna.»: intervista a Sciascia in Federico Campbell, *La memoria di Sciascia*, Krill Books, 2022 (tr. it. di *La memoria de Sciascia*, Fondo de cultura económica, México, 1989), p. 241.

va, e io già correvo come in un sogno. Corsi anche dopo che uscii dalla bocca della zolfara, scalzo e nudo corsi per la campagna finché non sentii il cuore che mi schiattava, mi buttai a terra piangendo forte come un bambino e tremando.[26]

In lui Sciascia fa affiorare la consapevolezza che quella scelta di combattere al servizio del fascismo e delle dittature era stata un errore dettato da una falsa percezione dei messaggi che il potere dava:

Forse **si erano gettati nella guerra con quel sogno dell'uguaglianza che mio padre aveva**, credevano di poter cominciare a far nascere dalla guerra il mondo dell'uguaglianza: niente ufficiali tutti ufficiali, a mio padre sarebbe piaciuto gettarsi in quella guerra.[27]

Nel concreto dell'esperienza militare, le marce, le paure e i risvegli notturni per sfuggire ai nemici sembrano trasformarsi più che in sogni in veri incubi:

Erano le tre, gli ufficiali dissero che fino all'alba potevamo arrangiarci a riposare. Nel ricordo (e anche allora), quel movimento di uomini e di cani nel buio, quel chiamare i cani e bestemmiare, il rosicchiare dei cani, **mi pare cosa di sogno**.[28]

Ma lo zolfataro sperimenta poi direttamente sul suo corpo la violenza crudele e insensata della guerra, venendo mutilato nel suo corpo, al quale viene mozzata una mano. Egli allora si sente come un albero privato di un ramo, ormai morto. Ma non per questo, già finita per lui la guerra, rimuove dalla sua vita quella esperienza dolorosa ma formativa. In lui la guerra di Spagna continua ad essere viva perché lo ha portato a scoprire le radici della vita e la realtà incancellabile della «dignità dell'uomo» («La guerra mi aveva segnato di condanna nel corpo. Ma **quando un uomo ha capito di essere immagine di dignità**, potete anche ridurlo come un ceppo, straziarlo da ogni parte: e **sarà sempre la più grande cosa di Dio**»).[29] Egli allora vede in sogno sé stesso come un albero privato di un ramo:

L'immagine dell'albero mi viene da un sogno che feci in ospedale, a Valladolid: mi pareva di essere nudo come alla visita di leva, un uomo senza faccia mi toccava con mani di gelo e parlava come tra sé, dalle sue parole intendevo che mi considerava come un albero; volevo dirgli che ero un uomo, ma la voce mi mancava, sentivo le parole scoppiarmi silenziosamente in gola come bolle di sapone;

---

26 *Opere 1956-1971*, cit., pp. 336-337.

27 *Ivi*, p. 345.

28 *Ivi*, p. 356.

29 *Ivi*, p. 378.

l'uomo mi toccava **la mano sinistra, nel sogno era ritornata intatta**, e diceva "bisogna tagliarla, è un seccume, l'albero metterà nuovi rami, le radici..." io senza voce gridavo che la mano era buona, che era una mano e non un ramo; ma tutto si oscurava e nel buio sentivo lo scatto di una forbice da potare. **Facevo tanti sogni, nei giorni d'ospedale**, in cui mi vedevo intatta la mano: e sempre finivano che qualcosa mi ci cadeva sopra a schiacciarmela o qualcuno per strappo o per taglio, e per il dolore mi svegliavo, me la portava via.[30]

Lo zolfataro infine trova nell'esperienza drammatica della guerra un «oscuro nutrimento» per attaccarsi alle radici della sua vita che andavano crescendo. Nella sua maturazione un ruolo importante e dialettico lo ha avuto il dialogo continuo con il compagno Ventura, smaliziato e cinico, ma generoso e sottile nel ragionamento. Lo zolfataro, in relazione alla morte del padre bruciato dall'antimonio, ricorda che la madre aveva parlato del destino. E il figlio in Spagna ha scoperto di trovarsi in una condizione in cui sperimenta direttamente un destino di morte. Egli dice:

[...] portano a casa mio padre, bruciato dall'antimonio: e mia madre dice che il destino infame l'ha bruciato... Vorrei far vedere a mia madre che **qui in Spagna, Dio e il destino hanno la stessa faccia**.[31]

E a lui il suo «buon compagno» Ventura, che vorrebbe andare in America («ma non ci resto morto in questo imbroglio, in America ci arrivo, magari con qualche pezzo in meno ma ci arrivo... C'è mia madre in America; mio fratello due sorelle sposate i nipoti... Io ci sono andato a due anni, con mio padre e mia madre; poi mio padre è morto [...].»),[32] obietta che non vuole sentir parlare di destino e di Dio, che per lui si identifica con la morte, magari con quella portata dai navarresi nella guerra in cui sono immersi:

"[...] **In quanto a Dio**, la cosa è più complicata: in dieci anni di non far niente ho avuto il tempo di pensare anche a Dio, **mi sono convinto che la morte è Dio**, ogni uomo si porta dentro il Dio della sua morte, come un tarlo; ma non è una cosa semplice, ci sono momenti in cui vorresti la morte fosse come il sonno, **e che qualcosa di te restasse sospesa in un sogno**: uno specchio che continuasse a tenere la tua figura, e tu sei già lontano... È per questo che gli uomini si fanno un Dio. Ma io non voglio saperne, in questo momento mi sentirei abbandonato,

---

30 *Ivi*, pp. 377-378.

31 *Ivi*, p. 332.

32 *Ivi*, p. 330. E poi: «"Senti" disse Ventura "io per il gran desiderio che ho di tornare in America son venuto a rischiare la vita in Spagna; l'America è ricca è civile è piena di buone cose; c'è libertà, uno può diventare, da niente che è, ricco come Ford; o può diventare Presidente, può diventare quello che vuole. [...]"», *ivi*, p. 333.

come un bambino che comincia a camminare e ad un certo punto si accorge che la mano della madre non è più pronta a sostenerlo, e ruzzola: **qui dovrei camminare da solo, senza Dio; tanto vale non averlo mai avuto**... Ché se avessi dovuto farmi un Dio, sarebbe stato un buon Dio: e in Spagna mi avrebbe certo lasciato solo... **Il Dio del *tercio* e dei navarresi non è buon Dio.**"[33]

In questo racconto dunque convergono più tematiche: quella del sogno paterno dell'uguaglianza; l'altra dei sogni traumatici e poi di rigenerazione dello zolfataro, e questa del 'razionale' Ventura, il quale lega il sogno alla morte sperando che qualche cosa dell'uomo sopravviva come sospesa in un sogno.

---

33 *Ivi*, p. 332.

Capitolo settimo

SOGNI E POTERE TRA MAFIA, GIUSTIZIA E CHIESA

> Per capire la vita di un uomo bisogna conoscerne i sogni, il rapporto con la famiglia, gli stati d'animo, le delusioni, la malattia e la morte.
>
> Stanotte in un sogno ho avuto all'improvviso la sensazione di essere un rocchetto di filo che viene lentamente srotolato. E questo simboleggia, per così dire, il gesto che si apre sempre più e si protende sempre oltre, con il quale mi impegno a concedermi a tutto ciò che viene.
>
> Etty Hillesum, *Diario*

1. Il sogno di una vita e la visione di sé morto nel *Giorno della civetta*

Nel *Giorno della civetta* (1961) il potente capomafia, temporaneamente arrestato, alla domanda se egli avesse interessi in imprese edilizie risponde «Io? **Manco per sogno**». Prima, il bigliettaio dell'autobus, per non rivelare al maresciallo quello che avrebbe potuto avere visto in merito al delitto avvenuto, aveva detto di non ricordare niente, e che gli pareva di stare «sognando», mentre su un manovale della mafia (Pizzuco) lo scrittore annota che, strappato al sonno per un interrogatorio in carcere, «**aveva la mente lacerata da sogni inquieti** e non il corpo dalle nerbate». Siamo sempre al livello del parlato nella prima presentazione del confidente Parrinieddu, del quale apprendiamo che «mettersi dietro un banco di bottega a misurare tessuti era **il sogno di tutta la sua vita**». Ma questo personaggio scivola senza saperlo dentro un sogno che assume presto quella dimensione tragica (e funebre) che abbiamo già cominciato a cogliere nelle dinamiche oniriche rappresentate nell'opera sciasciana. Infatti il sogno-desiderio di tutta la sua vita si rivelerà vano se, con una punta di crudele ironia, il narratore vede il confidente entrare nella cabala del sogno del lotto coltivata dai siciliani, dove assume la figura del morto ammazzato:

> E mentre a B. arrestavano Diego, a S. Parrinieddu diventava **il numero che la cabala del lotto assegna al morto ammazzato**: unica forma di sopravvivenza, anima immortale a parte, cui era destinato.

Parrinieddu dunque è predestinato (dal potere mortifero della mafia) a sopravvivere solo come anima, mentre le sue ultime ore di vita lo vedono, da morto che ancora per poco cammina, attraversare come in sogno le foreste di un mondo senza luce in cui (come per la guerra di Spagna e per i processi dell'Inquisizione) viene calpestata la dignità umana:

Le ultime ventiquattrore di vita Calogero Dibella detto **Parrinieddu aveva attraversato come nei sogni, a volte, si attraversano foreste che non finiscono mai, alte e spesse da precludere la luce** e tenaci come roveti. Per la prima volta, da che faceva il confidente, aveva dato in mano ai carabinieri un filo da tirare [...]. Ma stavolta la cosa era diversa: vero è che aveva dato due nomi, e uno di quel La Rosa che nella partita non c'entrava; ma l'altro era un nome sicuro, il filo giusto. E fin dal momento che l'aveva pronunciato non aveva avuto pace: **il suo corpo era una spugna inzuppata di terrore,** persino il bruciore al fegato, il doloroso guizzo del cuore, sembravano spenti.[1]

Il confidente passa dal sogno idilliaco irrealizzabile al sogno incubo della morte imminente che gli sarà data dal potere mafioso; ed egli lo sa e lo sente sul suo corpo, fino alla visione di sé stesso morto:

Da quell'incontro le ultime ventiquattrore del confidente si svolsero atroci e frenetiche. **Il vagheggiamento di una fuga, che pure sapeva impossibile, si alternava alla visione di se stesso morto**. [...] Senza saperlo, in tre giorni di inquietudine, di passi falsi, di visibili trasalimenti e sgomenti, si era da sé scavata la fossa. Ora stavano per abbattervelo, 'come un cane' pensava [...]. **Parrinieddu**, coi nervi ormai consunti dall'ansia, **vedeva la sua confidenza vagare nell'aria come spula**. E ormai perduto, all'alba di quella che doveva essere l'ultima sua giornata, al capitano scrisse su un foglio sottile da posta aerea due nomi e poi 'sono morto' [...] e tutta la giornata passò ora vagando per le strade ora precipitosamente rincasando, una diecina di volte deciso a chiudersi in casa e altrettante a farsi ammazzare, finché nell'ultima decisione di nascondersi, sulla porta di casa, due infallibili colpi di pistola lo colsero.[2]

Qui, alla fine del sogno della vita di Parrinieddu, come di altri personaggi (e di tutti i sognatori) sciasciani, c'è la morte. Sappiamo già che la vita è sogno, e ora cominciamo ad apprendere che anche la morte, se forse non è sogno, entra in ogni caso dentro il sogno della vita.

---

[1] *Opere 1956-1971*, cit., p. 427: dalla stessa p. la citazione precedente.

[2] *Ivi*, pp. 428-429.

2. I sogni e la verità della vita nel *Consiglio d'Egitto*

Nel *Consiglio d'Egitto* (1963) campeggiano due figure: quella dell'impostore abate maltese Giuseppe Vella, il quale finge il ritrovamento, presso la biblioteca del monastero di S. Martino alle Scale, di un documento sulla dominazione saracena dell'isola, e poi falsifica due codici presunti arabi (*Il consiglio di Sicilia* e *Il consiglio d'Egitto*) con lo scopo di garantire, dietro compenso, privilegi a una certa aristocrazia palermitana; e dall'altra parte quella del giovane avvocato Francesco Paolo Di Blasi, che da illuminista convinto aveva assunto una posizione giuridica nettamente antifeudale, sognando per la Sicilia ordinamenti repubblicani. Nel marzo del 1795, ormai esauritasi l'esperienza illuminata di governo del Caracciolo e di Caramanico, Di Blasi organizza una congiura subito scoperta. Dopo atroci e ripetute torture sopportate con grande dignità, egli finisce sul patibolo, mentre il Vella, che aveva confessato le sue colpe di falsificatore, e si trova già in prigione, gli fa pervenire un messaggio di vera solidarietà.

I due personaggi nel romanzo sono in certa misura complementari, si incontrano nei salotti palermitani e il loro rapporto si rinsalda verso l'epilogo finale, quando il Vella partecipa dal carcere intensamente alla tragedia del Di Blasi, del quale egli ammira sinceramente il valore morale della congiura e il coraggio nell'affrontare la morte.[3]

Per quello che qui soprattutto ci interessa è da osservare che il Vella di Sciascia, più che il personaggio modesto e alquanto controverso della realtà storiografica, è una figura di rilievo ideologico e, per così dire, filosofico alla quale egli riserva, tra l'altro, l'esposizione della sua conoscenza sociologica del sogno in Sicilia, ma anche il riconoscimento del significato esistenziale profondo che il tema onirico ha nella sua visione della vita e della storia.

2.1. *Il Vella. La smorfia dei sogni e l'impostura della storia. La storia dell'albero (e della vita?)*

Ad inizio del libro Giuseppe Vella, fracappellano dell'ordine di Malta con fama di conoscitore della lingua araba, viene presentato mentre, in dialogo con il suo amico protettore monsignor Airoldi su testi e codici della storia sicula, comincia a vagheggiare l'idea di «armare l'imbroglio» di ela-

[3] Annoto, a scopo documentario ma anche per alludere alla 'simpatia' dello scrittore verso il Di Blasi, che egli qualche anno dopo aprirà il libro *Narratori di Sicilia, Antologia*, a cura di Leonardo Sciascia e Salvatore Guglielmino, Milano, Mursia, 1967, con le pagine del *Diario* del marchese di Villabianca (Francesco Maria Gaetani), intitolate *Una congiura giacobina* e dedicate al processo e all'esecuzione dello sfortunato avvocato palermitano.

borare un falso documento. Rintracciato dagli emissari del viceré Caracciolo per fare da interprete all'ambasciatore del Marocco, naufragato sulle coste della Sicilia nel dicembre del 1782, egli appare come uno smorfiatore di sogni retribuito, interpellato da molti per la sua competenza di interprete e *numerista* dei sogni al fine del gioco del lotto:

> Stava nella bottega di un carnezziere, all'Albergaria: ed **era impegnato a smorfiargli un sogno piuttosto confuso. Perché più che un numerista il fracappellano era uno smorfiatore di sogni**, dai sogni che gli raccontavano trasceglieva gli elementi che potevano assumere una certa coerenza di racconto, e le immagini che nel racconto prendevano risalto egli traduceva in numeri: e non era impresa facile ridurre a cinque numeri i sogni della gente dell'Albergaria e del Capo (che erano i due quartieri cui limitava la sua attività); **sogni che non finivano mai**, come le storie dei Reali di Francia; che si scomponevano in un caos di immagini, che si sperdevano in mille rivoli oscuri. In quello che il carnezziere stava raccontandogli, all'arrivo del volante, nientemeno c'entravano un porco che rideva, il viceré, una vicina di casa, una mangiata di cuscus e... **Questi erano gli elementi che il fracappellano era riuscito ad estrarre da quel formidabile sogno**. Ascoltò il messaggio del volante: e gli parve di buon augurio che la chiamata del viceré gli giungesse mentre al viceré che il carnezziere aveva sognato stava per dare un numero.[4]

Se la persona del Vella viene delineata come quella di un interprete 'professionale' dei sogni dei siciliani, lo scrittore lo caratterizza anche come prete, ma senza una forte dimensione religiosa o pastorale. Lo incontriamo infatti in conversazione con un monaco suo collaboratore (e che con il denaro datogli dal Vella godeva riservatamente delle prestazioni di una prostituta), il quale gli chiede consigli e quasi confessa a lui i suoi peccati carnali, parlandogli della tentazione che per lui costituivano le donne. Per trovare una qualche giustificazione del suo comportamento egli domanda al Vella se lui riesca a sfuggire alla donna anche nei sogni:

> "E voi ci riuscite? Non dico a fare a meno della donna: ma a non pensarci, **a non chiamarla nei sogni**, a non tirarvela sopra, nei sogni, come una coltre di delizia..."[5]

Il fracappellano gli risponde che nemmeno lui ci riesce (a sfuggire alla visione delle donne nei sogni), e cercando di attenuare i rimorsi del monaco pensa soprattutto a sé stesso, alla fede, all'oscurità della sua mente e anche al suo lavoro e alle sue colpe di amanuense e di falsificatore. A questo punto

---

[4] *Ivi*, p. 494.

[5] *Ivi*, p. 533.

il Vella espone quella che è la sua visione della storia e il suo disprezzo per gli storici di professione, che egli giudica al servizio di un'impostura più grave della sua:

> E allora don Giuseppe pianamente gli spiegava che il lavoro dello storico è tutto un imbroglio, un'impostura: e che **c'era più merito ad inventarla, la storia, che a trascriverla da vecchie carte**, da antiche lapidi, da antichi sepolcri; e in ogni caso ci voleva più lavoro, ad inventarla: e dunque, onestamente, la loro fatica meritava più ingente compenso che quella di uno storico vero e proprio, di uno storiografo che godeva di qualifica, di stipendio, di prebende. "**Tutta un'impostura. La storia non esiste.** [...] La storia! E mio padre? E vostro padre? E il gorgoglio delle loro viscere vuote? E la voce della loro fame? Credete che si sentirà, nella storia? Che ci sarà uno storico che avrà orecchio talmente fino da sentirlo?"[6]

La conclusione della filosofia della storia del Vella è che essa alla fine ignora del tutto l'uomo comune nella sua individualità ed esistenza unica e irripetibile. La storia non tiene alcun conto delle singole persone che vivono, provano sentimenti, patiscono magari la fame come i siciliani, e poi muoiono, finendo in cenere insieme alla loro storia, così come avviene per tutti gli elementi naturali, per la storia delle foglie e per la storia dell'albero. In questo senso il Vella (e Sciascia con lui?) può ritenere che la storia è un falso, un'impostura più grave della sua in quanto prescinde dalla verità esistenziale dei singoli esseri che si sono succeduti e si succedono sulla scena della vita. Per dire questo Vella adopera l'immagine dell'albero, che vive nel tempo insieme alle generazioni di foglie che cadono e poi nascono nuove. Ma a un certo punto non ci saranno più foglie nuove e non ci sarà più nemmeno l'albero, trasformatosi in fumo e in cenere anch'essi svaniti, come gli uomini, i nostri parenti e noi. La storia vera, se mai esistesse, dovrebbe tenere conto della storia di ogni foglia e di ogni albero, così come la grande storia dovrebbe conservare traccia e ricordo di tutti i morti:

> Forse che esistono le generazioni di foglie che sono andate via da quell'albero, un autunno appresso all'altro? **Esiste l'albero, esistono le sue foglie nuove: poi anche queste foglie se ne andranno; e a un certo punto se ne andrà anche l'albero: in fumo, in cenere. La storia delle foglie, la storia dell'albero.** Fesserie! Se ogni foglia scrivesse la sua storia, se quest'albero scrivesse la sua, allora diremmo: eh sì, la storia... **Vostro nonno** ha scritto la sua storia? E **vostro padre**? E **il mio**? E **i nostri avoli e trisavoli**?... **Sono discesi a marcire nella terra né più e né meno che come foglie, senza lasciare storia**... C'è ancora l'albero, sì, ci siamo noi come foglie nuove... E ce ne andremo anche noi... **L'albero che resterà, se resterà, può anch'essere segato ramo a ramo**: i re, i viceré, i papi, i capitani; i

---

[6] *Ivi*, pp. 533-534.

grandi, insomma... **Facciamone un po' di fuoco, un po' di fumo**: ad illudere i popoli, le nazioni, l'umanità vivente...[7]

La storia è dunque, oltre che un'impostura, un'illusione, lontana com'è dal dolore e dalla verità delle vite di ciascun essere. Ritorna nelle parole del Vella, ora 'salito', come dice Sciascia, «ad impeti da predicatore», l'immagine-metafora dell'albero, già apparsa nel sogno e nelle parole dello zolfataro dell'*Antimonio.* Ed è un'immagine che, come vedremo subito, accomuna il Vella e il di Blasi allo zolfataro, il quale aveva scoperto nel periodo della guerra in Spagna, e in seguito alla mutilazione della mano, la dignità dell'uomo e del suo corpo (la «cosa più grande di Dio»).

2.2. *Di Blasi e l'albero di sangue*

Morto il viceré Caramanico nel gennaio del 1795, il Di Blasi cerca nel progetto di un'insurrezione la soluzione al disagio di una generazione di giovani formatisi sulle pagine degli illuministi, e una risposta alla frustrazione di quanti avevano coltivato speranze di riforma sociale ed economica grazie alla politica antifeudale dei due ultimi viceré 'illuminati'. Il suo progetto fallisce subito.

Il sogno sfiora il Di Blasi nel furtivo convegno d'amore con la contessa di Regalpetra, quando lei gli confida di stare leggendo il libro delle *Mille e una notte*:

"Ve lo passerò... Ma sapete che questi musulmani sono straordinari? **Un sogno, vivono come se sognassero**... Palermo doveva essere una delizia, quando c'erano loro..."[8]

Di tenore alquanto diverso è più avanti il riferimento al sogno a proposito del Di Blasi che, scoperto e inquisito, ancora a casa assiste al sequestro di carte e di libri da parte degli sbirri. In quei libri e opuscoli ammucchiati a terra ci sono gli enciclopedisti, i poeti, gli esploratori su cui si era formato e che certo gli avevano fatto sognare un mondo nuovo (tra le carte c'era anche «**il De Solis che ti ha fatto sognare l'America**»). Dovendosi avviare al carcere, i sogni della vita cedono all'incubo di ciò che l'attende. Egli scopre di stare cominciando a morire, e vorrebbe star solo «di fronte al proprio destino», e cioè «alla morte». La madre intuisce il suo desiderio e va di là. Il figlio chiude gli occhi, allontanandosi dalla madre, con il batticuore che si prova nei sogni quando ci si trova sull'orlo di un baratro:

---

[7] *Ibid*. Si tratta del passo omesso nella citazione precedente.

[8] *Ivi*, p. 536.

Si voltò per uscire. "Grazie" disse il figlio. E fu la parola che per gli anni che le restarono da vivere nel suo cuore germogliò di un lungo, interminabile, folle colloquio. Sulla soglia si fermò per un momento. "Non ti voltare" pregò silenziosamente il figlio. **Il cuore gli batteva come nei sogni quando sull'orlo di un baratro ci si aggrappa a un esile ramo, a un cespuglio. Chiuse gli occhi: e quando li riaprì lei non c'era più, per sempre.**[9]

In carcere Di Blasi vive sul proprio corpo l'infamia dell'uso della tortura (contro cui aveva scritto) da parte di chi amministra la giustizia. Attraverso l'indiretto libero egli ricapitola angosciosamente a sé stesso i termini delle questioni dottrinarie implicate, che ora sono come ferite nel suo corpo ormai ridotto a un albero di sangue:

Il dolore colava nella sua mente come inchiostro, ad accecarla. Il suo corpo era un contorto tralcio di vite, una vite di dolore: grave di racimoli, incommensurabile. **I racimoli di sangue, l'oscuro sangue dell'uomo.** 'Nella tortura l'uomo perde la nozione del proprio corpo: tu non lo riconosceresti più, il tuo corpo, nelle tavole del Vesalio, nella iatropologia dell'Ingrassia; e tanto meno nella creazione d'Adamo che è in Monreale. **Il tuo corpo non ha più niente d'umano: è un albero di sangue**...[10]

Di fronte a questo strazio e a questa coscienza del corpo offeso, torna alla memoria del lettore il sogno visione dello zolfataro dell'*Antimonio* che, avendo perso una mano nella guerra di Spagna, difende la sua idea della dignità dell'uomo, del corpo dell'uomo che, anche se straziato e ridotto a un «ceppo», testimonia la grandezza dell'uomo in quanto creatura di Dio. La questione non è certo semplice perché c'è, nelle parole dello zolfataro e in quelle del compagno Ventura, una precisa correlazione tra chi dà la morte in guerra in nome di un Dio che non può essere buono, e il destino di morte di ciascuno che lo zolfataro lega comunque a Dio.

Per questo Di Blasi sciasciano alcuni critici hanno parlato di posizioni di pensiero materialistico, ma a me questa sembra una forzatura, se è vero che l'avvocato ritiene che sbagliano, e si pongano contro Dio, i teologi che ammettono la tortura:

'[...] **Bisognerebbe farla provare ai teologi, ché finalmente capiscano che la tortura è contro Dio, che devasta l'immagine di Dio che è nell'uomo**...'

Di colpo precipitò in un mare buio, il cuore come un'ala spezzata. Quando riebbe luce, era di nuovo davanti al tavolo dei giudici: i suoi piedi toccavano la terra, l'onda del dolore gli batteva soltanto, ardente e violenta, sui polsi. 'Hai avuto il

---

9 *Ivi*, pp. 601-602.

10 *Ivi*, p. 609.

primo tratto di corda: ce ne saranno altri... Ma che cosa stavi pensando, prima che ti precipitassero da lassù?'. Levò gli occhi a misurare l'altezza da cui era piombato: due canne, forse di meno.

"E allora?" domandò il giudice Artale.

"Niente" disse Di Blasi [...].

Di nuovo la carrucola stridette, amorfo ed oscuro il corpo frondeggiò di strazio. '**Non accecarmi la mente' pregò: diceva alla buia natura del sangue, dell'albero, della pietra; al buio Dio.**[11]

In Di Blasi dunque, inchiodato nella condizione disumana del torturato, non viene meno la convinzione 'religiosa' che l'uomo sia «immagine di Dio», né la possibilità che Dio possa ascoltare ed esaudire la sua preghiera di non fargli perdere la lucidità della mente. La «buia natura del sangue», il «buio Dio» sono immagini di una forza e tragicità quasi mistiche che segnano l'angoscia tenebrosa in cui il personaggio vive la notte oscura del suo supplizio. Come scrive Sciascia, la tortura dà «assoluta forma alla sua solitudine», ed egli in una prima fase sente distinti il corpo che soffre e la mente che pensa («una parte del suo corpo viva soltanto del dolore, l'altra della mente»); ma poi, pensando alla nuova seduta di tortura (l'ottava), capisce che «avrebbe dovuto riconquistare questa parte del suo corpo ormai così lontana, quasi recisa; comandare ai piedi di posarsi a terra, di muoversi. Davanti ai giudici, toccava ai piedi esprimere la serenità, la forza della mente». Egli allora febbricitante può vedere dentro di sé gli altri e la madre lacerata dalla pena per lui; ma tutti gli appaiono lontanissimi dalla sua *soledad*. A lui giurista e poeta è ora di un qualche conforto il ricordo degli scritti contro la tortura e della poesia, del canto diciannovesimo dell'*Inferno* dantesco (dove i simoniaci hanno le piante dei piedi bruciate, come lui), di Ariosto, di Metastasio, dei versi spagnoli di Góngora sulla polvere e sul niente del sepolcro. Pensa che abbia resistito alla tortura non la sua anima ma il suo corpo, la «mente che è corpo». Sente di amare tutti e con essi ama la vita come mai l'ha amata.

In queste sue visioni egli abbraccia anche i luoghi e, soprattutto, la vita della natura di cui è parte: l'acqua, la neve, il limone, i frutti, le foglie, i grossi cedri che pendono dagli alberi nel chiostro di San Giovanni. Questo sogno ad occhi aperti del mondo si chiude sull'immagine dei grandi alberi che egli non vedrà più: «Il chiostro di San Giovanni, la chiesa, le cupole rosse, **i grandi alberi col loro fragrante carico**. **'Non li vedrai più'**».

A questa visione si associa subito il ricordo del falsificatore e suo interlocutore Vella, il quale aveva «declinato a suo modo l'impostura della vita: allegramente». Per Di Blasi anche la propria impresa è un'impostura, ma al

[11] *Ivi*, pp. 609-610.

contrario di quella dell'abate, «una tragica impostura». Egli si duole di avere coinvolto nella congiura altri che adesso non può salvare, ma che, avendo resistito, appartengono alla «dignità umana». Prova anche cristianamente pietà per la viltà di quelli che cedendo alla tortura lo avevano accusato, e spera che li assolvano. Anzi egli si appresta a difenderli, nell'allucinazione del sonno e del sogno:

Cominciò a svolgere la loro difesa lucidamente: finché doloroso e diaccio il sonno si dislagò su di lui; e **nel sonno ancora continuava a coglierne gli echi, i frantumi**.[12]

2.3. *Il Vella. Dentro il sogno della vita. Il mondo della verità*

In parallelo con le visioni e le riflessioni del Di Blasi, lo scrittore ci presenta nel capitolo successivo (XV della terza parte) l'abate Vella il quale, alla notizia che l'avvocato è «cotto» (perché, non avendo voluto parlare, «gli hanno dato il fuoco»), sente «improvvisamente l'infamia di vivere dentro un mondo in cui la tortura e la forca appartenevano alla legge, alla giustizia».[13] A lui, che aveva imparato a stare in compagnia dei propri pensieri, il carcere non faceva più paura. Insegue i fatti della vita, applicandovi la stessa cura che aveva usato nell'interpretare un tempo i sogni degli altri per trarne i numeri da giocare al lotto. La verità è che egli ha maturato la convinzione che tutta la vita è un sogno:

'**La vita è davvero un sogno**: l'uomo vuole averne coscienza e non fa che inventare cabale; **ogni tempo la sua cabala, ogni uomo la sua... E facciamo costellazioni di numeri, del sogno che è la vita**: per la ruota di Dio o per la ruota della ragione... E, tutto sommato, è più facile finisca col venir fuori una cinquina sulla ruota della ragione che su quella di Dio: **Il sogno di una cinquina dentro il sogno della vita**...' Il vecchio mestiere di numerista rionale gli dava parole ad esprimere, almeno approssimativamente, la sua cabala; una cabala appena baluginante, che sfuggiva e si spegneva nella superstizione.

E c'erano i ricordi. Dentro il sogno del presente sognava ora il passato. Vedeva Malta sul taglio dell'orizzonte marino, nella dorata nebbia del ricordo. Ed ecco che gli balzava nell'occhio come nel fuoco di un cannocchiale, nel cuore: i campanili aguzzi come minareti, le basse case bianche, le altane.[14]

Questo personaggio è il più vicino a Sciascia in tutta la sua opera per quanto attiene alla rappresentazione ed esposizione di quella che, pur sen-

---

12 *Ivi*, p. 622.

13 *Ivi*, p. 625.

14 *Ivi*, p. 626.

za un progetto organico originario, si configura nettamente come una sua, forse inconsapevole, teoria generale del sogno visto nel suo rapporto necessario con la vita di ognuno. In questo pensare e ripensare il sogno, un momento ricorrente consiste nell'ammettere che il contenuto di un sogno può essere quello di un altro sogno. E dunque qui si hanno il sogno del lotto dentro il sogno che è la vita, e il sogno del passato dentro il sogno del presente.

Ma dentro i sogni, quasi a confondersi con essi, entrano anche i ricordi («E c'erano i ricordi.»), che svaniscono e ritornano, appunto come i sogni. I sogni del Vella si riempiono infatti del ricordo dei luoghi, delle persone, dei marinai e delle donne da essi possedute, e che nell'abate avevano portato il desiderio, «la fantasia che aveva della donna». E questo desiderio represso della donna in lui si confondeva con la «fantasia del mondo arabo cui il dialetto e le abitudini della sua terra, il suo sangue oscuramente, lo chiamavano». Il nesso logico che scorre tra sogni, ricordi e fantasia porta il Vella ad affermare che la realtà della storia non ha più peso della sua falsificazione. Scoperta la «ferocia delle leggi», «l'infamia» di una «giustizia che si regge sulla tortura e la forca», egli, per conto di Sciascia, proclama che «Solo le cose della fantasia sono belle, ed è fantasia anche il ricordo», come il sogno. Ne segue che anche la falsificazione (traducendo, la riscrittura, la letteratura) fa parte delle cose belle della vita. La fantasia ha consentito a lui Vella «di affacciarsi alla favola del mondo musulmano e a quella del mondo cristiano». La sua conclusione è lapidaria: «Altri direbbe alla storia: io dico alla favola...»[15]

Non furono una favola la vita e la storia per il Di Blasi. E questo il Vella lo sa e lo sente con grande sensibilità e compassione umana. A lui lo scrittore riserva il riconoscimento più alto della grandezza tragica dello sfortunato avvocato, e della dolente verità della sua storia e della sua morte:

> Le campane, lontane e sperse, toccarono a morto. L'abate si segnò di croce, pregò luce perpetua per Francesco Paolo Di Blasi. **'Tra poco sarà nel mondo della verità' pensò**. Ma gli sorse, a sgomentarlo, il pensiero che il mondo della verità fosse questo: degli uomini vivi, della storia, dei libri. Con uguale pensiero, ma più radicato, più certo, Di Blasi stava in quel momento salendo sul palco.[16]

3. Cose «ricordate o sognate» e Dio nella *Morte dell'inquisitore* (e in Sciascia)

Le problematiche della giustizia e della tortura, della verità della storia e della vita, ma anche quella, centrale, di Dio, *buio* nel *Consiglio d'Egitto*, e

---

[15] *Ivi*, p. 627.

[16] *Ivi*, p. 639.

adesso *ingiusto*, hanno una loro conferma immediata (ma non certo una soluzione) nel racconto lungo (o anche saggio storico) del 1964 sulla *Morte dell'inquisitore*, libro che nell'Avvertenza alla ristampa del '67 lo scrittore definì «la cosa che mi è più cara tra quelle che ho scritto e l'unica che rileggo e su cui ancora mi arrovello». Si tratta di un lavoro che l'autore riteneva «un libro non finito», e per il cui «mistero ancora non svelato» aspettava qualche «nuova rivelazione» documentale o «un qualche indizio che mi accada magari di scoprire tra sonno e veglia».[17]

Il libro è dedicato da Sciascia al suo concittadino del Seicento Diego La Matina, frate agostiniano che, accusato di eresia, e torturato più volte nelle carceri palermitane dell'Inquisizione, riesce ad uccidere colpendolo con le manette di ferro il capo degli inquisitori di Sicilia monsignor de Cisneros. Nato nel 1622 il La Matina sale al rogo nel 1658. Poco più di cinquant'anni dopo un altro agostiniano, frate Romualdo da Caltanissetta, eretico molinista, affermò che «fra Diego La Matina era santo martire», e si ebbe anch'egli «dal Sant'Uffizio l'onore di un egual martirio». Lo scrittore chiude il libro attribuendo al suo concittadino La Matina non la gloria di un santo martire, ma quella di «un uomo che tenne alta la dignità dell'uomo».

Come già con Di Blasi, anche con La Matina lo scrittore si astiene dal rappresentarcelo come il soggetto di sogni in senso tecnico e letterario. In *Morte dell'inquisitore* il sogno appare soltanto alle soglie del libro, evocato nella decifrazione fatta dal Pitré nel 1906 di alcune scritte lasciate sui muri delle celle di Palazzo Chiaramonte in cui c'era stata la sede del Sant'Uffizio. Insieme alle parole («di disperazione, di paura, di avvertimento, di preghiera») c'erano, scrive Sciascia, «**immagini di santi, di allegorie, di cose ricordate o sognate**».

Il libro si apre sulla scritta registrata dal Pitré «Pacienza / Pane, e tempo», del quale Sciascia trascrive il commento:

> Tre cose purtroppo indispensabili per non disperarsi, per poter vivere e attendere; nelle quali non occorre cercare un significato meno che sincero di rassegnazione, poiché **il pensiero d'una rivincita o d'una vendetta col Tribunale sarebbe stato sogno di mente inferma**. Pensieri simili saranno stati del tempo, ma non del luogo.[18]

---

[17] Leonardo Sciascia, *Le parrocchie di Regalpetra. Morte dell'Inquisitore*, Roma-Bari, Laterza, 1967. L'Avvertenza si può leggere ora in *Opere 1956-1971*, cit., pp. 3-6: 5.

[18] *Opere 1956-1971*, cit., p. 649. Trascrivo dall'edizione di Giuseppe Pitré, *Del Sant'Uffizio a Palermo e di un carcere di esso*, Roma, Soc. Editrice del libro italiano, 1940, p. 38 (che è il testo utilizzato e citato da Sciascia) il passo originale (al quale lo scrittore apporta qualche variante grafica e muta «di questa natura» in «simili»): «tre cose pur troppo indispensabili, per non disperarsi, per poter vivere e sapere attendere; nelle quali non occorre cercare un significato meno

Intrappolato in una di quelle celle con tracce di scritte e con immagini di cose ricordate o sognate, fra Diego uccidendo il capo dei suoi torturatori mette in atto un gesto di rivincita e di vendetta che, per una persona normale, sarebbe stato il sogno irrealizzabile di una mente malata. Egli realizza questo sogno, ma a mente lucida. Il suo corpo e la sua mente «avevano subìto per quattordici anni durissime e atroci prove», ma non avevano ceduto. Lo scrittore, fino al momento della fine, ce lo presenta mentre tiene testa ai molti teologi che vorrebbero persuaderlo a mutare il suo *tenace concetto*. Sciascia, in mancanza di documenti pertinenti, non può ricostruire i termini precisi dell'eresia del suo concittadino. E forse la cosa non lo avrebbe interessato molto in senso, diciamo, teologico e cattolico. Il suo personaggio infatti assume il valore emblematico di un difensore della dignità dell'uomo in qualunque contesto storico e religioso, e contro ogni violenza del potere. Per lui Diego La Matina «afferma la dignità e l'onore dell'uomo, la forza del pensiero, la tenacia della volontà, la vittoria della libertà».

Quanto alla presunta eresia del frate di Racalmuto Sciascia è alquanto prudente nell'ammetterla, e alquanto sottile nel suggerirne un principio di spiegazione e giustificazione 'sociologica':

> In senso teologico, **pare che la sua eresia si possa restringere e riassumere nell'affermazione che Dio è ingiusto**; [...] e sarà stata la finale proposizione ereticale delle sue concezioni morali e sociali. E par facile poter formulare l'ipotesi che dalla rivolta contro l'ingiustizia sociale, contro l'iniquità, contro l'usurpazione dei beni e dei diritti, egli sia pervenuto, nel momento in cui vedeva irrimediabile e senza speranza la propria sconfitta, e identificando il proprio destino con il destino dell'uomo, la propria tragedia con la tragedia dell'esistenza, ad accusare Dio. Non a negarlo, ma ad accusarlo.[19]

L'idea di una qualche ingiustizia di Dio verso l'uomo sarebbe dunque non una convinzione ereticale, ma il correlato di una coscienza dolorosa dei mali del mondo, dell'ingiustizia sociale e, in fondo, della violenza del potere. In questo senso Sciascia cita la *Storia della colonna infame* in cui Manzoni ipotizza una condizione di pensiero indotto «a esitare tra due bestemmie, che son due deliri: negar la Provvidenza, o accusarla». Sciascia su questa materia, su questo mistero, non può dire una parola risolutiva (come non la dirà più di vent'anni dopo nella *Strega e il capitano*), e conclusivamente si rifugia nell'idea che l'eresia di fra Diego possa in certa misura

---

che sincero di rassegnazione, poiché il pensiero d'una rivincita o d'una vendetta col Tribunale sarebbe stato sogno di mente inferma. Pensieri di questa natura saranno stati del tempo, ma non del luogo».

[19] *Opere 1956-1971*, cit., p. 700.

spiegarsi con «l'ipotesi che egli agitò il problema della giustizia nel mondo in un tempo sommamente ingiusto».

Il problema resta aperto, e non per fra Diego, ma per Sciascia e per i suoi lettori. Il buio Dio della tortura, il Dio ingiusto del rogo e delle violenze del potere e della storia è quello stesso a cui si rivolge, senza dichiararlo, lo scrittore, il quale (come eccezionalmente ci confessa nell'intervista sul sogno) vorrebbe chiedergli risposte sulla sua vita:

> **Io non mi professo ateo: professarsi atei è cosa per me insensata**, come dire di essere credenti in una qualche determinata religione. Credo di aver avuto sempre nella vita lo stesso atteggiamento. Ho creduto che debba essere io a chiedere conto a Dio di avermi fatto esistere, non Dio a me della mia esistenza. Sono convinto di non dovere nulla a Dio: è Dio che deve qualcosa a me.[20]

4. La beffa del potere dentro il sogno della vita nell'*Onorevole*

Il tema della mafia e del potere, intrecciato a quello della vita come sogno, ritorna tosto nella commedia *L'onorevole* (1965), affidato ad Assunta, la moglie delusa del professore Frangipane una volta onestissimo e povero che, diventato onorevole e scendendo a compromessi (anche con la mafia), si arricchisce. Invece di essere arrestato, come teme la moglie, egli viene nominato ministro. Il matrimonio entra in crisi perché Assunta non riconosce più nel marito l'uomo di una volta, quello che stava dalla parte dei poveri e leggeva il *Don Chisciotte*, discutendone con lei e con gli alunni. Ora lei conosce quasi a memoria quel libro, e nel terzo tempo della commedia ne parla con il prete Barbarino, al quale ricorda che egli, nella sua prima visita in casa loro, aveva trovato il professore nell'atto di rileggere il *Don Chisciotte*. Assunta rievoca con rimpianto quel tempo in cui il marito stava lavorando a una traduzione di Lucrezio, e turbata dal nervosismo del prete, che vorrebbe convincerla ad accettare il cambiamento del marito (e dei tempi), gli spiattella l'esempio di Sancio che, alla fine del suo governatorato, affermava di avere «governato come un angelo»:

> Sa cosa ho pensato? Che l'episodio del **governatorato di Sancio** si ponga come **una specie di parodia della *Vita è sogno* di Calderón**... Guardando le due opere così, però: senza tener conto che il *Don Chisciotte* è venuto prima della *Vita è sogno*... Lei che ne dice?[21]

---

[20] F. Pansa, *Viaggio intorno ai sogni*, cit., p. 124.

[21] *Opere 1956-1971*, cit., p. 766. Nel testo di Bompiani manca l'accento su *Calderón* (correttamente scritto nella citata edizione adelphiana delle *Opere*, I, p. 1458).

E al prete che sembra seguirla di malavoglia, come si farebbe coi pazzi, precisa che in fatto di reversibilità (cattolica!), al posto di suo marito che, impegnato in politica (e magari a fare soldi, anche adesso che sono «molto ricchi»), non legge più, ora si è messa a leggere lei. Ed è per questo che può spiegare meglio il suo riferimento letterario alla *Vita è sogno*:

> Ecco: dicevo che l'episodio del governatorato di Sancio e *La vita è sogno* dicono, in modo diverso, che **il governare è beffa o sogno: dentro la beffa o il sogno della vita**... Beffa o sogno: ma comunque una prova, una grande prova dell'anima. E a me pare che Sancio ne sia uscito benissimo: non crede?..."Andandomene nudo, come me ne vado in effetti, è chiaro che ho governato come un angelo"... Grandi parole, monsignore, grandissime.[22]

Barbarino le risponde di considerare «il governare come una caduta», non da «una condizione angelica a una condizione demoniaca, ma da una condizione umana a una condizione meno umana»; e a lui la donna ribatte che

> Sì: il fatto stesso che un uomo, chiamato dagli altri o imponendosi da sé, si ritenga nel diritto o nel dovere di governare, è già una caduta, una colpa. [...] E in questo senso, forse, **il governare ha un suo rovescio di beffa, di sogno**...[23]

Il dialogo vede ancora i due in dissenso: lei dalla parte della giustizia e il prete da quella della libertà. Questi poi le raccomanda di stare attenta con le letture perché è pericoloso non «vedere che tra i libri e la realtà ci sono spinosi confini». Le propone di prendersi un periodo di riposo in una casa di cura, e magari di leggere «libri allegri, leggeri». Dopo lei potrà tornare a casa «serena, senza più turbamenti, senza più allucinazioni».

Alla fine, con uno scherzo, se non una beffa, dell'autore al suo pubblico, tutto si risolve in una «rassicurante visione»: su un grande schermo si vedono, con la moglie Assunta, l'onorevole seguito dai suoi fidi e dal gruppo familiare.

5. Il sogno della Chiesa nella *Recitazione della controversia liparitana* e in *Dalle parti degli infedeli*

Un cenno appena va fatto all'opera teatrale *Recitazione della controversia liparitana* (1969), in cui nel dialogo fra i due giudici (scomunicati dal vesco-

[22] *Ivi*, p. 767.

[23] *Ivi*, p. 768.

vo di Lipari) Longo, sacerdote, e Ingastone, laico, questi motiva al primo la loro diversa valutazione dei fatti in causa attribuendola all'attitudine di una certa Chiesa a sognare:

> **Siete un sacerdote: e sognate – sì, lasciatemelo dire: sognate – che tutto quello che noi oggi muoviamo contro la Curia di Roma**, contro il papa, contro gli interessi temporali della Chiesa, **provochi un movimento di anime**, assuma senso ed esempio di religione. **Sognate una comunità di fedeli che** nel momento in cui il papa le si nega e in cui il clero obbediente al papa la respinge, **si raccolga e viva nella fede** passandosela come sale da cucina: il vicino che lo passi al vicino, chi ne ha che presta o dona a chi non ne ha...[24]

Qui, com'è evidente, il discorso tra i due scomunicati (perché contrari ai privilegi ecclesiastici) non riguarda il sogno ma la prefigurazione pascaliana di una chiesa diversa rispetto a quella attaccata al potere temporale, cristiana come dice, ancora in dialogo con il Longo, Ingastone:

> Siamo stati un gruppo, un'unità, una forza: mai vista una cosa simile in Sicilia... **Abbiamo tentato di inventare il cristianesimo in un paese che è cristiano solo di nome**; e abbiamo dato alla vuota maestà del diritto un contenuto di umanità, di giustizia...[25]

È qui in primo piano il problema centrale della concezione religiosa di Sciascia, che forse attende qualche approfondimento in sede critica, ma che io ritengo, ai fini della mia ricerca, del tutto risolto nella presupponenza originaria del suo essere incontestabilmente cristiano.

Dieci anni dopo la *Recitazione* Sciascia riprenderà il tema del diritto e della giustizia dentro la Curia romana e nella Chiesa in *Dalle parti degli infedeli* (1979), occupandosi delle carte intercorse tra la Sacra Congregazione Concistoriale e il vescovo di Patti monsignor Angelo Ficarra che, non volendo fare politica e non avendo sostenuto la Democrazia cristiana alle elezioni del 1948, veniva non troppo velatamente invitato alle dimissioni dal potente cardinale Piazza. Il vescovo, «uomo di estremo candore e di inveterata obbedienza», resiste per anni e alla fine viene dimissionato con la nomina ad arcivescovo titolare di Leontopoli di Augustanmica, *in partibus infidelium*. La nota finale di Sciascia riporta questo episodio ai grandi temi della giustiza, della dignità umana e della fede, bollando come contrario alla verità il paludato linguaggio curiale:

---

[24] *Opere 1971-1983*, a cura di Claude Ambroise, Milano, Bompiani, 1989, p. 927.

[25] *Ivi*, p. 941.

Ma "omnibus perpensis", ancora. "Tutto ben ponderato": tranne che la giustizia, tranne che la verità. A "macinare come il grano", ancora, la fede, la speranza, la dignità umana.[26]

Il libro si era aperto con la citazione di un articolo dell'«Osservatore romano» in cui si ricordava a dieci anni dalla morte la figura del cardinale Bisleti, il quale sognava sacerdoti 'santi ed eroici':

> "Splendente esempio di vita sacerdotale, il Cardinale fu particolarmente sensibile ai problemi dell'**educazione del Clero, che egli sognava santo ed eroico**, e fu inesorabile nell'impedire l'accesso al Sacerdozio di coloro che egli giudicava inadatti".[27]

Il personaggio storico ricostruito da Sciascia appartiene sicuramente a questa eletta schiera di sacerdoti che, oltre alla fede, hanno sempre rispetto per la verità, la giustizia e la dignità dell'uomo. Ma forse non è azzardato immaginare che anche lui abbia coltivato il sogno di una Chiesa veramente cristiana.

---

[26] *Ivi*, p. 894.

[27] *Ivi*, p. 851.

Capitolo ottavo

MAFIA E APPAGAMENTO DI DESIDERIO IN *A CIASCUNO IL SUO*

> Ma la rinuncia al piacere è sempre riuscita difficile all'uomo, che non si acconcia ad essa senza una compensazione di qualche tipo. Egli si è perciò riservato un'attività psichica nella quale a tutte queste fonti di piacere e vie per conseguirlo cui ha dovuto rinunciare è concessa un'esistenza ulteriore, una forma di esistenza nella quale esse sono esentate dalle esigenze della realtà e da ciò che chiamiamo "esame di realtà". Ogni aspirazione raggiunge ben presto la forma di un'immagine di appagamento; non vi è alcun dubbio che il soffermarsi su appagamenti di desiderio fantastici implica una soddisfazione, anche se la consapevolezza che non si tratta di realtà non ne risulta turbata.
>
> Sigmund Freud, *Introduzione alla psicoanalisi*, 23

Il romanzo breve *A ciascuno il suo* (1966), anche per ammissione dello stesso Sciascia, si colloca nella prospettiva del saggio e della narrativa insieme. Riferendosi al *Giorno della civetta*, ma con osservazioni valide anche per questo nuovo 'giallo', lo scrittore collega esplicitamente (in un'intervista del 1965 a un quotidiano siciliano) il suo lavoro al problema mafia:

> Indubbiamente la mafia è un problema nostro. Io ne ho fatto un'esemplificazione narrativa; fino a quel momento sulla mafia esistevano degli studi, studi molto interessanti, classici addirittura; esisteva una commedia di un autore siciliano che era un'apologia della mafia, e nessuno che avesse messo l'accento su questo problema in un'opera narrativa di largo consumo. Io l'ho fatto.

Se *A ciascuno il suo,* come *Il giorno della civetta*, era, nelle intenzioni dell'autore, un'esemplificazione narrativa del fenomeno mafioso, una direttrice obbligata di indagine, in un discorso di ampio respiro, dovrebbe essere quella di studiare l'evoluzione che il tema subisce nelle prese di posizione del politico Sciascia. Lascio da parte simili questioni per fare qualche sondaggio che vada anche al di là delle forme specifiche di un libro presentato come «giallo all'italiana» (Domenico Porzio, ironizzando sull'espressione «all'italiana» – alludente a usi e costumi «tipicamente siciliani» –, concludeva una sua recensione rilevando che dall'impegno di Sciascia era uscito «un compito in classe ben fatto ma senza particolare lode»).

1. Giallo e mafia

Nelle grandi linee, la vicenda è incentrata sull'omicidio, perpetrato da ignoti, di due amici, il farmacista Manno e il medico Roscio. Al farmacista era arrivata una lettera anonima di minaccia («Questa lettera è la tua condanna a morte, per quello che hai fatto morirai»), che il professore di italiano Laurana capisce essere stata composta con caratteri ritagliati dall'«Osservatore romano», il cui motto è, come si sa, *Unicuique suum* («A ciascuno il suo»). Da questa labile traccia il professore, sempre più incuriosito, vorrebbe risalire all'autore e al mandante del delitto. La sua tenacia e il caso lo aiutano, facendogli scoprire altri particolari, ben più importanti, e che gli danno la certezza che il vero obiettivo degli assassini non fosse il farmacista ma il medico. Il Laurana ha l'ingenuità di confessare i suoi sospetti proprio alla vedova e al cugino di lei, l'avvocato Rosello, che è con ogni verosimiglianza il mandante. Infine scatta una trappola, e il professore si ritroverà morto, dantescamente sepolto «sotto grave mora di rosticci, in una zolfara abbandonata».

Come si può desumere facilmente anche dal sommario della trama, ci troviamo di fronte alla tipica struttura del giallo, con i suoi elementi portanti: e cioè la vittima (o le vittime), nel caso il farmacista e il medico; l'assassino e/o il mandante (l'avvocato Rosello); l'investigatore (il professore Laurana, che supplisce a modo suo alle insufficienze degli organi statali). Nel caso specifico il movente resta abbastanza vago, ma potrebbe essere, come si fa capire, il timore che il medico denunziasse le malefatte del cugino amante della moglie.

Si potrebbero individuare agevolmente altri elementi tipici della narrativa poliziesca, e magari corroborando le osservazioni con dichiarazioni e riflessioni dello stesso Sciascia, ben consapevole dei mezzi con cui tener desta l'attenzione del lettore. Ma accenno solo a un altro carattere proprio del genere, che è quello dell'essenzialità e schematicità dei personaggi (ridotti sovente a tipi e macchiette). In realtà, la particolarità del giallo sciasciano sta nella sua struttura composita e anomala di giallo-inchiesta, giallo-saggio. Da qui la necessità di enucleare il problema del punto di vista secondo cui si manifestano lo sguardo e il giudizio del narratore in relazione anche ai termini in cui si presenta la questione mafiosa all'interno della narrazione.

Per Sciascia si fa spesso il nome di Verga, e io credo che il riferimento sia pertinente soprattutto se lo si limita al concetto dell'impersonalità dell'artista. Come il Verga 'verista' (ma anche come certi 'giallisti'), Sciascia rifiuta generalmente il metodo narrativo della onniscienza dell'autore. Non siamo certamente al romanzo behaviorista (alla Dashiell Hammett), ma c'è senza dubbio l'assunzione di una prospettiva unica, anche se essa può variare. Nel Verga dei *Malavoglia* la visione ora passa attraverso il coro di Aci Trezza, ora attraverso i personaggi buoni (e cioè i Malavoglia). Analogamente, in *A ciascuno il suo* Sciascia assume una duplice prospettiva: una, meno rilevante ma sempre essenziale, è quella del coro rappresentato dal circolo degli amici; l'altra, che domina in tutto il libro, è legata al punto di vista del professore Laurana, con qualche intervento eccezionale di un narratore onnisciente.

Il punto di vista del coro è adottato massicciamente ad inizio del libro, per avviare la storia, e alla fine, dopo la morte del Laurana, per concluderla. Quello del professore si impone in tutta l'inchiesta, e cioè nello svolgimento del giallo vero e proprio. Con il Laurana, è stato osservato da molti, si identificherebbe l'autore. Ed è anche vero che nel libro di Sciascia ci sono differenze, nel modo di vedere e intendere la realtà, tra il coro (o i suoi personaggi) e il Laurana (oltre che, ovviamente, tra questi e il narratore). Ad esempio, il Laurana non sa quello che tutti, senza dirlo, sanno (e che il narratore ci farà dire dal coro dopo la morte del professore), e cioè che l'avvocato Rosello e la cugina Roscio se l'intendono, e che hanno concertato l'assassinio del marito, costruendo il falso bersaglio del farmacista Manno. Il Laurana sa, a sua volta, che le lettere per compilare la missiva anonima sono state ritagliate dall'«Osservatore romano», mentre il coro non sa... E il narratore sa più del coro e più del Laurana, ma, conformemente alla scelta del punto di vista unico (anche se puntato ora sul coro ora sul professore), non deve, in linea generale, far capire che sa di più.

Tuttavia, se è vero che nella narrativa al problema del punto di vista è connessa la presenza dell'ironia come «risultato di una differenza nel modo di comprendere la realtà»,[1] in A *ciascuno il suo* Sciascia, assumendo il punto di vista ora del coro, ora del Laurana, giudica con il marchio dell'ironia ora i personaggi del coro e ora il Laurana («Era un cretino – disse don Luigi»). Il romanzo, a differenza di altri sciasciani (*Todo modo,* ad esempio, è narrato in prima persona), è scritto in terza persona: il che comporta anche l'emergenza, accanto alla prospettiva del coro e del professore, di una differenziazione sempre più chiara tra questi due punti di vista e quello dello scrittore (narratore e autore).

---

[1] ROBERT SCHOLES-ROBERT KELLOGG, *La natura della narrativa*, tr. it., Bologna, il Mulino, 1970, p. 305.

Più che nell'identificazione del narratore con il coro o con il Laurana, è nello spazio narrativo-ironico che si apre tra coro e Laurana, e tra questi e il narratore, che si manifesta la tendenza saggistica di Sciascia. E qui andrebbero poste alcune domande centrali su come il tema della mafia si inserisca nella macchina narrativa, e su come esso si articoli nella dinamica dei punti di vista attiva nel libro. Sinteticamente, è da rilevare che nel romanzo, considerato a livello dei contenuti, appaiono alcuni motivi, come quelli della donna e dell'eros, della famiglia, della religione e della chiesa, della politica o della morte che, quantitativamente, occupano gran parte dei pensieri e dei discorsi del Laurana e dei suoi interlocutori.

Tra questi temi, ma non in posizione nettamente dominante, si presenta anche quello del potere, della giustizia e della mafia, intrecciato all'altro che si potrebbe definire della sicilianizzazione dell'Italia. Ovviamente, il romanzo-saggio consiste nella tecnica del bilanciamento di tutti gli ingredienti tematici e nella particolare configurazione che essi assumono come elementi del *puzzle,* del problema investigativo in cui si inseriscono.

Per fermarci solo a un particolare, rileviamo che la parola «mafia» ricorre nel libro solo in bocca a don Benito, il saggio di Montalmo dal quale il professore Laurana apprende l'identità del presunto assassino, un delinquente «incensurato, rispettato, intoccabile». Don Benito stabilisce un'equazione tra l'epoca del fascismo, quando «una mafia grande ha tentato di schiacciare la piccola», e il presente degli anni Sessanta, e osserva «che l'Italia è un così felice paese che quando si cominciano a combattere le mafie vernacole vuol dire che già se ne è stabilita una in lingua». Il personaggio cita a questo proposito la costruzione di una diga (quella del Vajont) realizzata contro il parere dei tecnici. L'avere poi trascurato l'apparizione di alcuni segnali di pericolo porta alla catastrofe. Conclusione: «duemila persone morte… Duemila persone: quante i Raganà che prosperano qui ne liquidano in dieci anni…».

La mafia dunque non è fenomeno esclusivamente, o prevalentemente, siciliano, ma tende a diventare sistema di potere in tutta Italia. È quello che si dice tra sé e sé anche Laurana (eroe positivo mancato): «Ma la Sicilia, forse l'Italia intera – si disse – è fatta di tanti personaggi simpatici cui bisognerebbe tagliare la testa». Del resto, la morale gattopardesca del potere, così com'è rappresentato nel libro, è che tra passato e presente, tra destra e sinistra, tra Sicilia e Italia, tutto resta fermo e marcio come prima: «Tanto, non cambia niente».

Il Laurana discute di politica con il fratello di un suo compagno d'università, il quale fa una desolata analisi della condizione storico-sociale della Sicilia:

"[...] **Stiamo affondando, amico mio, stiamo affondando**... **Questa specie di nave corsara che è stata la Sicilia**, col suo bel gattopardo che rampa a prua, coi colori di Guttuso nel suo gran pavese, coi suoi più decorativi pezzi da novanta cui i politici hanno delegato l'onore del sacrificio, coi suoi scrittori impegnati, coi suoi Malavoglia, coi suoi Percolla, coi suoi loici cornuti, coi suoi folli, coi suoi demoni meridiani e notturni, con le sue arance, il suo zolfo e i suoi cadaveri nella stiva: **affonda, amico mio, affonda**... E lei ed io, io da folle e lei forse da impegnato, con l'acqua che ci arriva alle ginocchia, stiamo qui ad occuparci di Raganà: se è saltato dietro al suo onorevole o se è rimasto a bordo tra i morituri."[2]

Il Laurana esprime il suo disaccordo da questa diagnosi sulla Sicilia come una nave che affonda. Ma sembra evidente che in lui non c'è nessuna consapevolezza della drammaticità e specificità del problema mafia come questione siciliana. Anzi, si potrebbe leggere nel personaggio un avallo delle argomentazioni a favore di certa mafia come difesa della Sicilia dalle secolari oppressioni.[3] Così in lui si rivela infine il vero motivo che l'aveva spinto alla ricerca dell'assassino:

La sua era stata una curiosità umana, intellettuale, che non poteva né doveva confondersi con quella di coloro che la società, lo Stato, salariavano per raggiungere e consegnare alla vendetta della legge le persone che la trasgrediscono o infrangono. E giuocavano in questo suo oscuro amor proprio i secoli d'infamia che un popolo oppresso, un popolo sempre vinto, aveva fatto pesare sulla legge e su coloro che ne erano strumenti; l'affermazione non ancora spenta che il miglior diritto e la più giusta giustizia, se proprio uno ci tiene, se non è disposto a confidarne l'esecuzione al destino o a Dio, soltanto possono uscire dalle canne di una scoppetta.[4]

Siamo, come si vede, alla morale di una giustizia affidata ai privati o alle consorterie di privati, che è quanto dire alla resa del professore alle leggi e alla giustizia mafiose. Non per nulla egli sentiva «il disagio di una complicità involontaria, di una specie di solidarietà, anche se impropria e remota, con Rosello e il suo sicario». E si direbbe che è proprio a questo punto, da questo livello del racconto, che si dipana la vera problematica della storia di *A ciascuno il suo*, con un Laurana che si rivela «al centro di un labirinto di passione e di morte». Tutta la peripezia dell'inchiesta si configura allora

---

2 *Opere 1956-1971*, cit., p. 851.

3 Nel contesto di quest'ipotesi di lettura troverebbe forse conferma il giudizio di CARLO MUSCETTA, che qualifica quella di Sciascia come «una "letteratura della mafia" non solo per l'argomento, ma per un "riconoscimento della grandezza della mafia"» (nel saggio *Don Chisciotte in Sicilia*, nel volume omonimo, Catania, Edizioni del Prisma, 1987, p. 12).

4 *Opere 1956-1971*, cit., p. 860.

come un lungo e tortuoso processo di avvicinamento del professore all'oscuro oggetto del suo desiderio: la «stupenda, innocente, coraggiosa creatura» della sua solitaria *rêverie* amorosa.

Affascinato sempre più dalla visione della splendida vedova, dal bianco del suo corpo, il professore si illude di poter saldare il «circuito letterario» a quello della vita. Ma il frutto di questo tentativo è una trappola in cui, spinto da un eros sempre frustrato, attratto «dalla donna del suo desiderio», egli si getta a capofitto, ormai dimentico «di sua madre, della scuola, di domineddio».

Il romanzo, e la lettura che se ne può fare, stanno qui, nel cammino del desiderio, nella strada che porta il professore («un cretino») dalla letteratura alla morte. La mafia (a patto che se ne sappia qualcosa) alla fine (al principio?) in tutto questo c'entra sì, ma come un 'ingrediente' insieme a un altro.

2. Il sogno diurno e l'appagamento di desiderio. La vedova del *Decamerone*

In *A ciascuno il suo* il sogno non appare come fenomeno del pensiero notturno, e il termine *sogno* vi ricorre letteralmente due volte («Nemmeno per sogno» e «Neanche per sogno»), ma nell'uso puramente fraseologico di «assolutamente no!». Al sogno, nella situazione tipica del 'sogno ad occhi aperti', è affine la parola *visione*, che lo scrittore riferisce due volte al timore e alle fantasticherie del Laurana, il quale non vede arrivare all'appuntamento la donna che aspettava: «Alle nove meno un quarto **la visione di Luisa morta penetrò nell'apprensione di Laurana**». E poi, avendo scartato, per non sembrare ridicolo, la possibilità di denunciare in questura che «una signora gli aveva dato appuntamento al caffè Romeris e non era venuta», e arrovellandosi confusamente su ipotesi di altri imprevisti, la visione della donna assume i contorni di una tragedia: «Ma sotto tutte queste probabilità **traluceva la visione di lei in pericolo, di lei morta**».

La verità crudele della storia è che Laurana vede morta la donna, ma non sospetta minimamente di essersi incamminato lui verso la morte, alla ricerca di una verità fattuale (il delitto) che prima egli ha intuito, ma che poi ha perso di vista progressivamente per la forza della verità, a sé stesso ignota, del suo desiderio della donna. La donna in questo caso è il centro e l'oggetto del suo sogno esistenziale profondo, che gli si rivela man mano che egli crede di procedere nell'indagine, mentre inconsciamente si avvicina all'oggetto del suo desiderio. Siamo nell'ambito di quello che Freud ha descritto come sogno diurno, caratterizzato da uno scenario immaginato nello stato di veglia, e che è affine alla fantasticheria e al sogno notturno.

Credo si possa ritenere che in questo libro Sciascia ci ha dato la rappresentazione psicologicamente ineccepibile di una sessualità repressa che si organizza intorno a un fantasma, e che Freud ha descritto ripetutamente a partire dall'*Interpretazione dei sogni*. Il ritratto che lo scrittore fa del Laurana rientra tutto nella tipologia del figlio che non riesce a superare la dipendenza edipica dalla madre, con cui convive. Egli si accosta alle donne solo nella forma del *vagheggiamento* e della solitudine frustrata del suo desiderio, sempre bloccato dal timore del pensiero e del giudizio materni. E in effetti per la sua vita privata egli «era considerato una vittima dell'affetto esclusivo e geloso della madre»:

A quasi quarant'anni ancora dentro di sé andava svolgendo vicende di desiderio e d'amore con alunne e colleghe che non se ne accorgevano o se ne accorgevano appena: e bastava che una ragazza o una collega mostrasse di rispondere al suo **vagheggiamento** perché subito si gelasse. **Il pensiero della madre, di quel che avrebbe detto, del giudizio che avrebbe dato sulla donna da lui scelta**, della eventuale convivenza delle due donne, della possibile decisione di una delle due di non fare vita in comune, **sempre interveniva a spegnere le effimere passioni**, ad allontanare le donne che ne erano state oggetto come dopo una triste esperienza consumata e quindi con un senso di sollievo, di liberazione.[5]

Siamo, com'è evidente, in una situazione tipicamente freudiana di complesso di Edipo, di repressione delle pulsioni sessuali, di desiderio che si appaga nella fantasia e nel sogno ad occhi aperti, ma che incontra inevitabilmente il divieto, qui assegnato alla figura materna. È nota una certa ambivalenza di Sciascia nei confronti del fondatore della psicanalisi, alla quale egli negava ogni valore terapeutico, ma forse senza mettere in conto lo scetticismo dello stesso maestro viennese che da ultimo si pose, senza offrire soluzioni definitive, il problema della terminabilità e/o interminabilità dell'analisi.

Sciascia, nell'intervista sul sogno più volte citata, dice di essersi avvicinato a Freud «per curiosità, per interesse», e, in una precedente intervista del 1978 al «Nouvel Observateur», alla domanda se egli per comprendere il suo tempo preferisse leggere Marx o Freud risponde senza esitazione «Freud»; e sul perché di questa preferenza così si esprime:

Vous savez, **Freud, c'est toujours utile à un romancier. Ça lui permet de comprendre la nature du «dedans»**. Ai-je besoin d'ajouter que le freudisme, comme thérapeutique, me paraît être une escroquerie de type religieux. D'ailleurs, dans mon roman, «Candide», j'ai proposé que le diaconat soit automatiquement accordé aux psychanaystes.[6]

---

[5] *Ivi*, p. 807.

[6] Col titolo *Un entretien avec Leonardo Sciascia. Les barbares sont parmi nous* l'intervista apparve su «Le Nouvel Observateur», n. 710, 19 juin 1978, pp. 86-114: 108. L'intervista è stata

Come già per Svevo, che non credeva alla cura psicanalitica, ma riteneva impossibile per uno scrittore «rinunziar di pensare almeno la psicanalisi», Sciascia ammette di frequentare Freud in quanto è *utile* a un romanziere per fargli comprendere la «natura del di dentro» dei suoi personaggi. E infatti, nel delineare la figura del Laurana, egli assume lo statuto del narratore onnisciente facendoci vedere la sua interiorità, il suo pensiero, le sue passioni, il suo desiderio frustrato della donna e le allucinazioni febbrili in cui la vagheggia e 'incontra':

> E qui si faceva ambigua anche **la sensualità, il desiderio: la gelosia**, immotivata, gratuita, **carica di tutte le insoddisfazioni, timidezze e repressioni della sua vita**, da una parte; un acre piacere, **quasi l'appagamento del desiderio in una sorta di visuale prossenetismo**, dall'altra. Ma tutto ciò molto confusamente, **in un baluginare allucinato, febbrile**.[7]

Come si vede, Sciascia qui caratterizza il suo personaggio con i termini propri della psicanalisi nella situazione specifica dell'appagamento di desiderio che, in Freud, coincide con una produzione dell'inconscio. In questo caso, il sogno diurno e la fantasmatica del «labirinto di passione e di morte» e del «baluginare allucinato, febbrile» in cui il Laurana vive il suo desiderio si organizzano sulla base di una visione reale e fantasmatica che poi diventa un «visuale prossenetismo», in cui la donna risplende *oscenamente* nella sua mente.

La descrizione della vedova nella visita che il Laurana fa a casa sua (per cercare carte e documenti insieme al di lei cugino, suo amante e mandante del delitto) indugia su particolari del corpo su cui converge subito il desiderio dell'ingenuo investigatore:

> **Alta, il busto erompente, le braccia nude fino al folto ciuffo delle ascelle**, alata di un profumo in cui un naso più esperto (e una natura meno ardente) avrebbe distinto il Balenciaga dal sudore, per un momento sovrastò il professore come la Vittoria di Samotracia chi sale le scale del Louvre.[8]

---

poi tradotta in LEONARDO SCIASCIA, *La palma va a nord*, a cura di Valter Vecellio, Milano, Gammalibri, 1982 (prima edizione: Roma, Quaderni Radicali, 1981), col titolo *I barbari sono tra noi*. Cito dall'originale francese perché nella traduzione c'è «natura **dal** di dentro» al posto del corretto «natura **del** di dentro» (*nature du «dedans»*): «Freud è sempre utile a un romanziere. Gli permette di capire la natura **dal** di dentro, ma non ho bisogno di aggiungere che considero le cure psicanalitiche una vera e propria truffa di tipo religioso. D'altra parte, nel mio romanzo, *Candido*, ho proposto che il diaconato sia immediatamente concesso agli psicoanalisti.», pp. 43-56: 52.

[7] *Opere 1956-1971*, cit., p. 860.

[8] *Ivi*, p. 830.

Trascinato dalla forza oscura del suo desiderio, il professore allucinatoriamente passa dal nudo delle braccia alla nudità totale:

> Aveva messo mano alla ricerca anche la signora: stava accosciata davanti al cassetto più basso della scrivania, inscritta nel reticolo che luce ed ombra giuocavano: **nuda, il volto misteriosamente sommerso dalla scura massa dei capelli. I pensieri di Laurana si dissolsero nel buio sole del desiderio**.[9]

Dopo questo incontro, il Laurana assiste ai discorsi sulla vedova che si facevano nel circolo da lui frequentato assiduamente per svagarsi (partecipando a conversazioni che gli ricordavano Pirandello e più ancora Brancati). Le chiacchiere sulla donna, e sul suo possibile futuro, prevedono anche un «interludio erotico» incentrato sul suo «corpo nudo» e «su certe parti del suo corpo». Il professore ascolta in silenzio, diviso tra l'interesse erotico per la vedova e l'indignazione per le maldicenze. In realtà il sentimento in lui dominante è quello della gelosia:

> Il discorso sulla signora Roscio gli dava però disagio, turbamento, impulsi contrastanti. **Ne era indignato e al tempo stesso affascinato**. Più volte fu sul punto di andarsene o di esprimere la sua indignazione: ma l'indecenza e la malignità, e più una vaga sofferenza, **qualcosa che somigliava alla gelosia**, lo attiravano e trattenevano.[10]

Laurana riprova presto questo sentimento di *gelosia* nell'incontro che, insieme alla madre, ha con la vedova («elegantemente ingramagliata, inginocchiata su un cuscino di velluto a pregare davanti alla lastra di marmo che portava il nome del marito») nella visita al cimitero per la ricorrenza dei morti. Nei saluti gli parve, dall'indugio con cui la donna gli stringe la mano, che essa volesse chiedergli il silenzio sui suoi sospetti in merito al delitto.

In realtà il Laurana vorrebbe dimenticare tutta la faccenda, ma ormai egli è tutto preso dal desiderio di quella donna, che egli, seguendola nel languido movimento di alzarsi, trasforma in una opulenta odalisca di Delacroix:

> [...] la stretta veste nera, che già nella immobilità che figurava raccoglimento e preghiera **lasciava intravedere abbondante e languida nudità**, come di un'odalisca di Delacroix, **nell'alzarsi doveva per forza scoprire il bianco della coscia** sulla calza bien tirada. 'Che popolo', **pensò con un disprezzo venato di gelosia** [...]. E non considerava che **anche lui aveva còlto voracemente il bianco lam-**

---

[9] *Ivi*, p. 831.

[10] *Ivi*, p. 855.

peggiare della carne tra il nero, e si era accorto di quel gruppo di giovinastri, per il semplice fatto che era della stessa razza.[11]

Il Laurana vorrebbe dentro di sé difendere la donna dallo sguardo e dagli appetiti di un gruppo di giovinastri che la osservano; ma il narratore onnisciente sa che egli è della «stessa razza» dei siciliani di specie brancatiana che chiacchierano e sognano della donna. Tornato dal cimitero, ancora in vacanza, il professore si illude di potersi rifugiare nell'insegnamento e nella letteratura («E pure l'incontro al cimitero con la signora Luisa, e i pensieri che l'incontro gli aveva suscitato, erano entrati in un circuito letterario, con cadenze di nero e cattolico romanticismo.»).[12] E a questo punto, senza nulla togliere alla bellezza originale di questo racconto di un caso 'freudiano' di fascinazione e di desiderio, che Sciascia rende in maniera superba in tutto lo svolgersi del romanzo, va forse rilevato che il personaggio della vedova rientra a sua volta in un «circuito letterario» che è anche dello scrittore, nel quale sembra qui attiva una illustre traccia letteraria. Per dirla un po' sommariamente, ci troviamo con il personaggio della vedova Luisa in una situazione che, se non francamente boccaccesca, si potrebbe definire per certi aspetti boccacciana.

Dietro la figura della vedova di *A ciascuno il suo* si intravede infatti una qualche memoria della giovane vedova Elena della settima novella dell'ottava giornata del *Decamerone.*[13] La vedova di Boccaccio, già innamorata e amante di un altro, avendo ingannato lo *scolare* che di lei si era invaghito, lasciandolo una notte d'inverno alla neve e al gelo, poi viene a sua volta ingannata e punita da questi, che la fa restare nuda sulla sommità di una torricella una notte e un giorno, subendo l'oltraggio degli insetti e le bruciature dal sole di luglio. Elementi caratterizzanti della donna boccacciana sono la nudità, la bianchezza del bel corpo, e lo stimolo della carne che suscita nel giovane, che l'ha vista uscire nuda dal bagno in un torrente, e la rivede nuda nel corso della sua crudele beffa di vendetta:

> [...] egli **veggendo lei con la bianchezza del suo corpo vincere le tenebre della notte**, ed appresso riguardandole il petto e l'altre parti del corpo, e veggendole belle e seco pensando quali infra piccol termine dovean divenire, sentì di lei alcuna compassione; e d'altra parte, **lo stimolo della carne l'assalì subitamente** [...] **ella, dove la notte passata con la sua bianchezza vinceva le tenebre,** allora,

---

[11] *Ivi*, p. 862.

[12] *Ivi*, p. 865.

[13] «Uno scolare ama una donna vedova, la quale, innamorata d'altrui, una notte di verno il fa stare sopra la neve ad aspettarsi; la quale egli poi, con un suo consiglio, di mezzo luglio **ignuda** tutto un dì la fa stare in su una torre alle mosche ed a' tafani ed al sole».

rossa divenuta come robbia e tutta di sangue chiazzata, sarebbe paruta, a chi veduta l'avesse, la piú brutta cosa del mondo.

Ovviamente senza immaginare alcuna stretta consonanza contenutistica, mi sembra verosimile che qualcosa della bella vedova di Boccaccio trapassi nel bel corpo della donna che splende nelle tenebre della vita e nel buio sole del desiderio del Laurana. Com'è stato dichiarato dallo stesso scrittore, Boccaccio è un autore presente nella sua formazione, e in questo caso non mi sembrerebbe azzardato ipotizzare una probabile reminiscenza boccacciana nel rilievo che in *A ciascuno il suo* assumono la nudità (immaginata più che vera), il «bianco della coscia», il «bianco lampeggiare della carne tra il nero» della donna che «oscenamente splendeva nella mente di Laurana».

Anche qui c'è un inganno della donna al giovane professore, il quale si sorprende nel rivederla nella corriera che lo porta a scuola. Su invito di lei le si siede accanto (anche se prova un sentimento «di desiderio e di repulsione»). Ed è in questo contesto che il desiderio riesplode in lui come una ferita dolorosa nel corpo:

Ma **veniva anche, la sensazione, propriamente dal sangue che vicino a lei gli si accendeva**; e più il suo giudizio si faceva su di lei affilato e spietato, a coglierne lo squallore umano, a intravederne la perversità, più **l'abbondante grazia del corpo, il volto in cui le labbra disegnavano broncio ed offerta, la massa dei capelli, il profumo** che appena velava un afrore di letto, di sonno, **suscitavano in lui un desiderio doloroso, fisicamente doloroso**.[14]

Accanto a lei, a stretto contatto con il suo corpo abbondante, egli rimuove il sospetto 'investigativo' che lei avesse potuto avere un ruolo nel delitto. Il giudizio negativo su di lei che, per quanto razionalmente gli fosse possibile, egli andava maturando viene sovrastato dalla scoperta del male del sesso che adesso gli si configura chiaramente come peccato. E Laurana infine si sente come sdoppiato tra la memoria della letteratura e l'urgenza dolorosa della vita reale:

E poi era venuta, ad alimentare e complicare la sua eccitazione, la rivelazione del delitto: della passione, del tradimento, della fredda malvagità con cui era stato disegnato; **il male, insomma, nel suo incarnarsi, nel suo farsi oscuramente e splendidamente sesso. E riconosceva Laurana in questo suo trasporto le remore di una lontana educazione al peccato**, al giro di vite (al *turn of the screw* propriamente), **allo spavento nelle cose del sesso**, da cui non si era mai liberato e che anzi tanto più l'assalivano quanto più il suo intelletto procedeva nei rigo-

[14] *Ivi*, p. 866.

rosi esercizi della ragione. **Si sentiva perciò, e specialmente accanto a lei, col corpo di lei che nel brusco abbordaggio delle curve si dislagava sul suo, come sdoppiato o dimezzato**: e la favola degli sdoppiamenti e dei dimezzamenti, che sempre lo aveva suggestionato in letteratura, verificava ora nella sua esistenza.[15]

In realtà la donna è complice del cugino, mandante dell'assassinio del marito; ed essi insieme tendono al Laurana la trappola di un appuntamento. Alla fine del colloquio la vedova ha la certezza che il Laurana sospetta del cugino amante e, dichiarandosi pronta a denunciarlo, gli dà un appuntamento per la sera dell'indomani. Lasciandosi, Laurana, in un moto «di amore e di rimorso», si china sulla mano di lei «quasi a baciargliela», e l'ammira «mentre si allontanava nella piazza piena di palme e d'azzurro: **stupenda, innocente, coraggiosa creatura**».[16] Non la vedrà l'indomani all'ora convenuta nel caffè dell'appuntamento, e dopo ore di vana attesa «**la visione di Luisa morta penetrò nell'apprensione di Laurana**». Egli si avvia allora verso la stazione per rientrare a casa dalla madre, e da lì informarsi telefonando a casa di Luisa (come ormai egli chiama la donna del suo desiderio). Sulla strada, uno del paese gli offre un passaggio. E di lui in paese non si seppe più niente. Il narratore onnisciente sa che egli è ormai passato dal labirinto della passione a quello della morte:

> Ma il professore giaceva sotto grave mora di rosticci, in una zolfara abbandonata, a metà strada, in linea d'aria, tra il suo paese e il capoluogo.[17]

La donna si sposa col cugino, di cui era complice e del quale Laurana aveva scoperto il delitto. La notizia del matrimonio è da tutti ben accolta, mentre del povero professore qualcuno dice che ha fatto la fine di un personaggio di cinquant'anni prima, scomparso per sempre durante la recita della *Passione di Cristo*. Ma conclusivamente uno del paese, don Luigi, afferma seccamente: «Era un cretino».

---

[15] *Ivi*, p. 867.

[16] *Ivi*, p. 870.

[17] *Ivi*, p. 881.

Capitolo nono

IL SOGNO NEL *CONTESTO*, IN *TODO MODO* E NELLA *SCOMPARSA DI MAJORANA*

Calibano
Non devi aver paura. L'isola è piena di rumori,
Suoni e dolci arie che danno piacere e non fanno male.
A volte sento mille strumenti vibrare
E mormorarmi alle orecchie. E a volte voci che,
Pur se mi sono svegliato dopo un lungo sonno,
Mi fanno addormentare di nuovo. E poi, sognando,
Vedevo spalancarsi le nuvole e apparire ricchezze
Pronte a cadere su di me, così, svegliandomi,
Piangevo per sognare ancora.

Shakespeare, *La tempesta*, atto III

1. Tracce oniriche nel *Contesto*

Generalmente considerati una continuazione della rappresentazione della mafia consegnata ai due 'gialli' *Il giorno della civetta* e *A ciascuno il suo*, i romanzi *Il contesto* (1971) e *Todo modo* (1974) non contengono nemmeno la parola *mafia*, che appare soltanto nella nota finale del primo. Nella nota Sciascia ricorda di avere scritto contro la mafia, ma precisa che ora il suo discorso andrebbe inteso come una parodia del «potere per il potere», «un apologo sul potere nel mondo, sul potere che sempre più digrada nella impenetrabile forma di una concatenazione che approssimativamente possiamo dire mafiosa».[1]

Il potere in tutte le sue manifestazioni storico-sociali (della Chiesa, dello Stato, della mafia, della politica, della cultura, della scienza, del terrorismo) è l'orizzonte costante e asfissiante in cui si collocano gli scenari del «paese

[1] *Opere 1971-1983*, cit., p. 96.

immaginario» (ma in cui sempre «c'è la Sicilia») di Sciascia. Contro questo potere si scontrano i sogni.

Nel *Contesto* il sogno appare al livello generico della fraseologia («**Non me lo sognerei** nemmeno»; «**non mi sognerei** di disturbare sua eccellenza»; «"**Me li sogno di notte**" e si passò la mano sulla faccia come chi esce da un **sogno** e vuole cancellarne il ricordo.»); a quello del sogno erotico e brancatiano (del giudice istruttore, «i cui **sogni**, accanto a una donna "fredda", erano popolati di donne "calde"»); all'altro del desiderio di qualcosa (lo scrittore Nocio, che vagheggia un cambiamento nella chiesa cattolica: «Ma ne ho un desiderio folle, **me ne faccio un sogno**.»; e il ministro avrebbe il desiderio di avere più mano libera nel suo potere repressivo: «Ma **oggi come oggi è un sogno**.»).

2. *Todo modo*. Mistero, verità, finzione e caduta nei sogni

Nessuna occorrenza di *mafia* e due di *sogno* più due di *sognare* in *Todo modo*. Ma qui il campo lessicale del sogno va oltre il dato puramente repertoriale del *Contesto*, facendoci cogliere la consueta complessità semantica propria della frequentazione sciasciana di questo settore della sua lingua, che in questo caso è condiviso dai due protagonisti principali del romanzo: con tre occorrenze per il pittore che narra in prima persona e una per il prete, colto e spregiudicato.

Nel pittore è certamente da vedere in controfigura lo stesso scrittore, in una identificazione già prefigurata nello zolfataro dell'*Antimonio* (anch'egli narratore in prima persona), il quale aveva scoperto nell'esperienza della guerra, e anche nella rivelazione del sogno dell'albero, la dignità dell'uomo, che «sarà sempre la più grande cosa di Dio». Qui il pittore famoso, in attesa di partecipare alla messa che apre gli «esercizi spirituali» del convegno nell'albergo di Zafer, ricorda un passo della messa in latino in cui, insieme al *mysterium* della transustanziazione, è in questione proprio la dignità umana («**Deus, qui humanae substantiae dignitatem mirabiliter condidisti**, et mirabilius reformasti»), e poi si interroga sul mistero (di cui parlano la religione e la vita):

> [...] **dov'era** ormai il senso di queste parole e, al di qua o al di là del senso, **il mistero?**
>
> **Ma tu, mi dicevo, volevi appunto questo: che il mistero si dissolvesse**, che di quel grandioso scenario, di quella maestosa illusione, restassero i nudi e squallidi tralicci, **come quando si entra in teatro per i *Sei personaggi* di Pirandello**... Però quella demistificazione del teatro, in Pirandello, è una forma che lo reinventa e riafferma: e volevi dunque che la Chiesa, rinunciando alla mistificazione e

all'inganno, si reinventasse e riaffermasse?... Ma no, volevo che finisse. Ed è già alla fine... Eppure... **La verità è che tante cose in noi, che crediamo morte, stanno come in una valle del sonno**: non amena, non ariostesca. E sul loro sonno la ragione deve sempre vigilare. O magari, a prova, qualche volta svegliarle **e lasciare che da quella valle escano**: ma perché se ne tornino giù mortificate e impotenti... **Ma se la prova non riesce? Ecco il punto**. Al quale, per la verità, non mi ero mai trovato: poiché **tutto**, dentro di me e intorno a me, **era ormai da anni finzione**. Non vivevo che ingannandomi, e facendomi ingannare.[2]

Il pittore dunque partecipava in qualche modo al sogno dei giansenisti, già intravisto nella *Recitazione della controversia liparitana*, di una Chiesa che si rinnovasse e reinventasse quasi al modo di come succede nell'illusione del teatro. Ma forse egli voleva che la Chiesa finisse, salvo a relegarla subito nella valle del sonno (dove nascono i sogni!), da dove le cose morte possono tornare senza fare male. Ma questo tentativo di chiarire, questa prova non si sono ancora risolti o esauriti. Intanto egli si è rifugiato nella finzione, magari non riuscendo a districarsi tra realtà e sogno.

Questo dubbio sorge in lui in seguito al primo dei delitti che funestano il convegno, l'omicidio del deputato durante la recita collettiva serale del rosario. La mattina dopo, il pittore narratore dichiara di avere provato la sensazione di avere sognato proprio quello che era accaduto la sera prima:

Mi svegliai alle nove. E dapprima **con la sensazione di aver sognato quel che la sera prima era accaduto**. Ma ne presi subito coscienza e conferma aprendo la finestra: c'erano poliziotti nello spiazzale, automobili grigioverdi della polizia; e dove l'onorevole Michelozzi era caduto, c'era una sinistra sagoma disegnata col gesso e una macchia di un rosso terroso, nella posizione e forma dei polmoni, dentro la sagoma.[3]

Qualcosa di simile gli capita poi di fronte a un quadro della cappella che gli mostra don Gaetano, e che rappresenta un santo barbuto, tentato da un diavolo con gli occhiali:

Ma quel che più colpiva, del diavolo, era il fatto che aveva gli occhiali: a pince-nez, dalla montatura nera. E anche l'impressione di aver già visto qualcosa di simile, senza ricordare quando e dove, conferiva al **diavolo occhialuto un che di misterioso e di pauroso: come l'avessi visto in sogno o nei visionari terrori dell'infanzia**.[4]

---

[2] *Ivi*, pp. 120-121.

[3] *Ivi*, pp. 152-153.

[4] *Ivi*, p. 123.

Il pittore si rende conto di trovarsi ormai dentro una specie di incubo («Terribile esperienza: **non avrei mai sospettato**, quando ho imboccato la strada dell'eremo, **che sarei entrato in questa specie di incubo**.»).[5] Egli allora vede gli occhiali del diavolo negli occhiali di don Gaetano, che erano dello stesso modello, e gli incutevano un sentimento di inquietudine. Volendoli disegnare e in effetti disegnandoli, il pittore, che vive nell'inganno e nella finzione, pensa al filosofo Spinoza nel ruolo di ottico (probabilmente ricordandosi del sonetto *Spinoza* di Borges, su cui si veda il capitolo XIII), e scopre forse l'origine dell'apprensione che gli suscitano gli occhiali nel suo timore a interrogarsi sulla verità:

> Uno strano disegno, tra quelli che faccio di solito: e chi lo vedesse senza conoscere queste pagine, forse penserebbe sia **venuto fuori in margine a una lettura di Spinoza, che fabbricava occhiali di quel tipo**; o che fossi rimasto impressionato degli occhiali di don Antonio de Solis, in quel ritratto che adorna il frontespizio della edizione settecentesca della sua *Istoria della conquista del Messico*; o che avessi studiato di illustrare i versi di quel poeta arabo-siculo sulle lenti. Ed ecco che in questo momento, mentre scrivo, il fatto di ricordare queste immagini (immagini vere e proprie e immagini da parole) mi sorprende e aggiunge inquietudine all'inquietudine. Com'è che così **nitidamente vedo Spinoza nella sua bottega di ottico**, l'ombra della sera, le lenti come piccoli laghi in un paesaggio di manoscritti, tra le selve delle parole scritte (quella grafia secentesca che sembra agitata come da un vento, stormente); che così nitidamente ricordo il ritratto di don Antonio e i versi di Ibn Hamdis? Non c'è qualcosa, nelle lenti, negli occhiali, che mi suscita, remoto, imprecisabile, un senso di stupore e insieme di apprensione? **Non c'è qualcosa che ha a che fare con la verità e con la paura di scoprirla?**[6]

Nei dialoghi serrati che il pittore e il prete hanno sono in questione temi teologici e filosofici che ruotano intorno a Dio, al cristianesimo e al male che sembra trionfare nel mondo e nella storia. Entrambi duellano con argomenti sottili e razionalmente forse indecidibili, e lo scrittore certamente parteggia per tutti e due, facendoli, ad esempio, incontrare nell'ambito di una riflessione sul reale in cui ogni cosa sembra trasformarsi nel suo contrario e in cui tutto *cade* come nei sogni. Il pittore narratore così trascrive un ragionamento di don Gaetano:

> – Veda: credere che Cristo abbia voluto fermare il male è l'errore più vecchio e più diffuso del mondo cristiano. "Dio non esiste, dunque nulla ci è permesso". Queste grandi parole, nessuno ha mai veramente tentato di rovesciarle: piccola, ovvia, banale operazione. "Dio esiste, dunque tutto ci è permesso". Nessuno,

[5] *Ivi*, p. 179.

[6] *Ivi*, pp. 182-183.

dico, tranne Cristo. E **nella sua vera essenza, questo è il cristianesimo: che tutto ci è permesso. Il delitto, il dolore, la morte: crede sarebbero possibili, se Dio non ci fosse?**[7]

E alle obiezioni del pittore, che vorrebbe razionalizzare le rispettive argomentazioni, il prete oppone la sentenza biblica sull'«abisso che invoca l'abisso». Per lui nella realtà dell'esistenza c'è sempre una continua caduta, simile a quella che si vive nei sogni:

– Ecco che lei torna alle parole che decidono, alle parole che dividono: migliore, peggiore; giusto, ingiusto; bianco, nero. **E tutto invece non è che una caduta, una lunga caduta: come nei sogni**...[8]

Così il prete; e il pittore narratore resta come ammaliato e ipnotizzato dalle sue parole, che gli entrano dentro e lo conducono in una condizione di sonno-sogno e di sentimento di identificazione con la stessa natura (come si ricorderà, l'albero era immagine centrale nel sogno dello zolfataro e nella tortura atroce a cui venne sottoposto il Di Blasi):

– **L'ultima parola restò come imbevuta dall'aria, dagli alberi, da me stesso**: sicché quando mi ritrovai solo, seduto su quella pietra rotonda, intorpidito, **mi parve di essere stato colto per un momento dal sonno e di aver sognato**; e forse più che per un momento.[9]

Sul sogno di caduta evocato dalle parole di don Gaetano è da ricordare il richiamo (già fatto in nota al capitolo VI) al sogno ricorrente che lo scrittore dichiarava di fare come generato dall'orrore del vuoto, con la connessa paura di potersi buttare giù. Fuor di metafora, questa caduta in *Todo modo* è implicata alla morte per assassinio (che al pari di ogni morte è, come dirà senza ironia il pittore narratore sull'uccisione di don Gaetano, «sempre e comunque una morte naturale»), e alla morte in generale, compresa quella di chi appartiene alla classe dirigente. In questo romanzo una nuova metafora della morte è costituita dall'abisso e dalla caduta nel vuoto. Su questo vuoto, che riguarda tutti, riflette il pittore dopo una conversazione con il commissario che indaga:

Per la verità, **da anni non mi avveniva di pensare che – zac – ci fosse da mietere, da decapitare**; e che un simile pensiero o vagheggiamento, in me spento, tanto rigogliosamente germogliasse in un commissario di polizia, anche se celato,

---

[7] *Ivi*, p. 163.

[8] *Ivi*, p. 164.

[9] *Ibid*.

non avrei creduto. Ma tante cose avevo perso di vista; di tanti mutamenti non mi ero accorto, di tante novità. E non soltanto io: anche la gente che incontravo ogni giorno era nella mia stessa condizione. Ministri, deputati, professori, artisti, finanzieri, industriali: quella che si suole chiamare **la classe dirigente. E che cosa dirigeva in concreto, effettivamente? Una ragnatela nel vuoto, la propria labile ragnatela. Anche se di fili d'oro**.[10]

Anche don Gaetano finirà assassinato, ma prima la sfida teologico-filosofica con il pittore sembra quasi concludersi nel far trovare i *Pensieri* di Pascal nella camera dell'ospite, e nell'abbozzo del Cristo che questi avvia per il prete. Molto sciascianamente il succo del loro dibattere si rivela nella contraddizione, nel contraddirsi e nel contraddire («Ma perché vuole reprimere in sé tutto ciò che la porta verso di noi? **Perché vuol contraddirsi?**»; «**Perché lei mi contraddice, perché mi contraddice il suo Dio**. Non sono un mostro incomprensibile.»).[11]

Nella contraddizione entra certamente Dio e la fuga da lui, ma vi entra anche il Voltaire razionalista, autore di *Candide*, il cui candore il prete vorrebbe equiparare allo spavento cosmico di Pascal. Ma su questo lo scrittore tornerà riscrivendo lui il *Candido.*

3. Majorana dalla scienza «alla fuga dalla vita, alla fuga della vita». Tra mito e sogno

La scomparsa di Majorana (1975) precede e segue *Todo modo* (1974) in quanto Sciascia aveva cominciato a raccogliere la sua documentazione sullo scienziato verso la fine del 1973. Le due opere sono legate da molti fili, dei quali il più evidente conduce al nome di Blaise Pascal, molto presente nei dialoghi tra don Gaetano e il narratore, e al quale Sciascia accosta Majorana per il «genio precoce», e soprattutto perché quello dello scienziato «è stato un dramma religioso, e diremmo pascaliano».

Al di là dei contenuti specifici i due libri presentano uno svolgimento del racconto affidato in entrambi a un narratore in prima persona (come accaduto già nei racconti 'autobiografici' delle *Parrocchie* e degli *Zii di Sicilia*). La conseguenza è che il personaggio principale di don Gaetano in *Todo modo* e il Majorana della *Scomparsa* sono, per così dire, fronteggiati da un narratore che, in certa misura, coincide con l'autore. Ora, se è vero che in *Todo modo* il pittore narratore si sdoppia, contraddicendo e contraddicen-

[10] *Ivi*, p. 161.

[11] *Ivi*, p. 188.

dosi, e dando al suo avversario molti dei suoi argomenti e dei suoi dubbi su temi storici, filosofici, letterari, religiosi, artistici, qualcosa di analogo avviene nella *Scomparsa di Majorana*. In questo libro il narratore in prima persona tende a mettersi nei panni dello scienziato scomparso, verso il quale, a differenza di quanto accadeva in *Todo modo*, egli non manifesta alcuna ambivalenza, considerandolo dunque un uomo (un eroe?) assolutamente positivo. Semplificando, si potrebbe affermare che Sciascia attua con il personaggio di questo nuovo romanzo un processo di mitizzazione nell'ambito di un serrato processo di demitizzazione di una certa idea della scienza come sempre finalizzata al progresso, alla tecnica al servizio dell'uomo, al rispetto della natura e della vita.

Lo scrittore in realtà ha un'idea orrenda della scienza che, nella fase storica tra nazifascismo e seconda guerra mondiale, ha celebrato il suo successo mortuario nell'ecatombe causata in Giappone dalla bomba atomica. Lo dichiara egli stesso in un'intervista in cui connette il lavoro su Majorana a questo suo orrore:

> Ho ritrovato questa estate [...] una mia poesia [...]. S'intitola *Natale 1947*. Ero riuscito a trasfondervi tutto **l'orrore che sentivo e sento per la bomba atomica, per la scienza che l'ha prodotta**. Quando più tardi **mi sono imbattuto nel personaggio Majorana, personaggio dentro cui potevo – almeno per carattere – agevolmente mettermi**, ho cominciato a vagheggiare di dar forma alla sua storia, di «**inventare**» la sua storia.[12]

Visto da alcuni lettori dell'opera come un limite, questo coinvolgimento profondo dell'autore nella delineazione del suo personaggio ne è in realtà l'aspetto più interessante. Si tratta in fondo, come accade per tutti i lavori sciasciani di ricostruzione di figure storiche, di acquisire i dati documentali e archivistici disponibili e di interpretarli alla luce di un'idea genetica e di una visione dei fatti in cui tutto si tiene. L'approdo di questo percorso è sempre quello di una 'ricreazione' che supera il livello della pura ricostruzione storiografica, e che, senza pretendere di forzare e risolvere il mistero e il segreto di ogni personaggio indagato, lo consegna a un nuovo mito, alla bellezza della poesia e della grande letteratura. Qualcuno potrebbe vedere in questo processo una sorta di svolgimento di una tesi precedente all'indagine e alla ri-scrittura dei fatti; ma in realtà succede il contrario: e cioè sono i fatti e i dati già scritti a suscitare in Sciascia una 'visione' capace di dare nuova vita e nuova luce ai fatti, ai dati e, soprattutto, alle persone, agli «scomparsi».

---

[12] LEONARDO SCIASCIA, *Opere*, II, *Inquisizioni. Memorie. Saggi*, tomo I, a cura di Paolo Squillacioti, Milano, Adelphi, 2014, pp. 1296-1297.

Nella *Scomparsa di Majorana* Sciascia sintetizza (a posteriori!) questa 'tesi' nelle due epigrafi che aprono il lavoro: quella di: «O nobili scienziati, io non posso rispondere ai vostri sforzi con qualcosa che sia più della morte!» (Brancati); e «Prediligeva Shakespeare e Pirandello.» (Amaldi).[13]

Di Majorana non si sa se sia scomparso, magari rifugiandosi in un convento (come con molti penserebbe, ma senza averne certezza, Sciascia), o se si sia suicidato in un viaggio per mare tra Palermo e Napoli nel marzo del 1938. Nell'un caso e nell'altro lo scrittore 'biografo' vede una intenzione e una minuziosa preparazione dello scienziato alla propria morte, vera o finta. E in ciascuna delle scelte vede il rifiuto del mito della scienza come capace di dare una risposta al mistero della vita. In positivo Sciascia, con un riferimento pirandelliano al personaggio di Vitangelo Moscarda (che in *Uno, nessuno e centomila* tenta di uscire dalle trappole), attribuisce al Majorana la «coscienza» di volere costruire di sé l'immagine di un nuovo Ulisse, che muore (o si ritiene che muoia) nell'acqua, e che soprattutto scomparendo entra nella «sfera dell'invisibilità», e cioè nel mito in cui non c'è né «vera» morte né «vera» vita.

Sciascia pone agli estremi di questo mito l'Ulisse di Dante, e il verso di un poeta innominato (ma che è l'Eliot della *Terra desolata*)[14] che dice: «**In una manciata di polvere ti mostrerò lo spavento**», aggiungendo che «questo spavento crediamo abbia visto Majorana in una manciata di atomi».[15] Il riferimento è allo spavento di Pascal di fronte agli spazi infiniti del cosmo di cui parlava (anche per conto del narratore in prima persona) don Gaetano in *Todo modo*, secondo il quale «lo spavento cosmico sarà nulla di fronte allo spavento che l'uomo avrà di se stesso e degli altri». Majorana vive da uomo «spaventato», e Sciascia identifica il suo terrore nel legame catastrofico che lo scienziato vedeva tra la manciata di polvere a cui nella morte si riduce tutto, uomo e natura, e la manciata di atomi a cui lavoravano gli scienziati per creare strumenti di morte che avrebbero potuto (potrebbero) sterminare la vita sulla terra. Ritorna dunque l'incombenza su tutto della vera morte, e lo scrittore sposta il discorso più avanti, oltre il destino del singolo uomo e dello stesso genio di Majorana, del quale dice:

Oscuramente sente in ogni cosa che **scopre, in ogni cosa che rivela, un avvicinarsi alla morte**; e che **"la" scoperta, la compiuta rivelazione che la natura**

---

13 *Opere 1971-1983*, cit., p. 207.

14 Sciascia aveva in un capitolo precedente (VII) citato Eliot insieme a Montale e Brancati: «Versi di Eliot o di Montale potrebbero aiutarci a definire il suo "spavento"; personaggi di Brancati a motivarlo psicologicamente.» (*ivi*, p. 248).

15 *Ivi*, p. 263. L'originale inglese del verso è questo: «I will show you fear in a handful of dust» (in traduzione letterale: «In una manciata di polvere vi mostrerò la paura»).

di un suo mistero gli assegna, sarà la morte. **È "tutt'uno" con la natura come una pianta**, come un'ape; ma a differenza di queste ha un margine, sia pure esiguo, di gioco; **un margine** in cui aggirarla e raggirarla, **in cui cercare** – anche se vanamente – **un valico, un punto di fuga**.[16]

Il soggetto sottinteso di «È "tutt'uno" con la natura» è Majorana, il quale qui rappresenta ogni uomo, l'uomo della vita in sé. E dunque il problema 'scientifico' centrale da affrontare era per Majorana quello di giuocare, ma certo senza speranza di vincerla, la partita mortale con il mistero della vita dell'uomo nella natura, nel mondo. Abbiamo già visto che la sua soluzione provvisoria era stata per lo scienziato quella di consegnarsi «in modo enigmatico» alla verità, o alla finzione, di una morte o di una vita entrambe vere o finte. A questo giuoco 'vano' («cercare – anche se vanamente») partecipa il narratore in prima persona, ma a suo modo, rifugiandosi nella poesia, e introducendo nell'ultimo capitolo del libro un tema di *fuga* consistente nel sogno, visto attraverso il capolavoro onirico di Shakespeare che è *La tempesta*:

La turpe cospirazione del bestiale Caliban contro la vita, mi è passata di mente. Una breve parola – *mia*, la mia vita – è volata via dalla battuta di Prospero: e così ce la ripetiamo andando dietro al padre certosino che guida la nostra visita a questo antico convento.

[...] Ma dal momento in cui siamo arrivati in questa specie di cittadella tra i boschi, ogni nostra ansietà e curiosità è caduta. La frase di Prospero batte nella memoria come tra nude pareti: *La turpe cospirazione del bestiale Caliban contro la vita, mi è passata di mente*. A momenti ne aggancia altre, dello stesso Prospero, nella stessa scena dell'atto IV de *La tempesta*, penultima opera di Shakespeare, ultima in un certo senso: *Questi nostri attori, come del resto avevo già detto, erano soltanto degli spiriti, e si sono dissolti nell'aria, nell'aria sottile.* ***E simili in tutto alla fabbrica senza fondamento di questa visione****, le torri incappucciate di nubi, gli splendidi palazzi, i sacri templi,* ***lo***

---

[16] *Ivi*, p. 227. In quest'ordine di idee è da tenere presente almeno questo altro passo del libro: «Un segreto fuori di loro – da colpire, da aprire, da svelare – per Fermi e il suo gruppo. E per Majorana era invece un segreto dentro di sé, al centro del suo essere; **un segreto la cui fuga sarebbe stata fuga dalla vita, fuga della vita**. Nel genio precoce – quale appunto era Majorana – la vita ha come una invalicabile misura: di tempo, di opera. Una misura come assegnata, come imprescrittibile. Appena toccata, nell'opera, una compiutezza, una perfezione; **appena svelato compiutamente un segreto**, appena data perfetta forma, e cioè rivelazione, a un mistero – nell'ordine della conoscenza o, per dirla approssimativamente, della bellezza: nella scienza o nella letteratura o nell'arte – **appena dopo è la morte**. E poiché è un "tutt'uno" con la natura, un "tutt'uno" con la vita, e natura e vita un "tutt'uno" con la mente, questo il genio precoce lo sa senza saperlo. Il fare è per lui intriso di questa premonizione, di questa paura. Gioca col tempo, col suo tempo, coi suoi anni, in inganni e ritardi. Tenta di dilatare la misura, di spostare il confine. **Tenta di sottrarsi all'opera, all'opera che conclusa conclude. Che conclude la sua vita.**», *ivi*, pp. 224-225.

stesso globo terrestre e tutto quel che vi si contiene, s'avvieranno al dissolvimento *e, al modo di quello spettacolo senza corpo che avete visto ora dissolversi, non lasceranno dietro a sé nemmeno uno strascico di nube.* ***Noi siamo fatti della stessa sostanza di cui sono fatti i sogni, circondata dal sonno è la nostra breve vita.*** Perché **queste visioni [...] ci dànno un senso di dissolvimento e di irrealtà, come di un sogno quando si sa di sognare.** Ma forse il richiamo dell'una battuta all'altra ha più a che fare con il senso del nostro viaggio, della nostra visita: quando **qualcuno qui, in questo convento, si è forse salvato dal tradire la vita tradendo la cospirazione contro la vita**; ma la cospirazione non si è spenta per quella defezione, **il dissolvimento continua, l'uomo sempre più si disgrega e svanisce in quella stessa sostanza di cui sono fatti i sogni. E non è già un sogno di quel che l'uomo "era" l'ombra rimasta come stampata su qualche brandello di muro, a Hiroshima**?[17]

Majorana si è forse salvato perché, invece di tradire la vita, ha tradito la cospirazione contro la vita, che però continua. Gli effetti di questa cospirazione di morte si sono visti nella distruzione di Hiroshima, in cui l'ombra di un uomo vissuto e morto (grazie alla scienza alleata della morte) resta stampata su un «brandello di muro» (immagine recuperata dalla memoria di un poeta, Ungaretti, che aveva vissuto l'esperienza tragica della prima guerra mondiale). La visione del nulla shakespeariano delle cose si salda con quella reale della traccia dell'ombra di quello che era stato un uomo. E lo scrittore lascia in sospeso la sua domanda, la sua speranza, che qualcosa dell'uomo di cui resta l'ombra possa restare, in quella stessa ombra, come «**sospesa in un sogno**» (nell'*Antimonio* aveva scritto «ci sono momenti in cui vorresti la morte fosse come il sonno, e che qualcosa di te restasse sospesa in un sogno»).

La visita al convento in cui qualcuno ha sospettato si fosse rifugiato il Majorana porta alla memoria del narratore il verso del poeta Moreno Villa «Assurdo e mistero in tutto, Giacinta». Egli si sente già dentro un «"razionale" mistero di essenze e rispondenze [...] appena visibili, appena dicibili», e questo perché tra l'irrealtà delle cose e della vita e la dura realtà della morte si è incuneato il sogno, che forse è sogno della vita e insieme della morte. Certamente egli, fra le spoglie tombe dei certosini, vive «una esperienza di rivelazione, una esperienza metafisica, una esperienza mistica».[18] Non ha più bisogno di fare e di farsi domande:

Una inviolabile pace è tra quelle croci nere. Ci sentiamo in pace anche noi.

---

[17] *Ivi*, pp. 266-267.

[18] *Ivi*, p. 269. La prossima citazione è dalla p. 270.

Capitolo decimo

CANDIDO. DALL'AMORE AL SOGNO IN SICILIA DENTRO IL SOGNO DI PARIGI

Ritto sto fra il muggito
Di una proda percossa e ribollente
E trattengo nella mano
Grani di sabbia d'oro –
Quanto sono pochi e quanto strisciano
Tra le dita e si sprofondano –
Mentre io piango piango piango!
Dio, non posso tenerli
Con una presa più forte?
Dio, non posso salvarne
Uno dall'onda impietosa?
Tutto che siamo o sembriamo
Non è che sogno dentro un sogno?

E.A. Poe, *Un sogno dentro un sogno*

Già citato dal don Gaetano di *Todo modo* come un libro da non potersi riscrivere, il *Candide ou l'optimisme* (1759) di Voltaire è il testo a cui Sciascia si rifà esplicitamente con il suo *Candido ovvero un sogno fatto in Sicilia* (1977). La genesi del romanzo va collocata nell'ambito delle riflessioni che avevano trovato il loro punto più alto di espressione, filosofica ed esistenziale, proprio in *Todo modo*, in cui era entrato anche Pascal con la sua religiosità e il suo spavento cosmico. Sciascia ora sembra tornare indietro, ma non certo per sposare le tesi dell'ottimismo di Pangloss, crudelmente deriso da Voltaire, che mirava a demolire l'utopia leibniziana del nostro come il migliore dei mondi possibili. Lo scrittore chiarisce nella nota finale che nella sua 'riscrittura' del *Candide* avrebbe voluto ritrovare soprattutto la «velocità e leggerezza» di quel capolavoro. E fa ciò temperando la pungente ironia voltairiana con la leggerezza e la grazia che egli apprezzava in *Un rêve fait à Mantoue* (1967; in italiano: *Un sogno fatto a Mantova*, Palermo, Sellerio, 1979), un racconto del poeta, narratore e saggista francese Yves Bonnefoy, inserito in una raccolta di appunti di viaggio, meditazioni sull'arte, stravaganze.[1] Ovviamente, nel corso del libro i due scrittori francesi vengono citati entrambi, il filosofo dal narratore e da don Antonio, mentre il nome di Bonnefoy è fatto a Candido da Francesca, la sua compagna, che ne stava traducendo il libro. Entrambi i giovani ignorano forse Voltaire, ma sono concordi nell'apprezzare il racconto sul sogno di Bonnefoy:

> Bonnefoy piaceva a tutti e due, quasi l'amavano. *Un sogno fatto a Mantova*. Una sera, che erano vicini a partire per Parigi e **si sentivano come presi in un sogno, come dentro un sogno**, Candido disse – Sai che cos'è la nostra vita, la tua e la mia? **Un sogno fatto in Sicilia. Forse siamo ancora lì, e stiamo sognando**.[2]

Quanto al sogno nel *Candide* va detto che il personggaggio voltairiano, con l'eccezione di qualche piccolo sogno piacevole, «**considerava sogno funesto l'intera sua vita**» (cap. VII: «Candide croyait **rêver**, et regardait toute sa vie comme un **songe funeste**»), mentre Martino, il suo maestro di pessimismo, gli consiglia (cap. XXI) di pensarla come lui, e cioè di non credere a «tutti quanti i sogni che ci vengono spacciati da qualche tempo in qua».

1. Il sogno dell'amore e della verità 'semplice' del corpo

Sui rapporti del *Candido* con il *pamphlet* di Voltaire annoto incidentalmente, sul piano formale, che una qualche 'imitazione' dei procedimenti voltairiani si potrebbe vedere nell'intitolazione sommario dei capitoli che Sciascia comincia sempre con il complemento di argomento (costantemente preceduto dalla preposizione *Di*, *Del*, *Della*, *Di come*...), mentre in Voltaire c'è una maggiore varietà (e sono in minoranza gli *incipit* con *Du* o *Comment*). Sui contenuti va segnalata la trascrizione precisa, tra virgolette, del passo in cui Candide raccoglie il fazzoletto lasciato cadere da Cunegonda, e poi i due si baciano:

> Tirò dalla tasca della vestaglia un fazzoletto e lievemente se lo passò sulle labbra, sulle palpebre. Le sfuggì di mano; o se lo lasciò sfuggire. Planò sul tappeto. "Candide lo raccolse. Lei gli prese innocentemente la mano, Candide innocentemente baciò la mano di lei con una vivacità, una sensibilità e una grazia particolarissime; le bocche si incontrarono, gli occhi si accesero, le ginocchia tremarono, le mani si smarrirono."[3]

---

[1] Il testo originale si può ora leggere in Yves Bonnefoy, *L'improbable, suivi de Un rêve fait à Mantoue*, Mercure de France, Paris 1992, pp. 199-205.

[2] *Opere 1971-1983*, cit., p. 450.

[3] *Ivi*, p. 404. Sciascia trascrive e 'riscrive' tra virgolette il passo dell'originale (tra l'altro, mantenendo il francese nel nome e con qualche 'ammodernamento': «si accesero» per «fiam-

Molto più fortunato del giovane francese (cacciato a calci dal castello in cui si trovava), quello siciliano di Sciascia dopo il bacio, e nei giorni e mesi seguenti, vive l'esperienza di «un lungo, pieno e quieto godimento [...] condiviso da Paola». In realtà, una maturazione decisiva del Candido sciasciano avviene nel suo passaggio dalla politica (di cui discuteva con don Antonio) all'eros, propiziato da un incontro e da un contatto fisico notturni e casuali con una ragazza nel treno per Lourdes, la quale gli aveva fatto provare la risposta dell'amore all'amore:

[...] nel treno per Lourdes aveva provato che l'amore risponde all'amore. E poiché **quella esperienza la sentiva sfuggire come un sogno**, diventare ogni giorno più imprecisa, più vaga, voleva ripeterla, **non aveva altro pensiero che ripeterla, fermarla, confermarla; e completarla**.[4]

L'esperienza del bacio e del fuggevole contatto fisico con l'infermiera del treno degli ammalati viene dal narratore ricondotta alla bellezza e dolcezza di un'esperienza onirica che tende a svanire. E Candido si adopera di portare quel sogno dell'amore dentro la sua vita, dentro il sogno della vita. Con il proposito di riattingere la gioia dell'amore appena intravisto egli sceglie di amare la giovane cameriera del nonno Paola. Questa poi lo lascia:

Si erano incontrati nella verità dei loro corpi, in quella gioiosa verità erano stati assieme. Poi, forse, il corpo di Paola aveva ceduto all'anima. All'anima immortale, all'anima sentimentale, all'anima bella: ed ecco che **la gioiosa verità del corpo le si era appannata**, le si era stravolta; era diventata un bene inferiore. La tentazione, la menzogna: come nel libro del Genesi. Solo che la tentazione era stata l'anima: l'immortale o la sentimentale o la bella. **È l'anima che mente, non il corpo**. "Il nostro corpo è il buon cane che guida il cieco". E su questo pensiero, che gli era venuto netto e soccorrevole tra i suoi fusi e confusi, così come sempre netti e soccorrevoli sono i pensieri già da altri pensati, in certi momenti in cui i nostri vacillano, Candido di nuovo stramazzò nel sonno.[5]

Il personaggio di Candido è stato creato da Sciascia per dare forma 'oggettiva', e non certo per risolverli, ad aspetti problematici della sua cultura e della sua visione del mondo, come erano quelli relativi alla verità o alle

---

meggiarono» e «smarrirono» per «sviarono»), partendo dalla traduzione di Riccardo Bacchelli, pubblicata come volume cinquantesimo, e ultimo, nella «Biblioteca Romantica diretta da G.A. Borgese» (citato nel capitolo *Borgese* di *Cruciverba*: *Opere 1971-1983*, cit., p. 1170). Questa traduzione è stata più volte ristampata da Mondadori, e venne anche ripubblicata «con una nota di Leonardo Sciascia»: Torino, Einaudi, 1983.

4 *Ivi*, p. 401.

5 *Ivi*, p. 431.

tante verità della vita anche nel rapporto con la verità o la finzione del sogno e della letteratura. Non bisogna sottovalutare il fatto che la storia 'semplice' dell'amore di Candido e Paola è racchiusa tra due pilastri letterari: quello voltairiano del fazzoletto caduto e del bacio e l'altro del furto che Paola fa in casa di Candido, ma dimenticando di rubare anche i candelabri, che il giovane vorrebbe poi farle avere, ripetendo un luogo dei *Miserabili* di Hugo, e suscitando un malinconico pensiero di don Antonio: «**Crediamo di vivere, di esser veri, e non siamo che la proiezione, l'ombra delle cose già scritte**».[6] E di queste parole va rilevato che *ombra* ci riporta per associazione a quello che Sciascia ha scritto più volte sulla vita come sogno e come ombra di sogno, richiamandosi esplicitamente a Calderón e a Shakespeare.

I lettori hanno tutti notato nel *Candido*, rispetto alla generalità degli altri romanzi, l'eccezione costituita dalla conclusione, sigillata dalla parola «felice». Il lieto fine del romanzo impone la necessità di tentare di spiegare il perché di questa singolarità.

La risposta, dal punto di vista di Candido, è veramente 'semplice': egli è felice perché crede di essere riuscito a comprendere e superare le contraddizioni e le assurdità della vita e della storia confidando nella sua 'scoperta' della verità semplice dell'amore e del corpo.[7] Candido, sottraendo al vecchio nonno la giovane Paola, aveva fatto una diretta e gioiosa esperienza della «semplicità dell'amore, paradiso terrestre senza divieti divini e tentazioni diaboliche».[8] Il dolore che prova quando lei lo lascia all'improvviso e di nascosto non cancella la gioia della scoperta dell'amore e della centralità del corpo nella sua vita.

Guardando all'evoluzione del mondo narrativo di Sciascia, si potrebbe affermare che mentre con il Laurana di *A ciascuno il suo* egli ci ha dato il ritratto complesso di un personaggio freudiano inibito e represso, e quindi chiuso in una vicenda di appagamento fantasmatico di desiderio, con il personaggio di Candido ha costruito (magari in dissenso da Freud) il mito di un fanciullo senza padre né madre, e quindi senza sensi di colpa e completamente dominato dal principio di piacere.[9] Comunista ingenuo, Candido

---

6 *Ivi*, p. 429.

7 «[...] **chi sa quante di queste contraddizioni, incongruenze e assurdità ci sono nel mondo** – si dicevano Candido e Francesca – **che ci sfuggono**, che non vediamo, che vogliamo lasciarci sfuggire e non vedere. Ché **a vederle, le cose si semplificano** [...].», *ivi*, p. 445.

8 *Ivi*, p. 402.

9 «Nato nella notte dello sbarco alleato in Sicilia, Candido è l'involontario *enfant terrible* e il *puer aeternus* che, col suo vitalismo innocente e privo di malizia, passa indenne attraverso tutte le prove e disavventure della vita, provocando terremoti familiari e reazioni di sconcerto

nei rapporti col mondo, con i parenti, con i compagni dimostra sempre di essere lontano dalla realtà concreta degli uomini e della società in cui vive.

2. Narratore e personaggio

Il romanzo sciasciano è raccontato in terza persona da un narratore onnisciente, che riesce a entrare dentro tutti i personaggi, dai più marginali ai due principali che sono Candido e don Antonio Lepanto (il prete comunista che fa da insegnante al ragazzo e che poi si spreta). Di Candido piccolo ancora all'asilo il narratore descrive i pensieri, i sentimenti, le curiosità, i giudizi sugli altri. Di don Antonio sappiamo quello che pensa sulla politica, sulla religione, sulla psicanalisi e il marxismo, sulle persone e sulla propria storia attraverso i dialoghi con Candido, e poi dalle lettere che scrive al discepolo lontano. Ma lo scrittore ci rappresenta letteralmente più volte il pensiero del prete, e la stessa cosa fa con personaggi del paese e del partito.

Sciascia tende in genere a disseminare frammenti della complessità del suo pensiero e della sua cultura tra tutti i suoi personaggi. E questo nel *Candido* avviene con una particolare concentrazione del suo punto di vista sulle figure dei due attori principali. Un procedimento retorico tipico delle contraddizioni interne al pensiero sciasciano è quello che potremmo definire l'antitesi (condensata nel pensiero di don Antonio: «Dio mio, pensò don Antonio, come sono false le cose vere!»), per cui un'affermazione viene immediatamente contraddetta da un'altra ugualmente sostenibile. E questo è un metodo tipico di un certo atteggiamento di base che, soprattutto nelle opere precedenti, portava Sciascia a esprimere visioni, punti di vista, valutazioni diverse su uno stesso tema o argomento. Qui il tema di fondo è ancora quello della verità: una verità che appare come una somma non semplice di tante verità. Il «contraddisse e si contraddisse» che Sciascia diceva di sé stesso nel *Candido* è spostato soprattutto su don Antonio, sui suoi conflitti tra religione e politica, e ad esempio sulle tante verità che dovrebbero stare assieme per un comunista e per un cattolico. E a lui Candido risponde:

> **E se l'insieme di tante verità fosse una grande menzogna? È una domanda semplice che potrebbe trovare una risposta semplice.**[10]

---

nella societa con il suo disarmante candore, spesso scambiato per imbecillità, o peggio, per la cattiveria di un piccolo "mostro"»: Luigi Capitanio, *Candido, ovvero il sogno della semplice verità*, in «Bollettino della Società Filosofica Italiana», n. 214, gennaio/aprile 2015, pp. 43-54: 43.

[10] *Opere 1971-1983*, cit., p. 450. p. 453.

Qui la parola chiave del mondo interiore e dell'esistenza concreta di Candido è *semplice.* Lo scrittore gira spesso intorno al suo bisogno di semplificare le cose e alla sua convinzione che i fatti siano sempre chiari, univoci, veri nella loro evenienza materiale, dando spesso al lettore l'impressione che egli condivida questo processo di semplificazione.[11] A fronte di questo pensiero semplificatore delle cose, dei sentimenti e dei fatti, il narratore ha da fare i conti con la complessità (sua? e) di don Antonio, che crede di trovarsi, ancor prima di spretarsi, dentro la verità per il fatto che egli comprende la possibilità, diciamo così, di una doppia verità delle cose e della storia. C'è un momento in cui anche don Antonio, ridottosi allo stato laicale, ritiene di essere quasi dentro la verità semplice della vita:

Mi sento talmente nella verità, in ogni cosa, in ogni pensiero, che **a momenti mi pare di aver valicato la soglia del segreto**, del mistero: **e cioè** che non c'è segreto, non c'è mistero; **che tutto è semplice, dentro e fuori di noi.**[12]

Ma la diversità dell'atteggiamento dei due, ad esempio verso la politica, affiora subito nei loro discorsi sul comunismo, che Candido giudica una cosa pacifica e semplice, mentre don Antonio la vede come molto complicata:

Per Candido l'essere comunista era un fatto semplice come l'aver sete e voler bere; e non gli importava poi molto dei testi. **Per don Antonio era una faccenda molto complicata**, molto sottile, tutta puntualizzata in un apparato di richiami ai testi, di chiose. Certe affermazioni che gli sfuggivano, Candido non sapeva poi ben spiegarle anche a se stesso; e ancor meno era capace di farne dimostrazione, come di teoremi, a don Antonio. Sicché gli capitava, appena gli pareva che don Antonio non fosse d'accordo e lo sollecitasse alla dimostrazione, di richiudersi come già battuto anche se battuto non si sentiva. Una volta che gli avvenne di affermare che, di fronte a Lenin e Marx, Victor Hugo e Zola, e anche Gorki, *erano meglio*, allo stupore quasi irritato di don Antonio – **Che vuol dire *sono meglio*?** In che senso *sono meglio*? – Candido, pur nella chiarezza di quel che sentiva, stentatamente, faticosamente, riuscì a dire che erano meglio perché parlavano di cose che ci sono ancora, mentre Marx e Lenin era come se parlassero di cose che non ci sono più. – **Quelli parlano delle cose che c'erano, ed è come se parlassero delle cose che sono venute dopo. Marx e Lenin parlano delle cose che sarebbero venute, ed è come se parlassero delle cose che non ci sono più** –.[13]

---

[11] In realtà per Sciascia nessun fatto è semplice. Cito solo un passaggio dalla conclusione degli *Atti relativi alla morte di Raymond Roussel*: «I fatti della vita sempre diventano più complessi ed oscuri, più ambigui ed equivoci, cioè quali *veramente* sono, quando li si scrive – cioè quando da "atti relativi" diventano, per così dire, "atti assoluti".», in *Opere 1956-1971*, cit., p. 1249.

[12] *Ivi*, p. 402.

[13] *Ivi*, p. 407.

Osservazioni analoghe sulle contraddizioni interne alla complessità dei fatti storico-culturali e della politica si potrebbero fare anche su tutto il corredo di riferimenti colti presenti nel libro, e che sono gli stessi con i quali si è confrontato nella sua formazione proprio il narratore onnisciente Sciascia. Si pensi per un attimo a Freud, che qui viene esplicitamente citato fra gli interessi di don Antonio, il quale aveva scritto un trattato di psicanalisi che era ancora giacente in vescovado in attesa del nulla osta per la stampa. Candido viene affidato al prete, il quale avrebbe dovuto tentare in qualche modo di capire, 'addomesticare' e istruire un ragazzo 'difficile' e singolare definito dalla madre «un piccolo mostro». Ma egli si accorge presto dell'inutilità dell'approccio freudiano nella comprensione del mondo di Candido, e rinunzia a ogni intenzione pedagogica, dialogando alla pari con il giovane, il quale a sua volta diventa portatore di punti di vista e di conoscenze che gli presta lo scrittore in prima (e narratore in terza) persona.

3. Stendhal lettore del *Candide*. Candido *mostro* e Henry Brulard *monstre*

Sciascia nel libro cita due volte il nome di Voltaire,[14] e una volta lo mette in bocca come autore del *Dizionario* a don Antonio, il quale fa anche il nome dello Stendhal di *De l'amour*. Egli cita ancora Stendhal a proposito degli impulsi erotici infantili di Candido, il quale, alla fine del romanzo, di fronte alla statua di Voltaire, e a don Antonio, che gli dice «– Questo è il nostro padre [...] questo è il nostro vero padre.», risponde, anche se con leggerezza, rifiutando quella paternità ideale: «– Non ricominciamo coi padri – disse. Si sentiva figlio della fortuna; e felice».[15]

Va qui ricordato che, se Voltaire non è un autore citato o riconosciuto come padre da Candido, il filosofo è spesso citato da Stendhal che, nelle vesti del suo doppio autobiografico della *Vie d'Henry Brulard*, segna una sua distanza «dal fondo di malvagità che c'è in *Zadig*, *Candide*, *Le pauvre diable* e altre opere di Voltaire».[16] Brulard-Stendhal si pone nettamente in

---

14 La prima a proposito del nome casuale di Francesco Maria del padre di Candido, uguale al nome vero (Francesco Maria Arouet) di Voltaire, e la seconda designando la statua parigina del filosofo che incontrano don Antonio e Candido nella loro passeggiata notturna.

15 *Ivi*, p. 460.

16 Stendhal, *Vita di Henry Brulard. Ricordi d'egotismo*, a cura di Giuliano Pirotta, prefazione di Giovanni Macchia, Milano, Adelphi, 2021, p. 253. Sciascia probabilmente ha letto il libro la prima volta nella traduzione *Vita di Henri Brulard*, di Henri Beyle (Stendhal), a cura di Ugo Dettore, Milano, Bompiani, 1939.

opposizione allo stesso autore del *Candide*, affermando di nutrire «odio per la puerilità di Voltaire e della sua scuola»,[17] di disprezzare «sinceramente e sovranamente il talento di Voltaire»,[18] di avere «una specie d'orrore per Voltaire»[19] e per la sua «puerilità enfatica»[20] (sulla quale insiste polemicamente tante altre volte), oltre che per la «leziosaggine» delle sue lettere e per i «suoi piccoli arzigogoli».[21]

In sintesi, Voltaire offre con il suo *Candide* a Sciascia il canovaccio di un personaggio e un modello di genere. Ma è soprattutto lo Stendhal della *Vie d'Henry Brulard* a fornirgli spunti e suggestioni,[22] ad esempio nell'analogia tra l'ideologia del *bonheur* di Henry e la ricerca della felicità di Candido. Si può dire però che rispetto all''autoritratto' di Stendhal bambino che odiava il padre e voleva baciare la madre nuda, Candido è una figura freudiana assai semplificata. Tuttavia, una citazione esplicita del romanzo stendhaliano viene dichiarata dallo stesso Sciascia quando, con un riferimento puntuale che mi pare sia sfuggito ai critici, prima che la madre lasci il figlio per andarsene in America, ci descrive il bambino Candido come ansioso di vedere la madre nuda:

> A Candido quella donna, e cioè sua madre, piaceva. Gli pareva somigliasse a quella delle nude del soffitto che lui preferiva. E **gli sarebbe piaciuto (Stendhal!) che tra lei e lui**, quando se lo tirava in braccio e lo stringeva, **i vestiti non ci fossero**. Ma in quanto ad andare in America con lei, era tutt'altro discorso. Voleva restare con Concetta, e nella casa dai bei soffitti dipinti. I suoi pianti, e poi una sua fuga disperata (lo trovarono che vagava, affamato e lacero, nella campagna), convinsero sua madre a lasciarlo. Decisione, bisogna dire, che fu di sollievo anche per lei. Ma lasciandolo, al momento che Candido freddamente ricambiò i suoi baci, lei sussurrò a suo padre «**È un piccolo mostro**». Pensiero che per sua parte il generale già nutriva.[23]

---

17 *Vita di Henry Brulard. Ricordi d'egotismo*, cit., p. 473.

18 *Ivi*, p. 357.

19 *Ivi*, p. 476.

20 *Ivi*, p. 359.

21 *Ivi*, p. 581.

22 E ciò anche prima del *Candido*, se egli in un articolo poi confluito in *Ore di Spagna* cita, a proposito della guerra civile spagnola, un passo del romanzo stendhaliano in cui ricorre il nome di Amar, e si ricorda allora di avere usato questo nome, inconsapevolmente, nel *Contesto* (1971): «(Mi sia permessa una divagazione: sto scoprendo in questo momento da dove viene, nel mio racconto che s'intitola *Il contesto*, il nome Amar al personaggio del segretario dell'immaginario – ma non troppo – Partito Rivoluzionario Internazionale. Grande mistero, quello della memoria: ma, come la follia di Amleto, non privo di metodo).», in *Opere*, II, *Inquisizioni. Memorie. Saggi*, tomo II, cit., p. 895.

23 *Opere 1971-1983*, cit., p. 369.

Qui il rinvio sottinteso è a un luogo del terzo capitolo della *Vita di Henry Brulard*:

Volevo coprire mia madre di baci e che non ci fossero vestiti. Ella mi amava appassionatamente e mi baciava spesso, io le rendevo i suoi baci con un tale ardore che spesso era costretta ad andarsene. **Detestavo mio padre quando veniva a interrompere i nostri baci**. Volevo sempre darglieli sul petto. Si abbia la bontà di ricordare che la persi per un parto quando avevo appena sette anni.[24]

Inutile mi sembrerebbe il tentativo di abbozzare un ritratto contrastivo del personaggio sciasciano sia con il Candido voltairiano sia con l'Henry stendhaliano. La descrizione e la caratterizzazione psicologica del Candido siciliano sono nel libro affidate soprattutto alle parole e ai pensieri di don Antonio, il quale deve concludere che la sua conoscenza della psicanalisi non è la strada giusta per arrivare a capire un ragazzo che (come già per la madre) anche per lui è un mostro:

Che fosse un piccolo mostro, ad un certo punto se ne convinse anche l'arciprete. Reciprocamente analizzandosi, nulla aveva scoperto l'arciprete che valesse per una diagnosi e per una conseguente terapia; mentre **Candido aveva scoperto che l'arciprete aveva una specie di idea fissa**, piuttosto complicata ma approssimativamente riducibile a questi termini: **che tutti i bambini uccidono il loro padre, e qualcuno, qualche volta, anche il Padre Nostro che è nei Cieli; solo che non è una uccisione vera e propria**, ma come un gioco in cui al posto delle cose ci sono i nomi e al posto dei fatti le intenzioni; un gioco, insomma, come la messa. Che l'arciprete pensasse questo di tutti i bambini, a Candido dispiaceva più per l'arciprete stesso che per i bambini. Che poi lo pensasse di lui, gli parve bisognasse disingannarlo: e pazientemente. In tutti i modi gli fece capire, e a volte glielo disse chiaramente, che sì, poteva darsi che tutti i bambini uccidessero il padre e il Padre Nostro che è nei Cieli: **ma lui, Candido, sicuramente no; non aveva ucciso suo padre e nulla sapeva, né voleva sapere, di quell'altro Padre**.[25]

Candido dunque è un mostro per la madre che, andandosene in America col nuovo marito, lo lascia al proprio padre, e per don Antonio che lo ha in 'cura'. La madre si ricorderà di questa definizione anche alla fine della 'storia' quando incontrerà per caso il figlio a Parigi:

Abbracciandolo ancora una volta **sua madre pensò: "è un mostro"**; ma tra le lacrime disse – In America c'è tutto: ti aspetto.[26]

---

24 *Vita di Henry Brulard. Ricordi d'egotismo*, cit., p. 55.

25 *Opere 1971-1983*, cit., pp. 376-377.

26 *Ivi*, p. 459.

Candido si rivela un mostro per il nonno:

Il solo legame, anzi, che sentisse di avere, era appunto col gatto di casa: un bel gatto grigio che aveva la stessa sua età e quindi, essendo gatto, l'età di suo nonno. E infatti, dal momento che apprese della misura di vita dei gatti, così lo chiamava: nonno. Cosa che il generale, quando casualmente ne seppe, prese in malaparte tanto da scriverne alla figlia. **"Chiama nonno il gatto", le scrisse. E la figlia, scherzando: "Te l'ho detto: è un piccolo mostro"**.[27]

E sarà un mostro anche per la governante Concetta che lo accudisce in casa del nonno:

Ma, pur non sapendo Concetta di questa immagine, verso i dieci anni **Candido cominciò a rivelarsi come mostro anche a lei così come a cinque si era rivelato a sua madre e a suo nonno**. Un **mostro** cui, dal punto di vista di Concetta, **si doveva più amore che se fosse stato come tutti gli altri bambini**. Candido non aveva alcun culto per il padre morto, non domandava notizie della madre viva, non era affezionato al nonno e se ne infischiava anche di lei. Per di più, diceva cose che la facevano rabbrividire; e le diceva in un modo che aveva del diabolico: ridendo stridulo e adattandovi musica. E così una volta le disse "Tu non me lo vuoi dire, ma lo so che ho ammazzato mio padre". E girò via di corsa, proprio come un diavolo: ché secondo Concetta i diavoli sempre come puledri correvano, parlavano in musica e ridevano come affilassero coltelli.[28]

Candido infine è un mostro anche per i parenti che vogliono impadronirsi dei suoi averi, e che alla fine riusciranno, con la sua piena collaborazione, a farlo interdire e a entrare in possesso delle sue terre:

E avevano anche tentato, e tentavano, di attirare Candido nell'orbita di un affetto che **fingevano intenso e sofferente: solo che Candido, mostro anche per loro, non se ne dava inteso, da mostro che era**. Ma il generale ugualmente temeva l'alleanza di Candido coi parenti del versante paterno: il che dava a Candido un potere sul generale.[29]

Il punto stendhaliano da segnalare è che in questo Candido mostro di Sciascia è da ravvisare una precisa reminiscenza della qualifica di *monstre* che davano parenti ed estranei a Henry; ad esempio la zia:

---

[27] *Ivi*, p. 376.

[28] *Ivi*, p. 373.

[29] *Ivi*, pp. 383-384.

Mia zia Séraphie dichiarò che **ero un mostro** e che avevo un carattere atroce. (Ma tante Séraphie déclara que **j'étais un monstre** et que j'avais un caractère atroce.)[30]

I medici:

I miei medici, quando sono stato malato, hanno sempre preso gusto a curarmi come se fossi un **mostro**, a causa dell'eccessiva irritabilità nervosa.

Gli estranei:

Mi prendevano per un Don Giovanni (vedi Mozart e Molière), per un **mostro** di seduzione e di spirito diabolico.

Una differenza fondamentale tra i due mostri sta nel fatto che il Brulard si definisce *mostro* molto spesso da sé:

Non odiavo più Séraphie, la dimenticavo; quanto a mio padre, desideravo una cosa sola: non stare con lui. Osservai, con rimorso, che non avevo per lui nemmeno un briciolo di tenerezza o d'affetto. **Dunque sono un mostro, mi dicevo**.

E ancora:

In fondo, io sorprendevo o scandalizzavo tutte le mie conoscenze. **Ero un mostro** o un dio. Ancor oggi, nell'ambiente di Mlle Clarke **tutti credono fermamente che io sia un mostro**: un **mostro** d'immoralità soprattutto. Il lettore sa come stanno le cose, ero andato una volta sola a donne, e forse ci si ricorda dei miei successi con quella ragazza di celestiale bellezza, Alexandrine.

Ovviamente, il definirsi da sé è naturale per il sé-personaggio di Stendhal e pressoché impossibile per il Candido sciasciano che è personaggio di un racconto in terza persona.

4. Il sogno dei morti per Concetta, per Candido e per Sciascia

Candido sin dalla prima infanzia aveva una sua capacità di isolarsi e vivere in un suo mondo, senza alcun complesso, a partire da quello edipico. Egli infatti non provava affetto né per il padre (di cui aveva provocato il suicidio) né per la madre che lo aveva lasciato («Si può addirittura dire che ci

---

30 *Vita di Henry Brulard. Ricordi d'egotismo*, cit., p. 50 (cap. III). Le successive citazioni dalle pagine 595, 622, 301, 574.

pensava senz'alcun sentimento»). In termini psicologici Candido è un tipo *sui generis* non assimilabile a nessuna delle fenomenologie psichiche studiate dalla psicanalisi. È sorprendente come il narratore Sciascia entri dentro la sua psiche, sino a trascriverne la serie dei pensieri che gli affollavano la mente in relazione, ad esempio, alle messe che Concetta, la governante del nonno, fa celebrare in memoria del padre. Sciascia non dimentica che i siciliani sognano i morti, e quindi può sapere che alla governante Concetta l'avvocato è apparso in sogno, anche per ringraziarla del mutato giudizio sulla moglie, oltre che per chiedergli le messe:

> Di questo mutato sentimento, **l'avvocato venne a ringraziarla apparendole in sogno**; e le chiese, con l'occasione, di fargli cantare qualche messa poiché, disse, là dove stava lo davano e lo lasciavano come dimenticato.[31]

Partecipando a una serie di messe per il morto, il piccolo Candido, per conto del suo autore, riflette sulla condizione dei morti nel ricordo e nei sogni dei vivi:

> E proprio durante una di queste messe, a Candido avvenne di scoprire, un pensiero dietro l'altro, che la morte è terribile non per il non esserci più ma, al contrario, per l'esserci ancora e in balìa dei mutevoli ricordi, dei mutevoli sentimenti, dei mutevoli pensieri di coloro che restavano: così come suo padre nei ricordi, nei sentimenti e nei pensieri di Concetta. **Doveva essere una fatica, per il morto, aggirarsi ancora in quello che i vivi ricordavano, sentivano e pensavano; e persino in quello che sognavano**. Nella immaginazione di Candido, era come una specie di violento richiamo, un fischio cui corrispondeva una corsa, un bolso e ansante arrivare. Quella che Concetta chiamava l'altra vita, era propriamente una vita da cani.[32]

In termini di racconto realista questa consapevolezza della condizione dei morti in balia del ricordo dei vivi non potrebbe avere spazio; ma qui siamo in un terreno che non è certo quello della 'imitazione' di un capolavoro della letteratura europea, ma l'altro di una riscrittura del proprio mondo, della concezione della propria vita e del proprio rapporto con i morti e con il sogno dei morti. Ce lo rivela lo stesso Sciascia nella più volte citata intervista, quando osserva di non volere pensare agli amici morti:

> **Io non penso agli amici morti, anzi cerco di non pensarci. E uno di essi mi è venuto in sogno proprio il giorno in cui era morto. Lo riconosco: quel sogno mi ha molto turbato**.[33]

---

31 *Opere 1971-1983*, cit., p. 372.

32 *Ibid.*

33 F. Pansa, *Viaggio intorno ai sogni*, cit., p. 123.

E quanto ai parenti morti egli dice di sognarli vivi:

> **Tutti i morti affiorano nei miei sogni, ma come se fossero ancora vivi. Anche mio padre: d'altro canto credo che esiste un rapporto preciso tra il sogno, la paura, il morto che ritorna.**[34]

5. Il sogno della Sicilia dentro il sogno di Parigi per Candido (e per Sciascia)

Sciascia nel *Sogno siciliano di Stendhal* (uno dei suoi molti scritti stendhaliani) analizza finemente il vagheggiamento che il francese fece lungamente di un viaggio in Sicilia, poi mai realizzato. Il *Candido* è un sogno fatto in Sicilia dal personaggio e dal suo autore, il quale ha dichiarato di sognare di tornare in Sicilia quando ne era lontano.[35] Il sogno-desiderio di Candido non è quello voltairiano di dedicarsi a coltivare il proprio giardino,[36] ma è quello di partire dalla Sicilia, e lo fa, lasciate le terre ai parenti,[37] per viaggiare, appagato dell'amore con la cugina Francesca, e per mantenersi con il proprio lavoro:

> **Ma il bello del loro viaggiare era nell'amarsi**, nel fare all'amore: come se l'essenza dei luoghi ridiventasse nei loro corpi fantasia; come se fantasia di quei luoghi, o memoria, fossero i loro corpi stessi.[38]

Da Torino, nel momento in cui decidono di trasferirsi a Parigi, entrambi credono di vivere come presi in un sogno e la sua, la loro vita gli appare come un sogno fatto in Sicilia:

> Una sera, che erano vicini a partire per Parigi e **si sentivano come presi in un sogno, come dentro un sogno**, Candido disse – Sai che cos'è la nostra vita, la tua e la mia? **Un sogno fatto in Sicilia. Forse siamo ancora lì, e stiamo sognando.**[39]

---

34 *Ivi*, p. 126.

35 «**In realtà preferirei non sognare perché finisco nell'horror vacui in cui non è comodo stare né da sveglio, né da addormentato. Un sogno bello? Forse mi capita quando sono lontano dalla Sicilia e sogno di tornare a casa**.», *ivi*, pp. 125-126.

36 Sciascia dedica un capitolo, ma senza citare il *Candide*, al fallimento dell'utopia 'contadina' (*Del tentativo che l'ex arciprete fece di dedicarsi a coltivare il proprio orto e Candido le proprie terre; e delle delusioni che ne ebbero*).

37 «Ci si era appassionato, ci aveva lavorato: ma senza alcun senso della proprietà, del possesso; come se il coltivare al meglio la terra, il renderla più produttiva, più ordinata, più netta, appartenesse alla giustezza del vivere e niente avesse a che fare col reddito, col denaro. Qualcosa che somigliava all'amore.», *Opere 1971-1983*, cit. p. 434.

38 *Ivi*, p. 444.

39 *Ivi*, p. 450.

Il loro desiderio e il loro sogno trovano l'approvazione esplicita di don Antonio:

Don Antonio approvò il loro trasferimento a Parigi. **Approvava quasi tutto che nascesse da inquietudine o che fosse tentativo di realizzare quel che si vuole o si sogna.** E lo approvava con la malinconia di chi, prigioniero, non ha invidia della libertà di cui gli altri godono: soltanto, appunto, la malinconia, il rimpianto, di non aver visto, a un certo punto della vita, il varco della possibile evasione, della possibile libertà.[40]

E dunque Candido e Francesca portano il loro sogno fatto in Sicilia dentro una città che è anch'essa al centro di un sogno, il loro e quello del loro autore. I due giovani andavano spesso a Parigi, anche prima di decidere di stabilirvisi, «e sempre vagheggiavano di restarvi». E il narratore del *Candido*, appena registrata la decisione di Candido e Francesca, si associa al loro sogno anticipato di vivere in quella Parigi che egli descrive come un insieme di paesi in cui si può scegliere quello che più si avvicina al paese della nostra nascita, che è già oggetto del nostro sogno (e del nostro dolore di vivere), e che può entrare nel sogno di una nuova città, di un nuovo mondo nel quale si è sognato, si sogna sempre di vivere (magari sperando di provare meno dolore):

Era una grande città piena di miti letterari, libertari e afrodisiaci che sconfinano l'uno nell'altro e si fondono: così come in un nudo di Courbet si sente l'interludio tra un amplesso e l'altro, la Comune e la conversazione con Baudelaire; ma **era anche un insieme di paesi piccoli tra i quali scegliere, ritagliare e vivere quello che meglio ci si addice, quello in cui siamo nati o quello in cui abbiamo sognato di vivere**.[41]

Il sogno è alimentato dalla letteratura, ed è forse sogno anche la stessa letteratura:

Francesca e Candido chiesero un caffè; don Antonio un armagnac: e perché non riusciva a bere più di un sorso del caffè che si faceva a Parigi, e perché **a Parigi voleva mangiare e bere secondo letteratura**.[42]

Candido, Francesca e don Antonio sono figure del mondo esistenziale e narrativo del loro autore, il quale aveva portato la Sicilia che a lui appariva «come sognata» nel sogno della città di Parigi. La raccolta di saggi *Cruciver-*

---

40 *Ivi*, p. 451.

41 *Ivi*, pp. 448-449.

42 *Ivi*, p. 455.

ba (1983), in gran parte incentrata su temi siciliani, si conclude con un ritratto di *Parigi*, città della quale Sciascia vorrebbe parlare come i viaggiatori francesi avevano parlato della Sicilia. Ecco: la Sicilia sognata e il sogno di Parigi si saldano tra loro,[43] grazie al sogno della vita, della letteratura, come un sogno dentro un sogno:

Qui ed ora vorrei parlare di Parigi così come i viaggiatori francesi del Sette e dell'Ottocento parlavano della Sicilia: descrivendo, informando, annotando impressioni. Ma Parigi è una città-libro, una città scritta, una città stampata. Una città-libro fatta di tanti libri. **Una città che si potrebbe dire il sogno di una biblioteca, se a una biblioteca si potesse attribuire la facoltà di sognare.** E per molti nel mondo è esistita ed esiste dentro una biblioteca: nell'Enciclopedia, in Restif de la Bretonne, in Victor Hugo, in Maupassant, in Proust.[44]

---

[43] «Sciascia avrebbe voluto abitare a Milano, la città amata da Stendhal, o a **Parigi**, che **continuava a essere il suo sogno**»: MATTEO COLLURA, *Il maestro di Regalpetra*, Milano, Adelphi, 2019, p. 125.

[44] *Opere 1971-1983*, cit., p. 1274.

Capitolo undicesimo

LA PENA DI MORTE. I SOGNI E LA GIUSTIZIA (DEGLI UOMINI E DI «QUALCUNO»)

> C'è non si sa quale soave mistero in questo mare, le cui movenze delicatamente tremende paiono dir d'una qualche anima che là sotto si celi, come i favoleggiati ondeggiamenti dell'efesia zolla sopra il sepolto evangelista san Giovanni. Ed è appropriato che sopra questi pascoli marini, sopra il vasto rollìo di quest'acquee praterie, sopra questi campi del vasaio dei quattro continenti, le onde s'alzino e s'abbassino e fluiscano e rifluiscano incessantemente, poiché qui milioni d'ombre e di parvenze si mescolano, sogni annegati, sonnambulismi, fantasticherie e tutto ciò che chiamiamo vite e anime qui giacciono sognando, sognando, sempre, smaniando come dormienti nel letto...
>
> Herman Melville, *Moby Dick*

1. Il sogno della «pubblica follia» di Manzoni e i sogni assenti nella *Strega e il capitano*

Romanzo breve nato come «un sommesso omaggio» ad Alessandro Manzoni in occasione del secondo centenario della nascita, *La strega e il capitano* (1985-86) è un apologo sulla crudeltà della giustizia umana e sulla credulità che accomuna il volgo ai dotti in situazioni storiche normali e più ancora in tempi difficili.

La storia dell'umile serva milanese Caterina Medici, accusata per un mal di stomaco del suo padrone senatore Luigi Melzi, e condannata al rogo nel 1617 per stregoneria, viene, ma senza farne il nome, ricordata nel capitolo XXXI dei *Promessi Sposi*. Manzoni accenna a quest'episodio per denunziare il colpevole avallo fatto dal famoso, e per certi versi benemerito, protofisico e medico Ludovico Settala della persecuzione di cui fu vittima la donna (accusata dal Melzi su istigazione del capitano Vacallo, che di lei era stato amante):

Questo [essere minacciato dalla folla che riteneva fosse lui a volere la peste] gli toccò per aver veduto chiaro, detto ciò che era, e voluto salvar dalla peste molte migliaia di persone: quando, **con un suo deplorabile consulto, cooperò a far torturare, tanagliare e bruciare, come strega, una povera infelice sventurata**, perché il suo padrone pativa dolori strani di stomaco, e un altro padrone di prima era stato fortemente innamorato di lei, allora ne avrà avuta presso il pubblico nuova lode di sapiente e, ciò che è intollerabile a pensare, nuovo titolo di benemerito.

Sciascia conosce e apprezza enormemente la scrittura manzoniana nel descrivere il «delirio dell'unzioni» e la presunta «congiura diabolica», equiparando e condannando insieme i sogni e deliri del volgo e quelli uguali dei dotti. Egli cita più di una volta passi della *Storia della colonna infame* e trascrive, omettendone l'inizio, un brano del cap. XXXII dei *Promessi sposi* in cui Manzoni assimila la credenza sugli untori a quella delle magie, mettendo l'accento sul sogno, e cioè sulle credenze false degli uomini (anche i più dotti) su quella materia:

"Citavano cent'altri autori che hanno trattato dottrinalmente, o parlato incidentalmente di veleni, di malie, d'unti, di polveri: il Cesalpino, il Cardano, il Grevino, il Salio, il Pareo, lo Schenchio, lo Zachia e, per finirla, quel funesto Delrio, il quale, se la rinomanza degli autori fosse in ragione del bene e del male prodotto dalle loro opere, dovrebb'essere uno de' più famosi; quel Delrio, le cui veglie costaron la vita a più uomini che l'imprese di qualche conquistatore, quel Delrio, le cui *Disquisizioni Magiche* (**il ristretto di tutto ciò che gli uomini avevano, fino a' suoi tempi, sognato in quella materia**) divenute il testo più autorevole, più irrefragabile, furono, per più d'un secolo, norma e impulso potente di legali, orribili, non interrotte carneficine".[1]

Sciascia interrompe la trascrizione per commentare e richiamare l'attenzione del lettore, scrivendo (prima di riprendere la citazione tra virgolette) «E, a dir meglio di noi quel che stiamo tentando di dire, aggiunge»:

"Da' trovati del volgo, la gente istruita prendeva ciò che si poteva accomodar con le sue idee; da' trovati della gente istruita, il volgo prendeva ciò che ne poteva intendere, e come lo poteva; e **di tutto si formava una massa enorme e confusa di pubblica follia**".

Dalla trascrizione sciasciana manca il periodo manzoniano che sta poco prima del passo riportato (da "Citavano...") e che è questo:

D'ugual valore, se non in tutto d'ugual natura, erano i sogni de' dotti; come disastrosi del pari n'eran gli effetti.

---

[1] *Opere 1984-1989*, cit., p. 244. Dalla stessa p. la citazione seguente.

Ecco: i sogni dei dotti, e cioè degli uomini dello Stato, della Chiesa, della Giustizia e di chiunque abbia un qualche potere su altri uomini (e donne), sono uguali, e ugualmente pericolosi e nefasti, di quelli del popolo, diciamo pure delle masse irrazionali. Nella visione manzoniana il sogno si annulla nella pubblica follia. Sciascia omette di chiamare sogno questa follia del potere, ma ricostruisce i fatti nella loro atrocità di macchina del male (da parte di chi ha il potere di farlo) a danno di una vittima indifesa. Contro la povera Caterina agiscono la giustizia umana e quella ecclesiastica, che marchia la vittima come artefice di un malefizio e posseduta dal demonio. Contro di essa operano anche coloro che hanno sfruttato sessualmente l'umile serva, e per tutti il «capitano» che la indica come capace di stregoneria e di commercio con il diavolo.

Sciascia delinea con estrema finezza il clima di delirio collettivo in cui si muovono i potenti del tempo e i loro collegati nel mondo della scienza, della chiesa e dell'amministrazione della giustizia. L'umile serva, sfruttata, derisa, vilipesa, ingannata, considerata strumento del demonio è costretta dalla violenza della tortura a confessare colpe inesistenti, e a entrare nel ruolo di posseduta dal demonio. Su di lei lo sguardo del narratore si volge con pietà e sdegno per l'assoluta crudeltà e ingiustizia della sua condanna a morte.

Il sogno entra poco in questa dinamica, e lo si incontra in contesti generici come desiderio di un bene, come impossibilità di vivere il sogno umile di una vita normale. Sull'altro fronte si accenna «al **sogno** del matrimonio altolocato» del capitano, alla negazione del senatore di avere mai desiderato la donna ("E ancora voglio dire che **non ho mai avuto per lei la minima inclinazione, né in sogno né altrimenti**; e che anzi mi dispiaceva tenerla in casa per la sua mala ciera...").[2]

Quanto ai sogni mancati di Caterina, Sciascia con estrema delicatezza la vede compiacere i suoi giudici che «sul diavolo e le sue prodezze amatorie amavano intrattenersi», e per far ciò lei richiama alla memoria tutto quello che aveva sentito narrare sul diavolo, confessando anche «i **sogni**, le estasi dei momenti d'amore umano che era riuscita a raccattare». E più avanti Sciascia riprende il suo racconto ai giudici, aggiungendo che per meglio esporre il suo 'negozio' amatorio con il demonio, la donna attinge al favoleggiare delle

> [...] fattucchiere, se non addirittura da qualche manuale inquisitoriale. **E può anch'essere sua fantasia, suo sogno, suo delirio**: ma è certo che questa, come tante altre cose che racconta, a noi incredibili e repugnanti, per gli inquirenti sicuramente verosimili e godute, son frutto della paura, del terrore e del dolore.[3]

---

2 *Ivi*, p. 233.

3 *Ivi*, p. 243.

La povera donna non riuscirà ad evitare, con le sue fantasie generate da paura e dolore, il rogo, e allo scrittore (e al suo lettore) non resta che indignarsi e meditare.

2. *1912 + 1*. La giustizia e la pena di morte degli uomini e di Dio

In *1912 + 1*, un libro considerato minore di Sciascia, il racconto riguarda il caso giudiziario del 1913 relativo all'omicidio dell'attendente del marito commesso da una contessa, per respingere, secondo la sua difesa, un tentativo di violenza. La contessa esce assolta dal processo in quanto avrebbe difeso soltanto il proprio onore, ma il narratore lascia intuire che la donna avrebbe premeditato il delitto per liberarsi di un amante ormai scomodo: «Gli spettatori ne sono colpiti, ma non commossi: quasi tutti sono lì per trovar conferma a quel che da sempre sanno: che la legge non è uguale per tutti, che non giusta è la giustizia».[4]

Il tema riguarda dunque un problema di giustizia come nel precedente *La strega e il capitano*, così come accadrà nel successivo romanzo *Porte aperte*. Esso pertiene anche, come si legge nel libro, alla problematica costante (ad esempio nel don Gaetano di *Todo modo* e nel don Antonio di *Candido*) che concerne le «tante verità, il gioco dell'apparire contro l'essere».

Sciascia, chiamando in causa Savinio e Pirandello, applica questo argomento al caso specifico citando le parole di Savinio sulla «cornificazione immaginata o effettuale: un delirio che nei siciliani particolarmente attinge a "un sentimento cosmico". Ma tutto era già pirandelliano».[5]

Se nella *Strega e il capitano* la morte giungeva alla fine della storia, qui la morte (una morte ugualmente ingiusta) si colloca all'inizio della vicenda. In questo caso però lo scrittore non accusa gli uomini ma chiama in questione, con il supporto della letteratura, e cioè della teologia 'fantastica' di Borges, lo stesso Dio:

> Non facciamo, da vivi, che pronunciare invano il nome di Dio. Da morti, forse non lo pronunceremo più. E crediamo, da vivi, che parole come "verità", "giustizia", "poesia", lo scavarle dentro di noi e nei fatti dei nostri simili, ce lo avvicinino: ma accostandoci alla morte andiamo scoprendo, per improvvisi e fuggevoli avvertimenti, che invece ce lo allontanano: quasi fossero di **una cospirazione contro di Lui**, parole d'ordine di un attentato continuamente e vanamente predisposto. **L'essere è; il non essere non è. E se fossero la stessa cosa?** Ma già la parola

---

[4] *Ivi*, p. 277.

[5] *Ivi*, pp. 315-316.

"cosa" rimbalza vuota nel vuoto, nulla nel nulla. **Qualcosa corre nella nostra mente che non riusciamo a decifrare: e questa non è letteratura fantastica. Ma tutto il resto lo è.** Continuiamo a farne, dunque: **e Dio**, che, appunto in un racconto di Borges, non distingue il teologo ortodosso dal teologo eretico – non per confusione, che sarebbe impossibile nella mente divina, ma perché nulla di umano può toccarla – **si può credere non distingua l'uccisore dall'ucciso, il boia dalla vittima, il torturatore dal torturato, la gioia dal dolore. "Dov'è il boia, dov'è la vittima?"**[6]

Sciascia sospetta che gli uomini, pronunciando grandi parole, a volte attuano una «cospirazione contro di Lui» (cioè Dio). Si ricorderà la shakespeariana «cospirazione contro la vita» di Calibano della *Tempesta*, citata nella *Scomparsa di Majorana*. Se il Dio di Borges non distingue il teologo ortodosso dall'eretico, Sciascia si chiede, e non sa cosa credere, se Dio distingua l'uccisore dall'ucciso. A questa domanda tenterà di rispondere nel breve seguito della sua storia di narratore.

3. La condanna a morte in *Porte aperte*

Dal processo in Liguria descritto in *1912 + 1* Sciascia passa a un altro processo vero che si celebrò a Palermo nel 1937. L'imputato è un signore che ha ucciso la moglie e due impiegati dell'ufficio dal quale era stato licenziato. Il colpevole viene processato, e tutti, a partire dal procuratore capo, si aspettano che venga condannato alla pena di morte. Ma il 'piccolo giudice' *a latere*, contrario alla pena di morte, coadiuvato da uno dei giurati, un agricoltore colto e amante dei libri, riesce a farlo condannare all'ergastolo. Diverso sarà, nella previsione generale, l'esito del giudizio in Assise di Appello. Il piccolo giudice sa che non farà carriera, ma non se ne duole affatto, perché ha la coscienza di avere adempiuto all'«onore di vivere». La storia processuale è aperta e chiusa da un dialogo tra il Capo dell'ufficio giudiziario e il piccolo giudice: nel primo il procuratore gli prospetta l'opportunità personale e 'politica' di applicare alla lettera la giustizia del codice Rocco, che aveva reintrodotto in Italia la pena di morte; nel secondo il Capo, sul punto di lasciare l'ufficio per limiti di età, gli mostra il ricorso in Cassazione fatto da un celebre avvocato contro la sentenza, giudicata «frutto di un malinteso pietismo e attribuita al tormento e alla perplessità della giuria». Il piccolo giudice afferma nettamente che «è un principio di tale forza, quello

[6] *Ivi*, pp. 316-317.

contro la pena di morte, che si può essere certi di essere nel giusto anche se si resta soli a sostenerlo...».

Il procuratore ribadisce stancamente di essere ancora convinto della necessità giuridica di applicare la pena di morte, ma nel contempo, sentendosi ormai sulla soglia della vecchiaia e forse della morte, manifesta il suo rifiuto interiore di ubbidire a una legge che dà la morte:

> "Tra qualche mese me ne vado; lascio questo ufficio, questo mestiere. La pensione. Terribile, perché non confessarlo?, per chi ha avuto un potere come il mio. Ma mi ci sto adattando: sto cominciando a pensare cose cui finora non ho pensato. E per esempio: che **sono stato un morto che ha seppellito altri morti**. E anzi: che lo siamo tutti, in questo nostro mestiere di accusare e di giudicare. E ancora: **mi chiedo se, da morti che seppelliamo morti, davvero abbiamo diritto di seppellire i morti per pena capitale**".[7]

La trama del libro sta in superficie tutta in questo problema della morte decisa dagli altri, dal potere, ma in profondo si verifica uno spostamento di questa realtà del morire dal contingente del singolo destino alla condanna a morte di tutti gli uomini.

Come il pittore (e narratore in prima persona) in *Todo modo* risponde dentro di sé a quelli che si chiedevano se don Gaetano fosse stato ucciso o fosse invece morto di morte naturale, per Sciascia la morte è «sempre e comunque naturale».

3.1. *Il sogno delle porte aperte*

Siamo in epoca fascista e quindi in un periodo che la propaganda governativa sbandierava come un tempo felice in cui si poteva dormire con le porte aperte. Lo scrittore in terza persona annota che quello era solo un sogno notturno, mentre nella realtà bisognava stare con gli occhi ben aperti, per scoprire falsità e imposture del regime:

> Le porte aperte. Suprema metafora dell'ordine, della sicurezza, della fiducia: "Si dorme con le porte aperte". Ma **era, nel sonno, il sogno delle porte aperte**; cui corrispondevano nella realtà quotidiana, da svegli, e specialmente per chi amava star sveglio e scrutare e capire e giudicare, tante porte chiuse. E principalmente eran porte chiuse i giornali [...].[8]

Dunque quello delle porte aperte era un sogno di dormienti, mentre per i cittadini da svegli erano chiuse le porte della verità e di tanto altro.

---

[7] *Ivi*, p. 398.

[8] *Ivi*, p. 344.

Sciascia descrive efficacemente le menzogne dei giornali che tacevano della moglie assassinata e parlavano della morte improvvisa delle due persone uccise senza minimamente accennare alle cause della loro morte:

> [...] stando al giornale, nessun omicidio c'era stato: della moglie non si parlava; e gli altri due eran morti improvvisamente sì, ma di natural morte. Per due giorni la cronaca si era occupata di loro: la morte improvvisa, i funerali, il cordoglio della cittadinanza.[9]

Siamo chiaramente in un contesto di omissione e travisamento collettivi della verità che il narratore, citando la definizione del termine data dal Tommaseo, qualifica come *falsità* che «riguarda direttamente le cose».[10]

3.2. *I sogni ad occhi aperti e l'anello magico del piccolo giudice*

Se quello delle porte aperte è un sogno puramente illusorio, senza corrispondenza con la realtà e con i sogni e i desideri delle persone, niente di simile si verifica per i sogni del piccolo giudice, che si concentrano durante lo svolgimento del processo, e sembrano presentarsi come sogni ad occhi aperti, a partire dal primo:

> Cominciando il processo, già alla prima udienza il giudice, **baluginante fantasia ma insistente**, infantile e suscitata dalle tante fiabe, ilari a volte, a volte spaventose, da cui la sua infanzia era stata segnata, **cominciò a dirsi che sarebbe stato bello possedere la facoltà, il magico dono, di rendere invisibile l'imputato**. Non se lo diceva, a voler essere esatti: era un qualcosa di vago, di sfuggente, che da **un mondo di memoria e di sogno, di memoria che si fondeva al sogno**, sfiorava per un momento i suoi pensieri o per un momento vi si intrideva. E a volte era soltanto il **baluginare di un oggetto: un anello. Da girarselo al dito: e quell'uomo sarebbe svanito dalla gabbia**, dentro cui stava a discorrere quietamente, ad ogni pausa del processo, coi due carabinieri. Sicché a volte **il giudice si sorprendeva,** irridendosi**, a girarsi al dito l'anello matrimoniale.**[11]

Ci sono in questo brano gli elementi propri del sogno a occhi aperti, a partire dai pensieri del presente (residui diurni), che si fondono con la memoria delle favole infantili, allegre o spaventose, e si trasformano allucinatoriamente (il baluginare) in una fantasia di onnipotenza infantile, capace magicamente di trasformare la dura realtà del confronto personale nel miracolo di rendere invisibile una persona già segnata da un destino di

[9] *Ivi*, p. 345.

[10] *Ivi*, p. 345.

[11] *Ivi*, p. 349.

condanna e di morte. Ma il giudice è costretto a tornare presto alla realtà, e a rendersi conto che l'anello magico (titolo di una delle *Fiabe italiane* dell'amico Calvino) che si porta dentro (come tutti) dall'infanzia non può sottrarre l'imputato al crudele disegno della giustizia (e della vita):

> Ma il disegno da cui cancellarlo e **il magico anello con cui renderlo invisibile, erano**, lo sapeva bene e se ne rodeva, traslazione, alibi, **fuga da quella parola e da quel giudizio che la legge per quell'uomo gli imponeva.**[12]

Dal mondo della favola, della memoria e del sogno infantile, durante tutte le udienze successive, il piccolo giudice passa a quello 'ignobile' della storia e della realtà sotto il fascismo, in cui è consentito dal potere di dare la morte in nome della giustizia. In proposito il narratore cita il «sublime delle anime ignobili» di cui parlava Stendhal in relazione allo spettacolo della ghigliottina in azione. E, in tema di citazioni, va ricordato che il giudice e l'agricoltore della giuria ben conoscono gli *Avvertimenti cristiani* del poeta palermitano del Cinquecento Argisto Giuffredi, «la cui grandezza consisteva principalmente in un privato "ricordo" contro la tortura, le punizioni corporali pubbliche e la pena di morte».[13]

Quanto ai sogni è venuto il tempo per il piccolo giudice della fase dei sogni d'angoscia, quali sono quelli della caduta nel vuoto:

> Ed ecco: **da qualcosa di ignobile, ad ogni udienza, il giudice si sentiva a momenti attraversato; una contrazione, un'intermittenza, una sospensione, come nei sogni, che vertiginosamente gli dava l'orrore e il fascino del vuoto, dell'abisso**. Non durava, ma gliene durava l'inquietudine. **Gli era toccato un caso in cui un uomo**, anche il più giusto e sereno, il più illuminato di quella che i teologi chiamano la Grazia e quelli senza teologia chiamano la Ragione, **deve fare i conti con la parte più oscura di sé**, la più nascosta, la più ignobile appunto.[14]

È il caso, per alludere alla profonda 'compromissione' dell'autore con il suo personaggio, di ricordare ancora che quello della paura-attrazione del vuoto era il sogno personale ricorrente di cui Sciascia ha parlato nella più volte citata intervista.[15]

---

12 *Ivi*, pp. 349-350.

13 *Ivi*, p. 370.

14 *Ivi*, p. 350.

15 «**Posso chiederle se ha sogni ricorrenti e di quale natura?** "**Uno, soprattutto, e riguarda l'orrore del vuoto. Salire una scala e trovare in cima il vuoto**. Come me lo spiego? **Forse è attrazione verso la morte**: sono sicuro che, se restassi a guardare il vuoto da una certa altezza per un determinato periodo di tempo, a un certo punto mi butterei di sotto. Ho questa paura e perciò nel sogno la evito sempre."»: F. PANSA, *Viaggio intorno ai sogni*, cit., pp. 123-124.

3.3. *L'agonia e il dono della vita. La fantasia del giudice e il sogno di* qualcuno

Nel colloquio finale il Capo si confida (e quasi si 'confessa') «in ordine alla coscienza, alla vita» con il piccolo giudice, e gli chiede aiuto nel tentare di sciogliere il problema di fondo che lo assilla, e che non è tanto quello della pena di morte, quanto quello della morte in sé. In merito al processo conclusosi egli sottopone al piccolo giudice la riflessione che gli sembrerebbe un di più di crudeltà, come fosse il prolungamento dell'agonia, rimandare la condanna a morte per un imputato su cui si ha la certezza che in un altro grado del giudizio subirà quella condanna. E a lui il piccolo giudice risponde che, se la nostra vita fosse «soltanto caso e assurdità» o anche una «illusione» (in altri testi sciasciani «sogno»), il viverla ancora per qualche tempo apparirebbe «come un dono». Se invece la si considera come parte «di un disegno imperscrutabile», allora l'agonia, in cui c'è più vita che morte, sarà uno stato che consegnerà «quest'uomo a un qualche aldilà con più pensieri, con più pensiero, magari con più follia, se non vogliamo dire con più religione».[16]

Le poche battute successive del dialogo non sciolgono ovviamente il dubbio sul pensiero e/o la religione della morte, oltre che sul dolore.[17] E il Capo torna a obiettare al giudice di avere forse, per la difesa di un principio, sottovalutato la sofferenza dell'imputato.

Il piccolo giudice, che aveva il difetto di credere «che in ogni uomo il bene sovrastasse il male e che in ogni uomo il male fosse suscettibile di insorgere e prevalere come per una distrazione», ammette questa circostanza, che per lui è un problema, non una scappatoia dalle sue responsabilità di uomo e di giudice. E dunque a sua volta confessa che lui e i giurati, non condannando a morte l'imputato, hanno salvato la loro anima.[18] Egli poi immagina che anche tutti gli altri giudici potrebbero salvare la loro se... Ma il Capo seccamente stronca questa illusione:

"Non accadrà: e lei lo sa quanto me."

---

16 *Opere 1984-1989*, cit., p. 400.

17 «"Ma questo, il più pensiero, il più religione, come lei dice, penso che gli accadrà, con una intensità senza dubbio più dolorosa ma al tempo stesso, come dire?, più liberatoria, in quelle due o tre ore in cui sa che sta per andare a **morire**." / "Eh no, **la morte non è più un pensiero, in quel momento**; nulla anzi, in quel momento, che possa dirsi pensiero. Lei provi, per quanto può, e sarà sempre a un grado **lontanissimo**, ad immedesimarvisi."»: *ibid*.

18 «"**È vero che in me la difesa del principio ha contato più della vita di quell'uomo. Ma è un problema, non un alibi.** Io ho salvato la mia anima, i giurati hanno salvato la loro: il che può anche apparire molto comodo. Ma pensi se avvenisse, in concatenazione, che ogni giudice badasse a salvare la propria..."»: *ivi*, pp. 400-401.

"Sì, lo so: e questa è la controparte di spavento, di paura, che io sento non soltanto riguardo a questo processo... **Ma mi conforta questa fantasia: che se tutto questo, il mondo, la vita, noi stessi, altro non è, come è stato detto, che il sogno di qualcuno, questo dettaglio infinitesimo del suo sogno,** questo caso di cui stiamo a discutere, l'agonia del condannato, la mia, la sua, può anche servire ad avvertirlo che **sta sognando male**, che si volti su altro fianco, **che cerchi di aver sogni migliori. E che almeno faccia sogni senza la pena di morte**."

"Una fantasia" disse stancamente il procuratore. E poi stancamente constatò: «Ma lei continua ad essere spaventato, ad aver paura."

"Sì."

"Anch'io. Di tutto."[19]

Così finisce il romanzo, con la fantasia e la paura (di vivere e di morire?) del piccolo giudice e del Capo, e il sogno di *qualcuno* che sogna la pena di morte. Alla baluginante fantasia infantile del primo sogno qui si sostituisce una fantasia ultima e totale, che va oltre il sogno della vita e postula una domanda radicale e impossibile sul sogno di qualcuno che traccia il «disegno imperscrutabile» della vita di tutti. Il suo auspicio (la sua preghiera) è che questo *qualcuno* sconosciuto, che nel suo sogno comprende i sogni di tutti, faccia «**sogni migliori**. E che almeno faccia **sogni senza la pena di morte**».

---

[19] *Ivi*, p. 401.

Capitolo dodicesimo

IL CAVALIERE E LA MORTE TRA «ANTICO SOGNO» E LA «FINE DI SOGNI»

> «E la morte dov'è?». Cercava il suo antico, solito terrore della morte e non lo trovava. Dov'è la morte? e che cosa è la morte? Non esisteva più terrore perché non esisteva più morte. Invece della morte c'era la luce. – Ecco che cos'è! – proruppe a un tratto ad alta voce. – Che gioia! Tutto ciò accadde in un istante, ma il significato di quell'istante non poteva più mutare. Per i presenti l'agonia si protrasse ancora due ore. Si sentiva il suo rantolo, il suo corpo sfinito aveva dei sussulti. Poi il rantolo si fece sempre meno frequente. – È finito! – disse qualcuno, chinandosi su di lui. Egli udì quelle parole e le ripetette dentro di sé. «È finita la morte», disse nel suo pensiero. «La morte non esiste più». Diede un respiro, ma rimase a metà del respiro, s'irrigidì e morì.
>
> Lev Tolstoj, *La morte di Ivan Il'ič*

Il cavaliere e la morte (1988) è un'opera scritta consapevolmente sulla soglia della morte, e come tale ha per lo scrittore la funzione e il valore di una sintesi ultima del proprio mondo.[1] Essa continua il discorso sulla pena di morte affrontato da sempre e al centro del precedente *Porte aperte*. Ma si tratta di un tema antico, che ora trova una soluzione, e non tanto nella nar-

[1] Di questo era consapevole lo scrittore, che in un'intervista dichiarò: «Anche se continuerò a scrivere questo per me è un libro che chiude. Chiude quella che è la mia esperienza di vita, il mio giudizio sull'esistenza, sulle cose italiane, sul senso dell'essere vivi e sul senso della morte. È vero, sono serenamente disperato.»: Daniela Pasti, *Scherzando con la vita*, in «Il Venerdì di Repubblica», 2 dicembre1988. L'anno dopo Sciascia pubblicherà un romanzo breve dal titolo *Una storia semplice*, che è un giallo intricato e ironico, in cui egli affida al personaggio del professor Franzò un pensiero amaro che forse era anche suo: «ad un certo punto della vita non è la speranza l'ultima a morire, ma il morire è l'ultima speranza.», *Opere 1984-1989*, cit., p. 754. La parola e il tema del sogno vi appaiono una sola volta come desiderio e progetto: «La laurea in legge era la suprema ambizione della sua vita, il suo sogno», *ivi*, p. 748.

razione, impossibile, dell'esperienza della morte che vi hanno visto alcuni (e alla quale aspirava lo stesso Sciascia), quanto nel tentativo di spostare la morte in avanti, dalla pena di morte al dolore di ogni esistenza nel suo essere e nella consapevolezza del suo essere per la morte, e al riscatto possibile e ultimo dalle ingiustizie e crudeltà del mondo e dalla stessa morte nello sciogliersi del corpo e del tempo nella 'mente eterna'.

La vicenda è semplice, e riguarda in superficie il caso dell'omicidio, in una città imprecisata, ma che non è sicuramente in Sicilia, di un avvocato (Sandoz), la mattina dopo un pranzo ufficiale in cui questi aveva ricevuto da uno dei commensali, l'imprenditore Aurispa, un biglietto con la scritta «Ti ucciderò». L'avvocato aveva risposto con un altro biglietto, che l'imprenditore dice di avere buttato, ma che poi sarà introvabile. L'inchiesta vede impegnati il Commissario Capo dell'ufficio di polizia competente e il suo Vice[2] (malato quasi terminale di cancro): essi sono su posizioni alquanto diverse sulla possibile identità del mandante del delitto. Il Capo propende per l'innocenza dell'imprenditore, anche per riguardo al suo peso politico ed economico, e crede che siano responsabili del fatto *I figli dell'ottantanove*, un gruppo 'rivoluzionario' di cui si comincia a parlare proprio dopo il delitto. Il Vice sospetta di un coinvolgimento diretto dell'Aurispa, avvalorato anche dal colloquio con due donne (l'intelligente e colta signora De Matis e la bella signora Zorni), ed è convinto che l'improvvisato gruppo terroristico sia una messa in scena costruita per depistare le indagini sui veri colpevoli dell'omicidio, e più in generale per creare un clima di allarme nazionale. La convinzione del Vice che l'avvocato e l'imprenditore siano implicati in trame e traffici su grande scala (che coinvolgono anche i poteri dello Stato), e che l'uno forse abbia ricattato l'altro, viene avvalorata dal colloquio con un misterioso dottor Rieti, già funzionario dei servizi segreti, che dopo l'incontro con il Vice viene ucciso la mattina seguente. Appresa la notizia dalla propria domestica, il Vice prova un forte sentimento di sconfitta, rimugina fino a sera, esce di casa e si reca meccanicamente verso l'ufficio. Sulla strada viene colpito da alcuni spari, cade pensando e muore.

---

2 È stata 'identificata' la figura storica del Vice in un amico di Sciascia vicequestore: «L'idea del "Vice" [...] a Sciascia era venuta dalla frequentazione, in quel tempo assidua, con Filippo Chiappisi, vicequestore di Agrigento, funzionario di polizia grande lettore e dalla mentalità tutt'altro che inquisitoriale. Gli faceva visita spesso, nella casa di Palermo [...].» (M, Collura, *Il maestro di Regalpetra*, cit., p. 291). Per pura curiosità lessicale annoto che un *vice* appare marginalmente nella prima stagione di Sciascia, nella *Morte di Stalin* degli *Zii di Sicilia*: «Aveva una faccia scura, Calogero pensò 'è incazzato, c'è qualcosa che va per traverso' e subito fece un esame di coscienza per sé e per la sezione di Regalpetra, trovò piccole macule, il **vice** che in municipio aveva fregato un po' di zucchero Unrra e non era stato espulso, il segretario dei minatori che prendeva soldi per il disbrigo di certe pratiche: cominciò a sentirsi inquieto.», *Opere 1956-1971*, cit., p. 225.

1. Da «El perdurable sueño de Durero» di Borges al *Cavaliere* di Sciascia

Sulla genesi 'privata' del romanzo si hanno dichiarazioni dello stesso Sciascia, ad esempio in un'intervista rilasciata all'amico Porzio quando, in relazione alla domanda se egli progettando un libro sappia già se lo svilupperà in chiave saggistica o narrativa, così precisa:

> Sì e no. Per esempio l'idea del *Cavaliere e la morte* è nata a tavola, l'anno scorso, pranzando con Gaetano Scardocchia, il giornalista. Mi ha riferito una storia che racconta Joe Bonanno, un mafioso siculo-americano che ha raccolto le sue memorie in un libro. Nel racconto io riprendo la storia della spazzatura di cui parla Bonanno, e attorno a questo spunto, che mi è parso molto interessante, suggestivo, è andato crescendo il resto della vicenda: una giustapposizione di elementi, una celebrazione dell'89, finché a un certo punto è saltata fuori l'incisione di Dürer. In questo caso l'ho concepito come racconto sin dal principio.[3]

In realtà, come apprendiamo dalla più accreditata biografia sullo scrittore, Sciascia possedeva in proprio una stampa dell'incisione di Dürer:

> Rimuginava quest'idea, nella sua casa della Noce, quando si rese conto di avere davanti a sé l'acquaforte di Dürer intitolata *Il Cavaliere, la Morte e il Diavolo* del 1513, e alle spalle l'incisione di Goya intitolata *Murió la Verdad* (*La verità è morta*) del 1810. Il misterioso cavaliere di Dürer, per Nietzsche è Schopenhauer: al quale «mancò ogni speranza, ma volle la verità». Il libro c'era già.[4]

Non abbiamo prove che Sciascia conoscesse l'interpretazione che Nietzsche nella *Nascita della tragedia* dà del cavaliere di Dürer, inteso dal filosofo come eroe della non speranza che cerca solo la verità («il cavaliere con l'armatura, dallo sguardo di bronzo, duro, che sa prendere il suo cammino terribile, imperturbato dai suoi orrendi compagni, e tuttavia privo di speranza, solo col destriero e il cane.»). Non credo sia da trascurare il fatto che nella stampa è stata concordemente vista la rappresentazione del *miles christianus* di cui aveva parlato Erasmo da Rotterdam. E non va dimentica-

---

[3] Leonardo Sciascia, *Fuoco all'anima. Conversazioni con Domenico Porzio*, a cura di Michele Porzio, Milano, Adelphi, 2021, pp. 84-85. Quanto allo spunto della spazzatura, va appena ricordato che si tratta di un elemento investigativo relativo al fatto che il Vice aveva voluto cercare tra i rifiuti il biglietto di Sandoz ad Aurispa, ma senza trovarlo. In realtà Aurispa aveva mentito, e il Vice fa in merito una riflessione di carattere generale sul mentire e sul proprio morire: «Era sicuro che, tra i rifiuti di quel pranzo della sera prima, il biglietto di Sandoz non si sarebbe trovato. E infatti, in due ore e passa di ricerche, non lo trovarono. **L'immondizia non mente mai: in questo caso per assenza. Ma inquietante era altro pensiero: che tra le immondizie l'uomo si avviasse a morire**.»: *Opere 1984-1989*, cit., pp. 420-421.

[4] M. Collura, *Il maestro di Regalpetra*, cit., p. 289.

to che il monogramma A. D. (Albrecht Dürer), in basso a sinistra, reca la data «1513» preceduta dalla lettera «S»: «Salus» (Salvezza), per indicare forse che l'opera era finalizzata a significare un cammino personale e storico di salvezza nella fede. In questo senso, tutti i lettori del libro di Sciascia hanno trascurato, a mia conoscenza, di rilevare che il cavaliere nella stampa è accompagnato da un elegante cane – forse un levriero –, forte e slanciato e che simboleggia soprattutto la fede e la fedeltà. Dall'interpretazione, appena abbozzata, di Sciascia non possiamo escludere ovviamente la ricerca della verità, ma nemmeno l'ipotesi di una speranza di salvezza. E non si dimentichi che nelle pagine finali del libro i fedeli cani dell'infanzia ritornano amichevoli e rasserenanti nelle fantasie 'ultime' del Vice.

Quanto ai possibili antecedenti, più che ai filosofi tedeschi, per avere l'idea di una verosimile suggestione letteraria a proposito del *Cavaliere* düreriano penso che occorra mettere in campo un autore indirettamente citato nel libro, partendo dall'allusione che Sciascia fa quando scrive: «*L'isola del tesoro*: una lettura, aveva detto qualcuno, che era quanto di più si poteva assomigliare alla felicità».[5] Nell'intervista a Porzio egli rivela il nome del qualcuno: «È un'idea che ho preso da Borges».[6]

In realtà Sciascia conosceva tutto Borges e mi pare molto improbabile che, nel caso del suo *Cavaliere e la morte* (in cui cita gran parte dei suoi scrittori di elezione), non si sia ricordato che Borges nell'*Elogio dell'ombra* aveva dedicato all'incisione di Dürer due bellissime poesie dal titolo *Dos versiones de «Ritter, Tod und Teufel»*.

Le due versioni di Borges alludono alla complessità tematica e simbolica di un'opera che ha suscitato le interpretazioni più disparate, e tutte pressoché legittime, alle quali si aggiungono appunto quelle personalissime di Borges e di Sciascia. Per quanto riguarda Borges credo che la visione del cavaliere della versione I sia in termini 'guerreschi' («La tua dura sorte è il comando e l'offesa. / Sei prode e certamente indegno non sarai / del Diavolo, o tedesco, e della Morte.»), mentre nella versione II al cavaliere «impassibile, immaginario, eterno», nato dal «sogno inestinguibile di Dürer», si oppone, in un'aura anch'essa onirica, l'io del poeta, che si sente braccato dalla «caterva delle ombre», prossimo al suo termine mortale e destinato a diventare solo cenere e tenebra.

L'interpretazione di Sciascia sembra alludere certo a un destino di morte 'personale' e a una visione tragica della storia, ma sempre senza escludere una speranza e una prospettiva di salvezza, e perfino una certezza. In

[5] *Opere 1984-1989*, cit., p. 448.

[6] *Fuoco all'anima*, cit., p. 55.

ogni caso mi pare assolutamente indubitabile che, cosciente o meno che egli ne fosse, sulla sua memoria abbia agito il ricordo del cavaliere di Borges 'sognato' da Dürer.

2. Cristo? Savonarola?

In Sciascia c'è anche da mettere in conto l'appunto che la stampa in possesso del Vice si porta scritto dietro su Cristo e su Savonarola, e che egli lascia come indecifrato, ponendo, tramite il suo personaggio (e cioè il personaggio di sé), una domanda alla quale non dà subito una risposta:

> **Si era ormai abituato ad averla di fronte**, nelle tante ore d'ufficio. *Il cavaliere, la morte e il diavolo*. **Dietro**, sul cartone di protezione, **c'erano i titoli**, vergati a matita, in tedesco e in francese: *Ritter, Tod und Teufel*; *Le chevalier, la mort et le diable*. **E misteriosamente: *Christ? Savonarole?*** Il collezionista o il mercante che si era interrogato su quei nomi pensava forse che l'uno o l'altro Dürer avesse voluto simboleggiare nel cavaliere?[7]

A questa domanda risponderà più che il Vice possessore della stampa il narratore che si cela dietro e dentro di lui. Ma intanto è il sostituto del cavaliere, il Vice («nella dilagante pietà che sentiva per tutti»), a riprendere il tema della figura di Cristo che egli ha visto sempre nell'uomo, anche nel più colpevole e nel più peccatore:

> "Guardi: quando io, in altre sedi, fortunatamente non più in questa, ho dovuto eseguire mandati di cattura, **mi sono sempre sentito come uno di quei biechi personaggi che, nelle Viecrucis delle chiese di campagna, si avvicinano a catturare Cristo**. Per quanto ignobile fosse la persona da arrestare, questo era il mio stato d'animo... Era necessario eseguirlo, il mandato; spesso, anche se non sempre, giusto; ma non sono mai riuscito a sentirmene al disopra."[8]

3. I sogni degli altri. L'isola deserta e l'*antico sogno* del Vice. La guerra

Nel romanzo i sogni sono solo del Vice protagonista. Prima si accenna genericamente al sonno delle famiglie che di primo mattino «si faceva opaco, più **trasparente ai sogni**, più goduto», ma poteva essere disturbato dal rumoroso «bussare» della polizia;[9] e poi (nel colloquio tra il Vice e

---

[7] *Opere 1984-1989*, cit., p. 408.

[8] *Ivi*, pp. 458-459.

[9] *Ivi*, p. 410.

Rieti) al «**sogno** della sua vita. Ma appunto un **sogno**»[10] di Sandoz di rovinare Aurispa.

Tra i personaggi secondari c'è quello del Grande Giornalista, che è pronto a cavalcare la notizia della costituzione del nuovo gruppo terroristico, e su ciò vorrebbe avere l'avallo del Vice, il quale invece lo provoca con una domanda: "**Ha mai sentito parlare di amore alla verità?**". E alla fine del colloquio, all'affermazione del giornalista che gli dice "Siamo sulla stessa barca", risponde: "Non lo creda: sono già sbarcato su un'isola deserta". Il successivo capitolo prende avvio dal nervosismo e dallo sconcerto del Vice per questo incontro e dalla battuta sull'isola deserta per aprirsi a un sogno antico:

> Quel colloquio lo aveva innervosito, ma il dolore gli si era allontanato: stava come una bestia – piccola, feroce ed immonda – agguatata in un solo punto del suo corpo, del suo essere. Poteva dunque, dall'ultima battuta di quel colloquio, **vagheggiare l'isola deserta, come su una mappa svolgervi antico sogno, antica memoria**; per quanto antiche gli erano diventate certe **cose dell'infanzia, dell'adolescenza**. ***L'isola del tesoro***: una lettura, aveva detto qualcuno, che **era quanto di più si poteva assomigliare alla felicità**. Pensò: stasera lo rileggerò. Ma **ne aveva precisa memoria**, avendolo tante volte riletto in quella vecchia e brutta edizione che una volta gli avevano regalato.[11]

L'isola deserta è certamente quella del romanzo di Stevenson, ma è soprattutto la Sicilia (*La Sicilia, il suo cuore*, come suona il titolo dell'unica raccolta di poesie sciasciane), l'isola dalla quale il Vice si era allontanato, e quella nella quale aveva concepito i suoi primi sogni di vita. Ad essa egli ritorna nella memoria per ritrovare quella felicità di cui aveva poi intravisto un'immagine nell'*Isola del tesoro*, e in tutta la letteratura in cui si era immerso. Questo romanzo è forse il più denso di citazioni della grande poesia e della grande letteratura di cui si era nutrito Sciascia, tentando di 'riscriverla' all'insegna sempre del bisogno di capire e amare, e cioè del cuore più che della ragione. Il Vice, quasi a rinforzare l'effetto della morfina, ricordava le sue amate frequentazioni scolastiche dei poeti, come Leopardi, «poeta di felice infelicità», o Hugo, dei quali si erano imparati i versi a memoria, *par coeur*: «Bellissima espressione; e la traduceva "**nel cuore, dal cuore, per il cuore**". Si scopriva sentimentale fino alle lacrime».[12]

Dal passato viene anche la memoria delle fantasie e dei sogni che in lui (Vice e Sciascia) aveva suscitato il cinema. Ora egli nell'ufficio ha di fronte la stampa di Dürer *Il cavaliere, la morte e il diavolo*, di cui lo inquietava

---

10 *Ivi*, p. 441.

11 *Ivi*, p. 448.

12 *Ivi*, p. 452.

[...] l'aspetto stanco della Morte, quasi volesse dire che stancamente, lentamente arrivava quando ormai della vita si era stanchi. Stanca la Morte, stanco il suo cavallo [...]. E la Morte [...] era espressione più di mendicità che di trionfo. "La morte si sconta vivendo." Mendicante, la si mendica. [...] Ma il Diavolo era talmente stanco da lasciar tutto agli uomini, che sapevano fare meglio di lui. E il Cavaliere: dove andava così corazzato, così fermo, tirandosi dietro lo stanco Diavolo e negando obolo alla Morte? Sarebbe mai arrivato alla chiusa cittadella in alto, **la cittadella della suprema verità, della suprema menzogna?**

Cristo? **Savonarola**? **Ma no, ma no**. Dentro la sua corazza forse Dürer non aveva messo che la vera morte, **il vero diavolo:** ed **era la vita che si credeva in sé sicura: per quell'armatura, per quelle armi**.[13]

Si badi a questa equazione a catena: dentro la corazza del cavaliere c'era *forse* la vera morte, la quale è equivalente al *vero* diavolo, il quale a sua volta coincide con la vita che si crede sicura (e quindi falsamente immortale) perché si affida alle armi che uccidono. È questa un'apertissima condanna della guerra permanente a cui si dedicano da sempre e per sempre gli uomini, e che Sciascia qui denunzia chiaramente nel dialogo fra l'ebreo Rieti (la cui famiglia era stata salvata dalle persecuzioni razziali del fascismo proprio in Sicilia) e il siciliano Vice:

"Ma i loro affari?"
"**La guerra, ogni tipo di guerra**. Ce n'è tanta, nel mondo: di armi, di veleni... E **vi si fanno tanti affari!**"[14]

La riproposizione della domanda originaria su Cristo e su Savonarola riceve in risposta un secco "Ma no, ma no" (relativo all'identificazione del cavaliere con Cristo o Savonarola), ma non investe la responsabilità del singolo uomo che, anche se fa il male (come Sciascia fa dire al piccolo giudice di *Porte aperte*), può sempre tornare a fare il bene, e partecipa dell'umanità di Cristo (che il Vice vedeva anche nel colpevole di un delitto da punire con l'arresto, ecc.). Il "Ma no, ma no" è espressione dolente del pessimismo storico di Sciascia, che come Manzoni ha visto la storia dalla parte dei perdenti, delle vittime dell'ingiustizia e delle atrocità del potere e delle dittature.

Il passaggio già citato sulla prima formulazione della domanda su Cristo o Savonarola era seguito da una sottolineatura della ricorrenza della domanda nei pensieri del Vice, e dall'esplicitazione della certezza della morte e dell'irraggiungibilità del castello effigiato nella stampa:

---

[13] *Ivi*, pp. 449-450.

[14] *Ivi*, p. 441.

Gli avveniva a volte di domandarselo, guardando la stampa. Ma ora, la testa appoggiata all'orlo dello schienale per la stanchezza e per il dolore, la guardava estraendo significato dal fatto di averla anni prima acquistata. **La morte; e quel castello lassù, irraggiungibile**.[15]

3.1. *Il castello lassù: tra Rensi e Teresa d'Avila?*

Sciascia non ci dà notizie sul castello irraggiungibile della stampa (sul quale la critica artistica su Dürer si è variamente espressa), ma su di esso oso avanzare l'ipotesi che esso possa, sulla base di una mediazione di Rensi, associarsi a una qualche memoria (al momento non accertabile 'documentalmente') del capolavoro di Teresa d'Avila *Castillo interior*. È infatti di pochi mesi precedenti il romanzo la cura, da parte di Sciascia, delle *Lettere spirituali* di Rensi, il quale, nella lettera XXI, associa alla dottrina buddistica dell'anima e dell'Ātman (parola tradotta come «anima» o «ego», da *respiro*) la suora mistica spagnola:

> E così Santa Teresa nel *Castello interiore* esprime la medesima distinzione tra *io* o coscienza e Ātman con le espressioni «*el espíritu* de esta *alma*», «*centro* de nuestra *alma*».[16]

Rensi non approfondisce questo rapido riferimento, perché a lui interessa soprattutto affermare, con il buddismo, «l'inesistenza dell'*io*». Se Sciascia si è ricordato, come ritengo probabile, del *Castello* teresiano, avrà pure pensato che per entrarvi, e sempre al termine di un cammino difficile, ci sarebbe dovuto essere un cancello, una porta. Per Teresa questa porta era quella della preghiera, la stessa forse intravista dallo scrittore e dal suo cavaliere:

> Porque, **a cuanto yo puedo entender, la puerta para entrar en este castillo es la oración y consideración**, no digo más mental que vocal, que como sea oración ha de ser con consideración; porque la que no advierte con quién habla y lo que pide y quién es quien pide y a quién, no la llamo yo oración, aunque mucho menee los labios; porque aunque algunas veces sí será, aunque no lleve este cuidado, mas es habiéndole llevado otras.[17]

---

15 *Ivi*, p. 408.

16 Giuseppe Rensi, *Lettere spirituali*, Prefazione di Leonardo Sciascia, Milano, Adelphi, 2019, p. 114. La nota n. 126 d'autore che è nelle *Lettere*, «VII, cap. II.» (p. 216), è imprecisa e si riferisce solo a una citazione (la prima delle due), molto scorciata, dalla «*Settima stanza*, cap. II, 3», mentre la seconda citazione, ugualmente ellittica, è dalla «*Quinta stanza*, cap. I, 12»: ora in Teresa d'Avila, *Tutte le opere*, Testo spagnolo a fronte, Saggio introduttivo, traduzione e note di Massimo Bettetini, Milano, Bompiani, 2011, pp. 1450-1451, e pp. 1236-1237.

17 «**Da quanto comprendo, la porta per entrare nel Castello è costituita dall'orazione e dalla meditazione**. Non differenzio l'orazione mentale da quella vocale: l'orazione chiede

Sulla conoscenza delle opere teresiane da parte di Sciascia abbiamo una prova certa nel risvolto di copertina che egli scrisse per la pubblicazione, nella collana «La memoria» di Sellerio, di Teresa d'Avila, *Libro delle relazioni e delle grazie* (1982).

4. La cittadella della verità o della menzogna? Il 'sacro' e il «cancello della preghiera»

Il castello di lassù e la cittadella in cui esso è situato sono, nel passo già trascritto, l'oggetto di un'altra domanda radicale che precede la seconda su Cristo e Savonarola («Sarebbe mai arrivato alla chiusa cittadella in alto, la cittadella della suprema verità, della suprema menzogna?»), e che postula un'antitesi assoluta (come lo è quella tra vita e morte) tra la verità e la menzogna. Forse la cittadella chiusa della suprema verità coincide con il «mondo della verità» in cui (nel *Consiglio d'Egitto*) l'abate Vella aveva immaginato entrasse il Di Blasi morendo sul patibolo; e non è certo da escludere, con molti interpreti dell'incisione di Dürer, che essa sia immagine della Gerusalemme celeste. Si ricorderà che, nel pensiero del Vella, affiorava subito in antitesi la verità del mondo degli uomini, e cioè della favola e dell'impostura della storia. E c'è da sospettare che la suprema menzogna stia tutta dalla parte di chi è in cammino nella vita e nella storia.

Il vero significato della stampa si rivelava dunque al Vice solo *ora*, nel cammino della vita verso la morte e nell'impossibilità di raggiungere, da vivi, il castello che appariva, appare, *lassù*. Di chi, o di che cosa, la verità o la menzogna? La verità/menzogna della vita, o della morte, o dell'uomo? O anche della rappresentazione di Cristo e/o di Savonarola che si fanno gli uomini? O forse anche del corpo che muore o dell'amore che cede a un altro sentire? Sono tutte domande radicali suscitate nel cavaliere, nel lettore, da una vicenda che si svolge, si è svolta (e si conclude?) sulla soglia del tempo e della vita, e dei sogni che si dissolvono.

La risposta più semplice è quella che riguarda la menzogna, che non è del diavolo, ma è dell'uomo. Ce lo dice il Vice che, volendo verificare se di «quel piccolo gruzzolo di gioia che in una vita si riusciva a mettere assieme» qualcosa fosse rimasto nonostante il male che lo divorava, si reca da una *lei* senza nome che lui aveva amato per anni con passione nonostante

---

meditazione. Non ricordarsi con chi si parla, come chiedere, chi chiede e a chi, non è orazione, pur essendoci un grande movimento di labbra. Saltuariamente, malgrado le distrazioni, ci sarà vera orazione; ordinariamente no.», *Tutte le opere*, cit., pp. 1108-1109.

le difficoltà. «Poi, finite le difficoltà, era finita anche la passione». E ora «la gioia dei corpi» si era allontanata e al posto della tenerezza c'era solo pietà:

> **Curioso come in lui, ora, ogni sentimento** che era stato di amore o di avversione **si mutasse in pietà**. E ancora più curioso **che la memoria trasfigurasse in bellezza quelle lontane sofferenze e disperazioni. Tutto mentiva, anche la memoria.**[18]

E più avanti, in dialogo con il Capo, dopo aver confessato di vedere Cristo in ogni colpevole, aggiunge: "Si mente sempre, non facciamo che mentire; e soprattutto a noi stessi...".

L'uomo mente, e diabolicamente è capace di trasformare anche il male in qualche cosa che fa apparire come sacro. Il Vice (Sciascia) significa questa suprema menzogna nella legalizzazione del delitto collettivo della pena di morte:

> E la pena di morte? Ma **la pena di morte** non ha niente a che fare con la legge: **è un consacrarsi al delitto, un consacrare il delitto**. Una collettività sempre, a maggioranza, dirà che è necessaria: appunto perché è una **consacrazione**. **Il sacro, qualunque cosa avesse a che fare col sacro... L'oscuro fondo dell'essere, dell'esistenza.**[19]

Il Vice «sarebbe mai arrivato alla chiusa cittadella in alto?» Camminando per il parco incontra bambini verso i quali ha lo stesso sentimento di «apprensione e compassione» che ora più di prima prova verso tutti, e si chiede:

> Ci saranno, pensava, nel 1999, nel 2009, nel 2019: e che cosa il susseguirsi di questi decenni avrebbe portato per loro? E **si accorse**, così pensando, **di essere arrivato come al cancello della preghiera, intravedendola come un giardino desolato, deserto.**[20]

---

[18] *Opere 1984-1989*, cit., p. 457.

[19] *Ivi*, p. 455. Sulla parola e sul concetto di **consacrazione** riferita ad atti e delitti umani Sciascia aveva riflettuto nell'*Affaire Moro*, partendo dalle parole dello statista, che in una lettera scriveva del suo «drammatico prelevamento [...] avvenuto mentre si andava alla Camera per la **consacrazione del Governo** che m'ero tanto adoperato a costruire». E Sciascia commenta: «Ma appunto questo non dimenticava il Partito Comunista: e Moro l'avrà chiaro tra qualche giorno. Intanto, **inconsciamente**, rivendicando il merito di quella costruzione, **usa la parola "consacrazione"**. Un lapsus per il cattolico; un presentimento per l'uomo che si sente "un po' abbandonato" (e voleva dire del tutto). "Di cose meramente umane" – dice il cattolico Tommaseo – "non si dovrebbe mai adoperare quell'alta parola... *Consacrasi* facendo sacro quel che sacro non era, con parole solenni, con atti, con riti". Parole solenni: la difesa dello Stato. Riti: il massacro di cinque uomini, l'esecuzione di una condanna a morte.», *Opere 1971-1983*, cit., p. 508.

[20] *Opere 1984-1989*, cit., pp. 460-461.

5. I cani che 'sognano', una *visione da apocalisse* e il pudore di sé morti

Ancora al di qua del cancello della preghiera, il cammino impervio verso la chiusa cittadella di lassù che gli resta da fare in solitudine appare al Vice come un viaggio verso una terra desolata. Alla visione dei tanti bambini che, mescolandosi ai cani, corrono per il parco, si sovrappone il ricordo orrendo di un bambino dilaniato dal cane di casa. Ed egli allora «ricordando quel fatto **ebbe una visione da apocalisse**. Se la sentì sulla faccia come una vischiosa, immonda ragnatela di immagini: e mosse la mano a cancellarla, ammonendosi a morir meglio».[21]

Nella confusività tipica dell'incubo a occhi aperti gli appaiono, molto diversi da quelli piccoli e festosi dell'infanzia, cani «alti, gravi, **quasi sognassero** boschi irti ed oscuri, pietraie impervie. O campi di concentramento nazisti». Per un processo di associazione delle immagini oniriche, i cani a guardia dei campi di concentramento nazisti vengono sovrastati nell'inconscio del testo e del Vice dal cane 'tedesco', fedele, forte e rassicurante della stampa di Dürer. E non è da ignorare che su questi cani che hanno sentimenti e sognano quasi come gli uomini è attiva la memoria dell'animalismo, dichiarato esplicitamente, che trama i *Saggi* dell'ammirato Montaigne («Le bestie stesse si vedono come noi soggette alla forza dell'immaginazione. Testimoni **i cani**, che si lasciano morire di dolore per la perdita dei loro padroni. **Li vediamo anche guaire e dimenarsi in sogno**, e i cavalli nitrire e agitarsi.»):

> Da un pensiero all'altro,[22] nell'attenuarsi di quella ossessione, **passò a ricordare i cani della sua infanzia**, i loro nomi, la valentia di alcuni, la pigrizia di altri: così come ne discorreva, con altri cacciatori, suo padre. E mai ci aveva pensato, ora improvvisamente: **nessuno di loro era morto in casa**, nessuno di loro avevano visto morire o trovato morto nella cuccia di paglia e vecchie coperte. Ad un certo punto della loro età o della loro bronchite, li si vedeva stanchi, senza più voglia di cibo e di ruzzo: e scomparivano. **Il pudore di sé morti. Come in Montaigne**.[23]

Il Vice (Sciascia) morente ricorda il grande Montaigne,[24] che avrebbe desiderato morire lontano dai propri cari, e aveva meditato su ciò che «il

---

[21] *Ivi*, p. 462.

[22] Variazione dell'attacco della famosa canzone 129 di Petrarca *Di pensier in pensier...*, ripreso alla lettera già in *Porte aperte* («Di pensiero in pensiero...», *ivi*, p. 332), e sempre collocata ad inizio periodo (e quindi con rinforzo della memoria dell'*incipit* petrarchesco).

[23] *Ivi*, p. 462.

[24] «C'è il grande insegnamento di Montaigne: vivere è prepararsi a morire. E man mano che siamo più preparati, le cose assumono minore importanza.», *Fuoco all'anima*, cit., p. 139.

cane istintivamente sentiva». Su questa riflessione egli (anche per il narratore) si riconcilia con i cani della propria infanzia. E, ormai vicinissimo a varcare il cancello della vita e della morte, sente la nostalgia e forse la necessità della preghiera.

6. Il dissolvimento nella mente eterna. Rensi, Tolstoj e Spinoza

L'indomani, dopo una notte più delle altre tranquilla, **il dolore che lo svegliava alla fine di sogni in cui qualcosa o qualcuno** al fianco, alla spalla o alla nuca **lo percuoteva**, passò la mattinata tra giornali, riviste e libri.[25]

Si ricorderà che nel precedente *Porte aperte* il piccolo giudice aveva auspicato che, se fosse vero che il sogno della nostra vita si fa dentro il sogno di *qualcuno*, sarebbe bello che questo qualcuno escludesse dai suoi sogni che riguardano gli uomini la pena di morte. Qui il *qualcuno* interviene a percuotere nel sogno il Vice, che si sveglia dal sonno e dai sogni ritrovando nella realtà il dolore del sogno. Tra realtà e sogno il cammino verso il mondo della verità avviene nel dolore:

Uscì di casa che calava, intrisa di nebbia, la notte. **Si avviò**, senza averlo deciso – come un mulo alla stalla, pensò quando se ne accorse – verso l'ufficio.

Gli spari li udì incommensurabilmente prima, gli parve, di sentirsene colpito. **Cadde pensando** [...]. La vita se ne andava fluida, leggera; **il dolore era scomparso. Al diavolo la morfina, pensò. E tutto era chiaro, ora**: Rieti era stato ucciso perché aveva parlato con lui. Da qual momento avevano cominciato a seguirlo? Il gomito non lo sostenne più, ricadde. Vide il volto bello e quieto della signora Zorni animarsi di malizia; lo vide poi **dissolversi, nella fine del tempo di cui stava varcando la soglia**, nei titoli dei giornali dell'indomani: *I figli dell'ottantanove colpiscono ancora. Ucciso il funzionario di polizia che sagacemente li braccava.* **Pensò**: che confusione! **Ma era già, eterno e ineffabile, il pensiero della mente in cui la sua si era sciolta.**[26]

Il romanzo (certo il più 'autobiografico' e insieme il più 'oggettivo' di Sciascia) si chiude su questa narrazione della morte del Vice, in cui molti hanno visto l'adempimento del desiderio dello scrittore di rappresentare l'esperienza della morte. In realtà, come per i grandi che in questo tentativo lo hanno preceduto, Sciascia resta al di qua della soglia, e la sua è una visione 'poetica', un'idea filosofica relativa a un evento che è assolutamente

---

25 *Opere 1984-1989*, cit., p. 463.

26 *Ivi*, pp. 464-465.

'ineffabile'. L'antecedente a lui più vicino, letterariamente, e che egli richiama, è il Tolstoj della *Morte di Ivan Il'ič*:

> **Tolstoj aveva allontanata la morfina dal suo personaggio forse per lo stesso suo sentimento.** E pensando a quel racconto, cominciò a cercarne dentro di sé i riscontri. **La morte come un quid, un quantum, che girava nel sangue tra ossa, muscoli, ghiandole: finché non trovava il piccolo anfratto in cui esplodere**, la nicchia, la culla. **Una piccola esplosione**, un punto di fuoco, una brace, dapprima intermittente, **poi di continuo e invadente dolore**; e cresceva, cresceva al punto che il corpo sembrava non più contenerlo: e traboccava intorno su ogni cosa. **Soltanto il pensare gli era nemico, con piccole, momentanee vittorie**. Ma c'erano momenti, lunghi, interminabili, in cui cadeva appunto su ogni cosa, tutto deformava e oscurava.[27]

Dunque, nel concreto dell'esistenza del corpo, il pensare a volte vince sul dolore, mentre il pensiero della e nella morte non conosce più passioni e dolore. Sciascia si era incontrato da giovanissimo con questa problematica 'tolstojana' attraverso la lettura dello *Spinoza* del suo filosofo italiano di riferimento che era (fin dagli anni di studio all'Istituto magistrale di Caltanissetta) Giuseppe Rensi, il quale citava le parole di Tolstoj come testimonianza di un approdo, dietro «l'insegnamento di Gesù», alla «concreta comprensione, da parte di quelli che lo seguono, della **natura d'ombra che possiede la vita individuale**, del bisogno di rinunciarvi e di trasferirla nella vita universale dell'umanità».[28] E aggiungeva che riguardo all'immortalità «Tolstoj riconosce, oltre Kant, Spinoza come la sua guida».

Nelle opere narrative Sciascia introduce (come s'è visto al capitolo IX) la figura di Spinoza solo in *Todo modo*; ma il pensatore olandese è da sempre per lui il filosofo più suggestivo e più importante. Nella rappresentazione della morte del Vice c'è con tutta probabilità un'eco precisa della dottrina spinoziana dell'eternità della mente, che si può riassumere in questa sintesi ancora fatta da Rensi:

> **Eternità non del tuo io, ma del pensiero eterno** (ed eternamente cosciente nel suo trapassare in altre menti ed essere da queste ripensato) **con cui ti sei identificato**. Eternità di ciò che forma l'essenza della mente e che tu hai fatto diventare tua propria essenza.[29]

In Spinoza l'eternità della mente è presente e garantita solo nella sostanza infinita ed eterna che egli (forse ateo, come lo ritengono in molti)

---

27 *Ivi*, pp. 453-454.

28 Giuseppe Rensi, *Spinoza*, Roma, Formiggini, 1929, pp. 92-93.

29 *Ivi*, p. 91.

chiama Dio, Essere, *Natura naturans*, *Deus seu natura*... E su ciò trascrivo solo, e senza commento, la *Dimostrazione* della *Proposizione XXXI* del quinto libro dell'*Etica*:

> **La mente** non concepisce alcunché sotto la specie dell'eternità se non in quanto concepisce l'essenza del suo corpo sotto la specie dell'eternità, cioè se non in quanto è eterna; e perciò **in quanto è eterna ha la conoscenza di Dio**; e questa conoscenza è necessariamente adeguata; e quindi la mente, in quanto è eterna, è atta a conoscere tutto ciò che può seguire da questa conoscenza di Dio, supposta data, cioè a conoscere le cose con questo terzo genere di conoscenza (si veda la D in 2P40S2); del quale, perciò, la mente, in quanto è eterna, è la causa adeguata, cioè formale.[30]

Gli attributi del pensiero della mente in cui si sciolgono nella morte il dolore del corpo e la mente del Vice sono *eterno* e *ineffabile*; e sappiamo che l'esistenza di questa mente che Sciascia, con Pascal, chiamava Dio, non era stata da lui, anche se razionalmente inconoscibile, mai negata. Lo scrittore crede alla presenza di Cristo nella vita del singolo e nella storia, e non ha motivo di affrontare la questione della provvidenza di un Dio personale o meno, risolta da Spinoza postulando l'assoluta indifferenza di Dio al bene e al male, alla vita e alla morte. La sua è una rappresentazione assolutamente poetica di un uomo che muore, e che da sempre sa che deve morire. Ed è per questo che non ritengo opportuno avviare una possibile analisi 'spinoziana' di questa conclusione del libro, affrontando ad esempio il tema della libertà (o 'liberazione') della mente dalla paura della morte, o quello della 'sopravvivenza' (impossibile in termini rigorosi) della mente (e dell'individualità) del singolo nella mente eterna. Mi basta avere segnalato questa possibile suggestione che sta dietro la storia sciasciana, e che sembra chiudere un arco spinoziano che parte da molto lontano. Ma che egli non stesse dalla parte di Spinoza quando questi negava la persistenza dell'individualità del singolo nella mente eterna di Dio ce lo dice forse lui stesso con la citazione del primo verso del sonetto *Le tombeau d'Edgar Poe*

---

[30] Baruch Spinoza, *Tutte le opere*, Testi originali a fronte, a cura di Andrea Sangiacomo, Milano, Bompiani, 2014, p. 1591. Trascrivo il testo latino originale, conservando i riferimenti in parentesi alle altre proposizioni, da me omessi nella traduzione: «DEMONSTRATIO. Mens nihil sub aeternitatis specie concipit, nisi quatenus sui Corporis essentiam sub aeternitatis specie concipit (per Prop. 29. hujus), hoc est (per Prop. 21. & 23. hujus), nisi quatenus aeterna est; adeoque (per Prop. praec.) quatenus aeterna est, Dei habet cognitionem, quae quidem cognitio est necessario adaequata (per Prop. 46. p. 2.), ac proinde Mens, quatenus aeterna est, ad illa omnia cognoscendum est apta, quae ex data hac Dei cognitione consequi possunt (per Prop. 40. p. 2.), hoc est, ad res tertio cognitionis genere cognoscendum (vide hujus Defin. in 2. Schol. Prop. 40. p. 2.), cujus propterea Mens (per Defin. 1. p. 3.), quatenus aeterna est, causa est adaequata, seu formalis»: *ivi*, p. 1590.

di Mallarmé: «Tel qu'en Lui-même enfin l'éternité le change» («Quale in se stesso infine l'eternità lo muta»),[31] che egli fa nell'introduzione alla mostra torinese (aprile-giugno 1987) di ritratti fotografici da Poe a Borges intitolata *Ignoto a me stesso*. Il saggio si intitola *Il ritratto fotografico come entelechia* ed è confluito in *Fatti diversi di storia letteraria e civile*. Il succo di questo scritto sta nel tentativo di cogliere un frammento di eternità in ogni vita, e nella speranza di «un estremo e finale riconoscersi in un "aldilà": ombra intravista e riconosciuta così come Dante intravede e riconosce le ombre».[32]

7. In principio c'era Spinoza

Sull'antica conoscenza da parte di Sciascia della figura e dell'opera di Spinoza possiamo partire dalle sue risposte all'intervista fattagli da Domenico Porzio, dove lo scrittore, ricordando la sua recente prefazione (1987) alle *Lettere spirituali* rensiane, collega Spinoza a Rensi. Alla domanda «È bella la prefazione, e di che bellezza è il libro! Ma opere sistematiche Rensi ne ha prodotte?» così risponde:

> E come no! Ha scritto una quantità di libri. Li ho letti tutti, andandoli a comperare nelle librerie antiquarie. Ma non c'è nessun filosofo che lo considera suo maestro? Non so. Una volta Ceronetti mi ha scritto a proposito di Rensi, perché abbiamo avuto più o meno lo stesso incontro con lui: attraverso il **libro su Spinoza**. Mi pare che Ceronetti lo avesse trovato su una bancarella. **Ed è un gran bel libro, perché raccontare la filosofia di Spinoza non è facile**.
>
> *Ma Spinoza non è, qua e là, anche un po' noioso?*
>
> Be', però **la sua filosofia è suggestiva**. È suggestiva assai. **A scuola è il filosofo che mi ha influenzato di più**. Il saggio di Rensi su Spinoza prima era stato pubblicato da Bocca, in seguito ne uscì una versione ridotta ma ugualmente nitida per i «Profili» di Formiggini. Dopo non è stato più ristampato. E anche Untersteiner...[33]

Nella prefazione alle *Lettere spirituali* rensiane Sciascia precisa di avere cominciato ad amare Spinoza sui banchi di scuola, grazie al suo professore di filosofia che gli aveva consigliato di leggere la monografia di Rensi:

---

[31] Questo verso mallarmeano Sciascia lo aveva già citato per il 'destino' ancora incompiuto di Pasolini (ucciso nel 1975) ad apertura della dolente e risentita inchiesta su *L'affaire Moro* (1978): «Pasolini ormai fuori del tempo ma non ancora, in questo terribile paese che l'Italia è diventato, mutato in se stesso ("Tel qu'en Lui-même enfin l'éternité le change").»: *Opere 1971-1983*, cit., p. 468.

[32] *Opere 1984-1989*, cit., p. 677.

[33] *Fuoco all'anima*, cit., pp. 41-42.

Trovai il libro alla biblioteca comunale: e avidamente lo lessi pigliando qualche appunto, copiando qualche pagina. **Libro davvero di cristallina chiarezza e di grande passione: e oltre a rendermi più affascinante Spinoza, mi affezionò a Rensi** così intensamente e durevolmente che non solo lessi e rilessi allora tutti i suoi libri che riuscii a trovare, ma ancora oggi, quando la sera cerco un libro che mi accompagni a chiudere la giornata con intelligente serenità, armoniosamente in accordo con me stesso, con la vita, con la morte, spesso mi accade di riprenderne uno suo [...].[34]

Nello stesso anno in cui ricordava il 'suo' Spinoza rensiano Sciascia, sollecitato da un amico sacerdote (Antonino Nuzzo) che stava preparando una tesi di laurea in teologia, mette al centro della 'sua' soluzione (sempre provvisoria: *ogni volta*) del problema di Dio proprio Spinoza:

"Non sono, evidentemente, un cattolico: se non statisticamente, nel numero di coloro che sono stati battezzati e non hanno abiurato", scriveva Sciascia nel novembre 1987. E argomentava: "**La proposizione in cui ho condensato**, parlando di Pirandello e di Rensi, **quello che sento e penso, è che non c'è alcuna certezza, e nemmeno la certezza che non ci siano delle certezze**. Questa mia condizione la vivo molto serenamente. E ritengo che rispettando il prossimo mio come me stesso (e magari di più), amando la verità, affrontando tutti i rischi che comporta il dirla, **in definitiva io viva religiosamente... Il problema di Dio – mai risolto una volta per tutte – io lo risolvo ogni volta con Spinoza** (fin dagli anni della scuola), il problema del convivere umano con Voltaire e Diderot."[35]

Sciascia enuncia (spinozianamente) una 'proposizione' tipica del suo 'contraddirsi' e del suo pensare per antitesi (nel caso sulla 'certezza'). Non credo che egli ignorasse le 'oscurità' e le difficoltà interne al pensiero stesso di Spinoza, e proprio sul tema centrale di Dio. Ad esempio, nella nota editoriale a Francesco Testa, *Vita e gesta di Guglielmo II* (un libro stampato da Sellerio), accenna al rinnovamento degli studi nel seminario di Monreale, aperti alla filosofia moderna, soprattutto «attraverso l'insegnamento di **Vincenzo Miceli, il cui pensiero rischiosamente muoveva da Spinoza – e oscuramente** – e si può immaginare suscitando quali reazioni (ma il dibattito teologico-filosofico della scuola di Monreale è ancora da studiare)».[36]

---

34 G. Rensi, *Lettere spirituali*, cit., p. 6.

35 Lettera in parte riportata da M. Collura, *Il maestro di Regalpetra*, cit. pp. 26-27.

36 *Leonardo Sciascia scrittore editore ovvero La felicità di far libri*, a cura di Salvatore Silvano Nigro, Palermo, Sellerio, 2003, p. 238.

8. Sciascia su Quasimodo e Spinoza. Il «sogno fermo» (di Ungaretti)

Nell'Avvertenza alla riedizione nel 1967 delle *Parrocchie di Regalpetra* e di *Morte dell'inquisitore* Sciascia mostra di accettare la critica che gli era stata fatta di avere scritto e di continuare a scrivere un unico libro:

> È stato detto che **nelle *Parrocchie di Regalpetra* sono contenuti tutti i temi** che ho poi, in altri libri, variamente svolto. E l'ho detto anch'io. In questo senso, quel critico che dalle *Parrocchie* cavò il giudizio che io fossi uno di quegli autori che scrivono un solo libro e poi tacciono (e se non tacciono peggio per loro) aveva ragione (ma aveva torto, e sbagliava di grosso, nel non vedere che **c'era nel libro un certo retroterra culturale che, anche in mancanza d'altro, sarebbe bastato a farmi scrivere altri libri). Tutti miei libri in effetti ne fanno uno.**[37]

Siamo a metà della carriera di Sciascia e lo svolgimento del suo unico libro durerà ancora per più di vent'anni. Ed egli ribadirà onestamente e orgogliosamente questa sua consapevolezza di avere scritto tutti i suoi libri come se fossero uno solo anche in tarde interviste. Potremmo però dire un po' paradossalmente che egli aveva già cominciato a scrivere il suo primo, e unico, libro con il suo primo (almeno finora) esercizio letterario costituito da una *Nota a Quasimodo* pubblicata sulla «Vita siciliana» l'8 novembre del 1944, e cioè quando aveva 23 anni.[38] In questa *Nota* c'è quasi un primo abbozzo di tematiche che poi egli andrà sviluppando, con l'avvertenza però che questo primissimo esordio di Sciascia critico letterario, orientato verso la poesia, avrà invece il suo vero sviluppo nella sua produzione narrativa. Sciascia infatti dopo l'uscita nel 1952 di *La Sicilia, il suo cuore* abbandonerà la sua attività di poeta per dedicarsi interamente alla prosa saggistica e creativa.

Dunque alle origini finora conosciute della scrittura di Sciascia sta questa *Nota* in cui egli mette in relazione diretta con il suo conterraneo Quasimodo poeti come Ungaretti e Cardarelli, chiamando in suo 'aiuto' scrittori e critici come Baldini, Cecchi e Solmi. Egli organizza, ovviamente (siamo nel '44), il suo contributo critico sul primo Quasimodo, cioè quello che va fino a *Ed è subito sera* del 1942. In termini generali si può osservare che lo stile critico di Sciascia sembra oscillare tra una sorta di preziosismo rondesco e un impressionismo di tipo ermetizzante. La sua scrittura non ha certo an-

---

[37] *Opere 1956-1971*, cit., pp. 4-5.

[38] «Vita siciliana» era un periodico fondato a Caltanissetta dall'amico Mario Farinella, l'anno dopo lo sbarco degli alleati in Sicilia, e del quale era direttore responsabile il professore Giuseppe Bianca, che era stato l'insegnante di filosofia dello scrittore.

cora raggiunto lo stadio della sua forma espressiva matura all'insegna di rigore argomentativo, essenzialità e leggerezza. Ma alcuni termini di base di un filone profondo del suo vocabolario (e cioè del suo mondo) ci sono già. E si tratta di parole che, naturalmente in una prospettiva molto più complessa, abbiamo incontrato e rilevato nei capitoli precedenti e nell'analisi del *Cavaliere e la morte* sopra tentata. Segnalo alcuni lemmi tipici del lessico sciasciano come *dolore*, *libertà*, *felicità*, i sintagmi ungarettiani *sentimento del tempo* e *sogno fermo*, e poi *memoria*, *solitudine della morte*, *eternità*, *preghiera*, *pietà*. Voglio in particolare mettere in rilievo di questo primo scritto sciasciano un'espressione che egli dichiara di avere attinto da Cecchi, e che è «esplosione congelata». E s'è visto sopra che il termine *esplosione* veniva usato da Sciascia a proposito della morte e del dolore che si annidano nel corpo e nella vita del Cavaliere e sono pronti ad 'esplodere'.

Ovviamente questa *Nota* andrebbe analizzata puntualmente, ma qui a me preme riportarla soprattutto all'inizio del cerchio della storia di Sciascia, cerchio che si chiude con un preciso ritorno alle origini. Lo spunto iniziale della *Nota* è la poesia *Davanti al simulacro d'Ilaria del Carretto*, che è il sarcofago marmoreo della giovane moglie morta voluto dal marito Paolo Guinigi, che lo fece eseguire ai primi del Quattrocento da Jacopo Della Quercia (e che si trova nella cattedrale di Lucca). Quella di Quasimodo è una poesia sul dolore della morte. Il nucleo dell'interpretazione di Sciascia sembra consistere nell'affermazione della capacità che la poesia ha di riscattare l'uomo dal dolore giacché «in sé la poesia non può essere dolore – è libertà uguale felicità». Egli vede la poesia e la parola come un processo di riparazione che porta ad una resurrezione di luce in cui si riscatta «un amore di morte». Per lui la morta è in una condizione di «pacificata solitudine», e «il suo tempo non è perduto; dolce alla sua morte, è disincantato nell'uomo che la guarda». Tra il visitatore della statua funebre e il lettore della poesia Sciascia ipotizza un processo di identificazione per cui «non si può che raggiungere Ilaria nella morte, essere la sua morte». E qui il critico proietta la figura e la vita precedente di Ilaria in un tempo che si scioglie nell'eternità:

> **Il tempo vero di Ilaria è soltanto la sua fine, il suo ricongiungersi ad una immobile eternità**, il suo rimanere di tutti. **Ora Ella è nel «sogno fermo». La figura di Jacopo della Quercia è il pensiero di Quasimodo sulla morte**.

A questo punto Sciascia introduce, con un passaggio dalla critica alla 'metafisica', la lezione apparentemente arida del filosofo Spinoza:

> Mai come in noi **il pensiero della morte si è spogliato da ogni furore: sola pietà per noi stessi. Siamo finalmente maturi per accostarci con semplicità a Spinoza, e vivificarlo di un nostro sentire**. L'universo ci appare oggi come

«**un'esplosione congelata**», per usare altrimenti una bellissima espressione di Cecchi. Ed **in questa esplosione ciascuno è dolore**, dolore accettato, chiesto anche: «La morte si sconta vivendo».[39]

Direi che il nome di Spinoza interviene, più che per una necessità oggettiva di interpretazione del testo quasimodiano, per una urgenza interiore di approfondimento e di chiarimento del giovane critico. Motivata con una spiegazione sottile ma non esaustiva, la sua lettura di Quasimodo è quasi una confessione: siamo maturi per comprendere Spinoza nell'essenziale e per farlo vivere nel nostro mondo, nel nostro sentimento. In altre parole, Spinoza è al centro di un'esperienza culturale ed esistenziale in cui la poesia e il sentire la poesia possono rivelare al giovane Sciascia il senso delle oscurità di un filosofo certo difficile, ma che può aiutarlo nella ricerca della verità. Su questo cammino la verità della poesia e le verità della filosofia si chiariscono e si sostengono a vicenda. Altro punto fondamentale di questa interpretazione del pensiero di Quasimodo è il collegamento tra l'immobile eternità espressa nella statua e nella poesia e il «sogno fermo» dello scultore e del poeta che fanno della morte di Ilaria una morte pacificata in cui tutti possono riconoscersi. Questo tema del *sogno fermo* viene ripreso ed esplicitato sulla fine della *Nota* come legato alla poesia *La preghiera* (nel *Sentimento del tempo*) di Ungaretti, di cui Sciascia cita i tre versi in cui l'espressione ricorre:

Da ciò che dura a ciò che passa,
Signore, sogno fermo,
Fa che torni a correre a un patto.

Il sogno fermo è Dio, il Signore a cui si rivolge la preghiera ungarettiana, la quale, annota Sciascia, «erompe in Quasimodo in più angosciata pace». E mi sembra molto significativo che sulla fine di questa *Nota*, a proposito del paradiso che l'uomo ha perduto, Sciascia introduca il tema dell'infanzia per Quasimodo e per sé, a partire dall'essere siciliano. Quasimodo nella Sicilia «scopre oggi con tremore la sua infanzia». In Sicilia e nell'infanzia risiede il paradiso perduto: «Accade ai bambini di trovare nel momento più acuto del loro pianto un'indefinibile serenità». E Sciascia associa questa serenità ai versi in cui, nell'ultima poesia di *Acque e terre* (*Amen per la domenica in Albis*), il poeta ringrazia il Signore che l'ha fatto soffrire:

---

[39] Sciascia trascrive nel 1944 come un novenario i tre versi finali (tutti trisillabi) di *Sono una creatura* di Ungaretti («La morte / si sconta / vivendo»), e ripropone la citazione nella stessa forma, più di quarant'anni dopo, nel *Cavaliere e la morte* (*Opere 1984-1989*, cit., p. 449).

Non m'hai tradito, Signore:
d'ogni dolore
son fatto primo nato.

Ecco, l'eternità, il pensiero, la preghiera, il sogno visto in una chiave religiosa di immutabile certezza stanno al principio di un cammino circolare che giungerà al «cancello della preghiera» del *Cavaliere e la morte*.

Capitolo tredicesimo

SCIASCIA, FREUD E LA LETTERATURA DI 'QUALITÀ ONIRICA'

> L'asserzione che tutti i sogni esigono un'interpretazione sessuale – contro la quale si polemizza instancabilmente nella letteratura – è estranea alla mia *Interpretazione dei sogni*. Non la si trova in nessuna delle sette edizioni di questo libro ed è in evidente contraddizione con altre tesi ivi espresse. [1919]
>
> Sigmund Freud, *L'interpretazione dei sogni*

A volere rintracciare nell'opera di Sciascia i frammenti di una organica teoria del sogno o di una sua interpretazione dei sogni, si resterebbe delusi. Il fatto è che sotto questo aspetto, se è possibile incontrare, nei suoi contributi saggistici e giornalistici, molti riferimenti ai rapporti tra letteratura e sogno, in particolare per autori a lui congeniali, ci troviamo sempre di fronte ad appunti sparsi, privi di una prospettiva concretamente analitica, e che si fondi su un progetto di approfondimento teorico o ermeneutico.

Questo non significa tuttavia che non si possano enucleare e discutere osservazioni, riflessioni, citazioni idonee a testimoniare un interesse antico e costante dello scrittore verso le problematiche del sogno e dei suoi rapporti con la realtà. Il tutto naturalmente all'insegna del letterario, e sempre con il beneficio mentale e critico connesso al fondamentale principio sciasciano del «contraddisse e si contraddisse». Diverso è il caso della produzione creativa di Sciascia in cui il sogno è spesso essenziale alla concezione che sostiene le singole opere e i momenti più alti della sua creatività poetica.

La dicotomia tra riflessione sul sogno e rappresentazione del sogno si può sintetizzare nella constatazione di una differenza tra occasionalità delle annotazioni critiche sul tema e una estrema coerenza delle visioni oniriche rintracciabili nelle opere narrative. In altri termini, mentre le annotazioni strettamente personali e quelle critico-letterarie si susseguono e si intrecciano liberamente, senza un progetto organico, il versante creativo dell'opera di Sciascia testimonia una forte unitarietà e una necessità strutturale e poetica del sogno che si installa nel nucleo genetico delle sue opere.

1. Ricordi e sogni. Restauro ed elaborazione secondaria, *simultaneità* e *nessi logici* in Sciascia e in Freud

Condizione essenziale perché il sogno entri nella letteratura è la sua narrabilità. Per Sciascia il racconto di un sogno è simile al racconto di un ricordo, e su ciò egli ha lasciato una messa a fuoco esemplare in uno degli scritti raccolti in *Ore di Spagna* (1988):

> **I ricordi lontani sono un po' come i sogni**. Nessuno, credo, riesce mai a raccontare un sogno senza **aggiungervi** qualcosa e senza **togliervi** quella **simultaneità** che è propria alle cose e ai fatti che affiorano nei sogni. Quel che a volte dei sogni persiste al di là del sonno (grazie forse all'improvviso svegliarsi), chi tenta, anche a se stesso, di **raccontarlo**, senza volerlo e saperlo, finisce sempre col fare una specie di **restauro**: **gli dà un ordine spaziale e temporale**, crea delle **rispondenze** e dei richiami significanti; e addirittura dei **nessi logici**, se appena la materia sognata lo permette. E **così accade coi ricordi lontani: si assimilano ai sogni e come i sogni**, senza volerlo e saperlo, finiamo col **restaurarli**, con **l'aggiungere** loro qualcosa, col creare o ricreare quei **nessi** perduti o smarriti, quell'ordine e conseguenzialità che – a differenza dei sogni – non potevano non avere.[1]

L'articolo *La guerra di Spagna: memoria e viaggio*, da cui è tratto questo passo, risale al 1984.[2] Di quasi vent'anni prima è *A ciascuno il suo*, in cui, come s'è visto, viene, tra l'altro, rappresentata una vicenda freudiana di appagamento di desiderio onirico; del 1978 è la già citata (al capitolo VIII) intervista al giornale francese «Le Nouvel Observateur», in cui lo scrittore dichiara di preferire a quella di Marx la lettura di Freud, il quale «è sempre utile a un romanziere». E la riflessione appena trascritta dell'ultimo Sciascia conferma, direi letteralmente e inequivocabilmente, la sua costante attenzione per il grande scrittore (insignito del premio Goethe) che fu Sigmund Freud (e si ricorderà che Sciascia non attribuiva alcun valore terapeutico alla psicanalisi). Preciso che nell'articolo sopra citato il nome di Freud non viene mai fatto, nemmeno per allusione. Tuttavia, stando ai dati concettuali e linguistici, la lettura fondamentale che vi sta dietro è sicuramente stata per Sciascia quella dell'*Interpretazione dei sogni*.

Freud aveva individuato, nel processo del lavoro onirico, una fase in cui il sognatore, da sveglio, ricostruisce e racconta il suo sogno, procedendo a una «elaborazione secondaria» dei suoi contenuti (latente e manifesto) per dargli una certa coerenza, un ordine e un qualche senso (anche se spes-

---

[1] *Opere*, II, *Inquisizioni. Memorie. Saggi*, t. II, cit., p. 887.

[2] Uscì infatti in «"Epoca", XXXV, 1771, 14 settembre 1984, pp. 79-87.», *ivi*, p. 1413.

so ingannevole). Sciascia espone questa fase di 'aggiustamento' del sogno (finalizzato al suo racconto), che prevede 'aggiunte' (*aggiungere*), 'censure' (*toglierví*) e collegamenti (*nessi*) logici, definendola come un'operazione di *restauro*. Qualcosa di analogo avviene, secondo lui, quando 'restauriamo' ricordi lontani e diamo ad essi un ordine e una conseguenzialità che in origine essi avevano.

L'interesse per il passo sciasciano va tuttavia oltre l'apprezzamento della correttezza espositiva di alcuni elementi della teoria freudiana. Qui infatti è in questione una utilizzazione diretta del vocabolario freudiano nello specifico settore 'onirico' che rivela una compulsazione 'strumentale' dell'*Interpretazione dei sogni* proprio quando Sciascia scriveva il suo pezzo. Si badi alle parole e frasi evidenziate in grassetto nel brano freudiano seguente:

> Innanzitutto il sogno rende giustizia al **nesso, che innegabilmente esiste fra tutti i brani dei pensieri del sogno**, riassumendo questo materiale in una singola situazione o avvenimento. **Il sogno riproduce un nesso logico come simultaneità**; procede in ciò come il pittore che, per il quadro della scuola di Atene o del Parnaso, raffigura riuniti tutti i filosofi e poeti, che non sono mai stati insieme in una sala o sulla cima di un monte, ma che dal punto di vista ideale formano una comunità.[3]

Mi pare corretto segnalare che l'affiorare in Sciascia del 'raro' concetto di *simultaneità* nei sogni trova il suo corrispettivo letterale nella definizione freudiana del sogno che riproduce «un nesso logico come simultaneità». E, come per Freud, i sogni (e i ricordi) si 'organizzano' per Sciascia in «nessi logici [...] nessi perduti o smarriti», orientati alla necessità di raccontare i contenuti del sogno «in un ordine spaziale e temporale»: espressione questa che riproduce un identico luogo testuale di Freud (sempre dall'*Interpretazione dei sogni*), per il quale nel sogno si sperimenta «l'assenza del tempo e dello spazio, cioè l'emancipazione della rappresentazione dal posto occupato dall'individuo **nell'ordine spaziale e temporale**».[4]

Queste 'concordanze' rapidamente rilevate, che non sono solo lessicali, ma fanno intravedere una frequentazione costante, credo che siano sufficienti a far rientrare Freud fra gli autori importanti nella storia di Sciascia per i quali sia possibile ancora indagare. Senza volere minimamente immaginare una trafila genetica, immagino che la contraddizione di Sciascia dentro la sua vita e opera («contraddisse e si contraddisse») avrebbe potuto

---

[3] SIGMUND FREUD, *L'interpretazione dei sogni*, in *Opere*, vol. 3, tr. it., Torino, Bollati Boringhieri, p. 356.

[4] *Ivi*, p. 694.

(e forse abbia potuto) essere accostata, dallo stesso scrittore, al «principio di non contraddizione» messo al centro della teoria freudiana del sogno e dell'inconscio.

2. Sciascia e la «qualità onirica» nell'*Armada* di Franz Zeise

Sul rapporto di Sciascia con Freud va anche annotato che egli non ha mai dichiarato il padre della psicanalisi come uno dei suoi autori di riferimento, sia nelle sue rappresentazioni dei sogni, che è piuttosto legata alla creazione poetica e alla letteratura 'pura', sia nelle eventuali 'tecniche' analitiche che, ad esempio sulla base del 'metodo' freudiano delle associazioni libere, avrebbero potuto da lui essere applicate nella lettura di autori e testi in cui appaiano temi e contenuti onirici.

È questo, tra altri, il caso del romanzo dello scrittore tedesco Franz Zeise *L'Armada* (1936), uscito la prima volta in Italia nel 1977 con l'introduzione di Sciascia, e poi ristampato nel 1989 sempre presso Sellerio. Il romanzo è incentrato sulla persona di don Giovanni d'Austria, figlio bastardo di Carlo V e fratello dell'imperatore Filippo II. Egli al comando della flotta cristiana sconfisse i turchi nella battaglia navale di Lepanto del 7 ottobre 1571. Il tema del sogno non ha nel libro una particolare estensione o rilevanza, ma si può convenire con Sciascia che si tratta di

> [...] **un'opera narrativa peculiarmente "visiva", svolta quasi totalmente per immagini**; un romanzo in cui la pittura, da Bosch a Goya, è parte intrinseca del processo creativo e in cui i documenti, le cronache, le enumerazioni e le denominazioni vengono assunte "visivamente", in una successione di immagini **che sembrano non avere movimento in sé ma acquistarlo nel ritmo**, appunto, **della successione. Un movimento che non s'appartiene al *racconto dei fatti*, qual deve essere, o di solito è, un romanzo – ma al sognarli**.[5]

Sciascia si documenta per conto proprio sulla figura di questo personaggio e individua la chiave di lettura più adatta del romanzo nella «**relazione tra la materia documentaria e la qualità onirica in cui tale materia si trasfonde e trasforma**». Non mi sembra il caso di tentare di 'verificare' sul testo di Zeise la solidità critica del discorso di Sciascia, che fa di don Giovanni d'Austria una figura segnata, dopo la vittoria, dagli incubi e dalla follia e un *exemplum* della «follia e morte» del potere in sé:

---

[5] L'introduzione sciasciana è stata riedita in *Cruciverba*, in *Opere 1971-1983*, cit., pp. 999-1005: 1005.

Ma la follia che lo prende a Namur, **la morte che a trentatre anni lo coglie** a Bruges, non erano già nella nascita, nelle azioni, negli amori dell'*imperial bastardo*, in ogni cosa da lui vista, da lui toccata? **L'appartenere al potere** non **è già follia e morte**, non è follia e morte il discenderne e, ancora di più, il discenderne "bastardamente"? **Questo è il tema che dalla figura storica** di don Giovanni d'Austria **uno scrittore tedesco degli Anni Trenta**, Franz Zeise, **estrae e oniricamente svolge** [...].[6]

Non mi sentirei di affermare che la *qualità onirica* che Sciascia vede dominante nel libro ne esprima fino in fondo il senso e la complessità. Certamente l'interpretazione che egli ne dà risponde alla sua formazione di scrittore e lettore attentissimo alle rappresentazioni ed epifanie del sogno nella letteratura europea. È testimone di questo atteggiamento la citazione che, a sostegno della sua lettura del romanzo, egli fa di un classico dell'onirismo europeo che lo ha molto suggestionato e che risponde al nome di Coleridge. Sciascia ritiene che Zeise abbia letto tutto il possibile su don Juan e sulla battaglia di Lepanto,

[...] e che abbia poi lasciato quella **materia** fermentare, lievitare, finché non si è **decantata e assottigliata in sogno – in un sogno al tempo stesso veloce e lentissimo, in un raptus, in un incubo.** E quasi **ci si meraviglia** che sia arrivato alla fine: **che non gli sia capitato, come a Coleridge col *Kubla Khan*, di interrompere la trascrizione del sogno e di non essere poi più in grado di riprenderla**, avendone perduta – per quella interruzione – la memoria. **È un romanzo**, insomma, **che è come memoria di un sogno** [...].[7]

3. Sciascia e Coleridge

La citazione del poemetto onirico interrotto (sono 54 versi!) *Kubla Khan, o Una visione in un sogno* di Coleridge fatta nell'introduzione all'*Armada* di Zeise risale al 1977; ma più di vent'anni prima Sciascia aveva pubblicato il saggio *Fine del carabiniere a cavallo*,[8] sulla narrativa italiana dal '40 in poi, in cui dimostrava di conoscere il Coleridge prosatore che citava puntualmente:

La natura morta, il gusto, per così dire, vasariano, il giuoco delle magiche invenzioni e rifrazioni, già da tempo han ceduto a un discorso più concreto; **un**

---

6 *Ivi*, p. 1002.

7 *Ivi*, p. 1003.

8 Pubblicato in «Il Caffè politico e letterario», III, 7-8, luglio-agosto 1955, pp. 27-28: ora in *Fine del carabiniere a cavallo. Saggi letterari (1955-1989)*, a cura di Paolo Squillacioti, Milano, Adelphi, 2016, p. 177.

discorso, per dirla con Coleridge, in cui la Z è già implicita mentre viene pronunciata l'A. Un po' come Coleridge immagina per gli uomini della remota antichità, la prosa ha colpito gli uomini della nostra generazione d'ancor più alta ammirazione che la poesia – «il preciso linguaggio della ragione».[9]

Oltre al famoso poemetto (del 1797 e pubblicato nel 1816) sul sogno che il poeta inglese fece del palazzo costruito dall'imperatore mongolo Kubla Khan (il quale cinque secoli prima aveva costruito un palazzo da lui visto in sogno), Sciascia mostra di conoscere precocemente (almeno dal 1955) la prosa di Coleridge, probabilmente a partire dalla fortunata antologia di *Prose e poesie*, curata da Maria Luisa Cervini per la torinese UTET (1931), e ristampata fino al 1970. In merito è da registrare che una versione più vasta e più precisa di questo riferimento a Coleridge del 1955 Sciascia ce la offre nel 1977 (e cioè in contemporanea con l'introduzione all'*Armada* e la citazione del *Kubla Khan*), nella introduzione all'edizione einaudiana dei *Viceré*:

> De Roberto continua ad occupare il posto che Croce gli ha assegnato: «ingegno prosaico, curioso di psicologia e di sociologia, ma incapace di poetici abbandoni» [...]. **La definizione** di «ingegno prosaico» **la si può accettare** in pieno e anche con entusiasmo, **nell'ordine del discorso che Coleridge fa sulla prosa** («sentir fluire ininterrotto il preciso linguaggio della ragione, in una forma costantemente preordinata: la Z già implicita mentre veniva pronunciata l'A: questo deve essere parso divino...»), tanto la letteratura italiana, la società italiana, è povera di ingegni prosaici.[10]

Come si vede, Sciascia rafforza la sua condivisione del giudizio di Coleridge sulla prosa con una citazione letterale più estesa, e omettendo il richiamo agli «uomini della remota antichità». Qui voglio segnalare rapidamente che la memoria del Coleridge poeta sognatore si intravede, in una situazione quasi analoga a quella della costruzione del palazzo sognata da Kubla Khan e da Coleridge, nella narrazione che Sciascia fa di un sogno in cui un re normanno vide la Madonna che gli consegnava il modello di una chiesa da costruire:

> **Il normanno Guglielmo II vide in sogno la Madonna recargli il modellino di una chiesa** e il suggerimento di come trovare il denaro per edificarla. Ora è un millennio, esattamente. In capo al quale **monsignor Mingo, vescovo di Monreale, forse ha avuto altro sogno**: della Madonna, ormai titolare del Duomo edifica-

---

9 *Ivi*, pp. 6-7.

10 FEDERICO DE ROBERTO, *I Viceré*, Introduzione di Luigi Baldacci, con uno scritto di Leonardo Sciascia, Torino, Einaudi, 1977. Lo scritto di Sciascia, nel volume col titolo *Perché Croce aveva torto*, era già apparso su «la Repubblica», 14-15 agosto 1977, p. 10.

to da Guglielmo, che gli presentava il tempio addobbato come uno studio cinematografico – e non senza qualche suggerimento relativo a quattrini.[11]

Questo è solo l'inizio di una pagina in cui lo scrittore mostra di disapprovare la concessione del «Duomo di Monreale a una troupe cinematografica» per le riprese di un film (quello di Zeffirelli su San Francesco). Ma qui mi importa solo notare la 'ripresa' da Coleridge del doppio sogno, fatto identico a distanza di secoli sullo stesso soggetto, relativo alla costruzione di un grande edificio. Una piccola appendice di questo sogno la incontriamo nel racconto della costruzione del palazzo della prefettura di Ragusa, tra il 1929 e il '31, relativamente agli affreschi, che sarebbero stati «**la più grande attrattiva**, la più solenne, la più sorprendente; ma sarebbero da dire, **per come Pennavaria certamente li sognò**, desiderò e seguì, il suo clou, il suo chiodo».[12]

A integrazione documentaria di quanto sopra, accenno al fatto che Coleridge era stimato e citato, oltre che da Poe, da Borges, che ha 'rielaborato' il *Kubla Khan* dedicandovi un racconto confluito poi nel suo *Libro di sogni*. Ma va anche ricordato che il poeta inglese era un fervido ammiratore di Spinoza, e che nelle sue opere si incontrano numerose e specifiche citazioni spinoziane, e tra le altre alcune pertinenti le espressioni e i concetti di *natura naturans* e di *natura naturata*.

4. I *maleducatissimi sogni* tra Della Casa e Magalotti, e poi con Savinio

In linea di principio Sciascia si diceva contrario a riferire i propri sogni e, ad esempio, in una pagina di diario consegnata a *Nero su nero*, dopo la conclusione del suo *pamphlet* sull'*Affaire Moro*, annotò che un terzo della nostra vita è occupato dal sonno, il quale spesso è visitato da maleducatissimi sogni:

> [...] è il sonno che prende noi, noi non vorremmo mai dormire, è terribile pensare che **passiamo un terzo della nostra vita in preda al sonno e visitati da maleducatissimi sogni** [...].[13]

---

[11] *Nero su nero*, in *Opere 1971-1983*, cit., p. 645.

[12] *Invenzione di una prefettura*, in *Fatti diversi di storia letteraria e civile*: *Opere 1984-1989*, cit., pp. 603-4.

[13] Ecco il passo integrale: «Finito il 24 agosto il *pamphlet* sul caso Moro, ho passato quattro giorni a rileggerlo, correggendo e ritoccando quasi meccanicamente. Senza che lo volessi, la mia mente svolgeva una meditazione sulla letteratura: ansiosa, febbrile, come sdoppiata, come dialogata. Anche stanotte, insolitamente: ché non riuscivo, forse per eccessiva stanchezza, a

In questo suo giudizio sui sogni Sciascia trovava un precedente nel *Galateo* di monsignor Della Casa, il quale aveva stigmatizzato duramente l'abitudine di coloro che ci annoierebbero certamente se ci raccontassero le cose fatte da svegli, e in più hanno l'abitudine di raccontare i loro *sciocchi* sogni. La conclusione drastica di Della Casa era questa:

> **Si riprova distintamente l'uso di raccontare i sogni nelle conversazioni.** Male fanno ancora quelli, che tratto tratto si pongono a recitar i sogni loro con tanta affezione e facendone sì gran maraviglia, che è uno isfinimento di cuore a sentirli [...]. **Non si dee adunque noiare altri con sì vile materia come i sogni sono, spezialmente sciocchi**, come l'uom gli fa generalmente.[14]

Sciascia annota che questa è una «acutissima osservazione, e verificabile non soltanto sul piano sociale, della conversazione, ma anche sul piano letterario, dei libri». A sostegno adduce l'autorità di Lorenzo Magalotti, il quale citando proprio Della Casa, in una lettera al Quirini, conveniva sul fatto che «il raccontare i sogni è malacreanza», ammettendo solo che si possano raccontare non i sogni che si fanno dormendo ma quelli che si fanno nella veglia. Sciascia aderisce *in toto* a questa opinione del Magalotti:

> E appunto possiamo dire che **un libro non è una "malacreanza" quando racconta sogni che si fanno da svegli**; lo è del tutto, "malcreato" e sciocco e noioso, quando racconta sogni che si fanno dormendo.
>
> Ma **oggi, purtroppo, altro non si fa che raccontare nei libri i sogni che si fanno dormendo**: e da parte di persone, come ben vedeva il Della Casa, "che perduta opera sarebbe lo ascoltare qualunque s'è la loro maggior prodezza, fatta eziandio quando vegghiarono".[15]

Di sfuggita, rilevo la piccola contraddizione sciasciana tra sogni da svegli, ammessi nei libri, e sogni notturni, vietati. In realtà nell'opera di Sciascia, come abbiamo già ampiamente visto, ci sono alcuni sogni ad occhi aperti, e che perciò «si fanno da svegli», ma soprattutto «sogni che si fanno dormendo». Lui stesso poi ha raccontato, come si è più volte ricordato, proprio sogni suoi fatti dormendo.

---

prender sonno (espressione usuale ma errata: è il sonno che prende noi, noi non vorremmo mai dormire, è terribile pensare che passiamo un terzo della nostra vita in preda al sonno e visitati da maleducatissimi sogni).»: *Opere 1971-1983*, cit., p. 827.

14 *Galateo*, cap. XII.

15 *Opere 1971-1983*, cit., p. 663.

5. Sciascia e i *sogni* di Savinio (senza Freud?)

Con Della Casa siamo nel Cinquecento e con Magalotti nel Sei-Settecento, e Sciascia continua a svolgere il filo 'teorico' della condanna del sogno associando al Della Casa Savinio, di cui espone la posizione espressa nella *Nuova enciclopedia* alla voce *Sogni*:

> Come monsignor della Casa prescriveva, **Savinio infatti non ha mai raccontato i propri sogni**. Da uomo educato. Da uomo civile. **Quel che nelle sue cose sembra appartenere al sogno, s'appartiene semplicemente alla lunga memoria**, alla Memoria, al Mito. Da ciò il suo rifiuto ad intrupparsi – o a fare da capofila – nel surrealismo. Da ciò la definizione di "surrealista civico" che di lui diede Salvatore Battaglia. Civico di civiltà, civico di civismo. Forse il più civico scrittore che l'Italia abbia avuto. Ed è da questo punto, su cui qui si conclude, che bisogna aprire il discorso sulla sua opera.[16]

Nella successiva prefazione alle *Opere* di Brancati egli cita esplicitamente la voce *Sogni* della *Nuova enciclopedia*, in cui Savinio riferisce chiaramente di una sua fase di «ripugnanza del sogno» nella letteratura e nella vita. Sciascia interpreta questa condanna come un rifiuto della interpretazione data dei sogni da Freud,[17] respinta esplicitamente anche da Rensi.[18]

In realtà Sciascia mostra di fraintendere gravemente l'esposizione complessa, articolata e suggestiva che fa Savinio dei suoi 'rapporti' con il sogno proprio nella voce relativa della sua *Nuova enciclopedia*. Intanto Savinio vi racconta più di un 'suo' sogno; e non è poi vero che egli, come Sciascia scri-

---

16 *Savinio*, in *Cruciverba*, *ivi*, p. 1180. L'articolo fu pubblicato la prima volta (come si legge in nota a *Opere*, II, *Inquisizioni. Memorie. Saggi*, t. II, cit., p. 1393) in Alberto Savinio, *Pittura e letteratura*, a cura di Giuliano Briganti e Leonardo Sciascia, Parma, Franco Maria Ricci, 1979, pp. 37-41.

17 Sciascia accosta Savinio e Brancati all'insegna dello stendhalismo, e poi dell'antifreudismo: «**Savinio scrive una lunga "voce" sui sogni negando la possibilità di interpretarli e senza far mai il nome di Freud**; e la stessa cosa dice in effetti Brancati, la volta che racconta un suo sogno. "Il sogno non è un problema", dice Savinio: ed è punto di partenza per una destituzione della psicanalisi.»: *Del dormire con un solo occhio*, in V. Brancati, *Opere 1932-1946*, cit., p. XXI.

18 «Ti cito poi malvolentieri il freudismo, perché, secondo me, dottrina di scarso valore e di nessuna novità (tutto quel che c'è di serio in esso era già stato completamente enunciato da Platone, *Resp.*, 571 c e sgg., e tutto il suo possibile fondamento scientifico e filosofico era già stato magistralmente sviluppato da E. von Hartmann). Ma in ogni modo sai che anche il freudismo conferma l'esistenza d'una *coscienza incosciente*. – E questo stesso pensiero di Leibniz, di Hartmann, di Herbart, di Freud, ritroviamo nella modernissima filosofia di Whitehead. "La natura originale d'una mente, il suo vero carattere, a parer suo, è quello d'essere inconscia".»: *Lettere spirituali*, cit., pp. 103-104.

ve nella prefazione alle opere di Brancati, in questa voce non faccia «mai il nome di Freud», che invece appare proprio nelle prime battute del discorso:

> **Non riuscivo a riconoscere giusta l'interpretazione che del sogno dà Freud**. Non davo importanza all'accettazione 'spontanea' del sogno come poesia del subcosciente (surrealismo).[19]

Sciascia inoltre trascura del tutto il fatto che nella voce *Sogni* Savinio ammetta una sua contraddizione tra la iniziale disistima dei sogni («Disistimavo degli uomini che danno credito ai sogni, a cominciare da Pitagora.») e un periodo successivo in cui riconosce apertamente la possibilità, e la necessità, del sogno per l'uomo. Il ragionamento di Savinio è articolato come un bel racconto, incentrato su un suo sogno, ma nel contesto di un'idea generale in cui i sogni sono diventati la sua «guardia d'onore», i suoi amici (altro che 'maleducatissimi sogni'!):

> Si fanno sempre più cordiali e soprattutto sempre più suadenti. S'impongono senza prepotenza e per sola virtù d'amicizia. **E io i miei sogni ora li aspetto, li desidero, non ne posso fare a meno**. Che segno è questo? Quale fine nasconde questo tentativo di seduzione? **Quale scopo in questa presa di possesso di me da parte dei sogni?** I sogni che con tanta cura io schivavo e con tanta facilità allontanavo da me, ora sono dolcemente adesivi e si fanno 'amorosamente' ricordare.[20]

Savinio ribadisce la sua distanza da Freud e dalla psicanalisi, e, interrogandosi sulla realtà del sogno, postula un'opposizione tra vita reale e vita onirica:

> Perché interpretare i sogni *in quello che i sogni hanno di simile alla realtà*? **Perché prendere la realtà come modello del sogno e il sogno come riflesso della realtà? Errore ostinato** che devia dalla vera conoscenza del sogno. [...] Come mai non si è pensato che se per l'uomo sveglio il sogno 'è un problema', per l'uomo che sogna il sogno *non è un problema*? **Per capire il sogno, *bisogna farsi uomo che sogna*.**
>
> Per capire i sogni bisogna abituarsi a pensare che non sempre i valori e i significati della vita sveglia si continuano nel sogno con lo stesso valore e lo stesso significato, ma che nel sogno hanno molto spesso un valore diverso e un diverso significato.[21]

L'errore della psicanalisi nell'interpretazione dei sogni per Savinio consiste nella confusione tra il pensiero della vita cosciente e le immagini oni-

---

19 ALBERTO SAVINIO, *Nuova enciclopedia*, Milano, Adelphi, 1977, p. 317.

20 *Ivi*, pp. 318-9.

21 *Ivi*, pp. 319-20.

riche, tra le quali i ricordi e i residui diurni sono per lui le «impurità del sogno». Ci sono invece un *enigma*, una *lingua* e una *sapienza* del sogno che si possono capire solo ipotizzando che i «sogni attuano quello che il mio pensiero di uomo sveglio non ha possibilità di attuare». Il richiamo dei sogni che egli sente stringersi intorno a sé, dopo la sua *tanta ostilità*, avviene perché egli si possa abituare ai sogni in vista del suo 'totale' trasferimento in essi. Il che significa per Savinio che la vita reale 'forse' non è sogno, e che per passare definitivamente al sogno occorre considerare i fatti come le impurità della vita da svegli e vivere sempre di più come da sonnambulo con i propri pensieri:

> **Per me più che per nessun altro sarà facile morire; se i sogni sono la vita che ci aspetta**. E se la vita sveglia non fosse così distratta, così agitata, così breve soprattutto, **forse noi riusciremmo con un poco di sforzo e di allenamento a passare volontariamente e liberamente nei sogni come per una specie di villeggiatura**, di riposo, e viverci 'socialmente' parte del nostro tempo di uomini vivi, **e darci convegno tra amici abitanti paesi diversi e lontani e riunirci nella cordialità dei sogni, nell''immortalità' dei sogni**, come ci si riunisce in una sala comoda, luminosa e riscaldata, mentre fuori gela e nella notte ci guatano i denti fumanti e gli occhi infocati dei lupi.[22]

Credo che Sciascia, ammiratore, studioso ed editore di Savinio, avrebbe potuto trovare spunti interessanti sulla intelligenza e la sapienza dei sogni come esposte nella seconda (e più ampia) parte della voce *Sogni* della *Nuova enciclopedia*. A modo suo Savinio, come in profondo Sciascia, è in sintonia con la grande letteratura 'classica', da Pindaro a Calderón e Shakespeare, da Poe e Rilke a Borges, e a tanti altri, nel considerare sogno la vita e la morte. La vita muore insieme ai sogni e l'ultimo sogno è quello della morte. Il sogno della vita è dentro il sogno della morte, e viceversa.

6. Tra *Un sogno dentro un sogno* di Poe ed *Enigma della poesia* di Borges

La prima citazione che Sciascia fa di Poe mi sembra essere quella dell'epigrafe a *La Sicilia, il suo cuore* (1952: «...se valeva più di due soldi, / non l'avremmo letto ai bostoniani.»), quando egli si credeva un poeta in versi. La seconda risale alla recensione *Le 'invenzioni' di Borges* (su *Finzioni*) apparsa sul «Raccoglitore» della «Gazzetta di Parma» (22 dicembre 1955),[23] seguita

---

[22] *Ivi*, pp. 323-324.

[23] «[...] nei "gettoni" di Vittorini, nel 1955, uscirono le *Ficciones* col titolo di *La biblioteca di Babele*. Abbastanza da meravigliarmi, nella recensione che mandai al "Raccoglitore" [...] che

l'anno dopo da quella che si legge nel saggio *La sesta giornata*, uscito su «Officina» nel novembre del 1956, e ora ripubblicato in *Fine del carabiniere a cavallo*. Sciascia parla del ruolo dei poeti spagnoli durante la guerra civile degli anni trenta su entrambi i fronti, e di Poe viene citata *La filosofia della composizione*:

> **Ma cantare per il popolo, per la guerra del popolo, riusciva congeniale ai poeti spagnoli**; non ugualmente ai francesi. La poesia spagnola delle due generazioni è radicata, più di quanto si può credere, nell'humus della storia delle tradizioni e della poesia del popolo: anche una esperienza come quella surrealista in Spagna assume profonda connaturazione con la cultura popolare (**in Spagna come in Sicilia, nelle terre dove gli arabi fiorirono, la poesia popolare sembra obbedire ad una *filosofia della composizione* tra Poe e il surrealismo**).[24]

Non è ovviamente il caso di affrontare qui un qualunque discorso sul saggio di autocritica (su *The Raven*, *Il corvo*) e di poetica che è per Poe *The philosophy of composition* (1846), il cui senso complessivo sta nella convinzione che *Il corvo* sia giunto «al suo compimento colla precisione e rigida coerenza di un problema di matematica».[25] Il problema critico che si porrebbe sarebbe quello di investigare come questa dimensione 'tecnica' della poesia possa coesistere con un mondo fantastico e narrativo dominato dal sogno e dall'incubo. Ma qui a me interessa solo annotare che Sciascia leggeva *La filosofia della composizione* (insieme a *Il principio poetico*) quasi sicuramente nella sezione *Saggi critici* con cui il traduttore Olivero chiudeva il libro laterziano delle *Poesie* di Poe uscito nel 1912. Le poesie di Poe sono piene di sogni (nei titoli – *Sogni*, *Un sogno*, *Paese di sogni* – e nel corpo delle liriche), sui quali aveva meditato sicuramente Sciascia, il quale vi aveva letto di certo *Un sogno entro un sogno* (*A dream within a dream*).

Trascrivo la poesia nella traduzione di Olivero che ha *entro*, oggi un poco arcaicizzante (come *sul fronte* per *sulla fronte*, ecc.), per *dentro* di tutti gli altri traduttori italiani posteriori:

---

uno scrittore di quella compiutezza e fama venisse pubblicato in una collana sperimentale. Dicevo in quella recensione: "Pensate ai racconti del mistero di Edgar Poe, a certi racconti fantastici di Max Beerbohm, a quelli surreali di Savinio; e al loico arabesco di Ortega, e ancora a Savinio per quel gusto della citazione, vera o apocrifa, ma in ogni caso, nella funzionalità del giuoco, apocrifa – pensate a una fusione di questi elementi nella personalità di un uomo del nostro tempo ossessionato dalla storia: e avrete, con buona approssimazione, l'immagine dello scrittore argentino Jorge Luis Borges.»: *Fine del carabiniere a cavallo*, cit., pp. 76-7.

[24] *Ivi*, p. 48.

[25] EDGAR ALLAN POE, *Le poesie*, tradotte da Federico Olivero, Bari, Laterza, 1912, pp. 43-45.

UN SOGNO ENTRO UN SOGNO

Prendi questo bacio sul fronte!
E, nel separarmi ora da te,
Lascia ch'io ti confessi questo: –
Tu non hai torto pensando
Che i miei giorni sono stati un sogno;
Tuttavia se la speranza è volata via
In una notte, od in un giorno,
In alcuna visione, od in nessuna,
È essa perciò meno *passata*?
Tutto quanto noi vediamo o sembriamo
È solo un sogno in un sogno.

Io sto fra il muggito
Di una spiaggia tormentata dalla schiuma de' marosi,
E tengo in mano
Grani dell'aurea sabbia; –
Come pochi! e tuttavia come essi sfuggono
Attraverso le mie dita, nel profondo,
Mentre io piango – mentre io piango!
O Dio! non posso io serrarli
Più strettamente?
O Dio! non posso io salvarne
Uno dall'onda spietata?
È *tutto ciò* che noi vediamo o sembriamo
Solo un sogno in un sogno?

Ovviamente, non commento nemmeno questa poesia, ma noto solo che il tema del sogno dentro un sogno, che non appare mai nella sua definizione diciamo lessicale e 'strutturale' né in Pirandello né in Brancati, è un elemento 'tecnico' e narrativo costante rilevabile, come s'è più volte visto, in tutto lo svolgimento della problematica onirica nell'opera sciasciana.

7. Borges, il teologo ateo

Sciascia ha accostato più volte Borges a Poe (autore ben noto all'argentino che, ad esempio, gli ha dedicato un sonetto), e, tra l'altro, li ha collocati agli estremi della sua mostra fotografica torinese: «Ignoto a me stesso – ritratti di scrittori da Edgar Allan Poe a Jorge Luis Borges». Su Borges Sciascia si è espresso più volte e, spigolando nelle sue opere, nelle interviste e negli scritti sparsi, si potrebbe ricavare un buon ritratto dello scrittore sudamericano, del quale in molti hanno messo in luce le consonanze rilevabili nel siciliano (e spesso da lui dichiarate). Una delle ultime Sciascia l'ha trovata nel *Borges A/Z*, «recentemente [1985] pubblicato da Ricci: una specie di dizionario borgesiano curato da Gianni Guadalupi»,[26] al quale certo egli ha guardato per il suo *Alfabeto pirandelliano dall'A alla Z*.

Ma va detto che da sempre, come vedremo ancora meglio nel successivo capitolo, Sciascia aveva la passione per i dizionari, e (nel 1979) aveva già pensato «ad un libro che sia una specie di schedario della memoria, di dizionario. Per voci».[27] Una voce di questo *Dizionario* (che sarebbe finito «con la fine della vita, che sia pubblicato dopo o mai») è dedicata a Borges, partendo dalla ricorrenza dei suoi 80 anni. Il punto che, in relazione alla prospettiva ermeneutica di fondo di questo studio, va segnalato è la celebre definizione che Sciascia dà dell'argentino come teologo ateo:

> **In questa guerra al tempo, Borges è armato di teologia**. Che sarebbe poi l'arma del nemico. C'è un passo delle *Otras inquisiciones* che ce lo rivela: là dove, parlando dell'enigma di Edward Fitzgerald, incidentalmente quasi, e come affermasse una cosa evidente, un luogo comune, dice: «Ogni uomo colto è un teologo». Al contrario, pochissimi uomini colti lo sono. E solo Borges, oggi, lo è in modo straordinario, eccezionale, totale. Il più grande teologo del nostro tempo. **Un teologo ateo. Vale a dire il segno più alto della contraddizione in cui viviamo**.[28]

Dunque Sciascia colloca il 'suo' Borges al punto più alto di quella contraddizione in cui egli dichiara, sempre in maniera un po' indeterminata, di vivere, e che riguarda anche l'atteggiamento sulla religione, e in particolare sul cristianesimo. E su questo terreno Sciascia si dichiara consapevolmente lontano dall'ateismo dell'autore delle *Finzioni*. Interrogato da Porzio sulla sua distanza dalla Chiesa cattolica del potere temporale e sul suo rapporto con i vangeli e il cristianesimo, Sciascia risponde: «**Il Vangelo continuerà a vivere nel cuore degli uomini che hanno cuore**». E, in relazione alla metafisica fantastica di Borges, afferma di condividerla a patto che essa non diventi «istituzione metafisica». Infine fermamente dichiara, «d'accordo con Croce», che «**non si può non essere cristiani**».[29]

---

26 In «L'Espresso», 16 marzo 1986, poi in *A futura memoria: Opere 1984-1989*, cit., p. 847.

27 *Fine del carabiniere a cavallo*, cit., p. 72.

28 *Ivi*, p. 78.

29 *Fuoco all'anima*, cit., pp. 50-51.

8. Borges, Spinoza, il sogno

Sciascia ha affermato di avere cominciato a conoscere Borges dal libro *Poemas 1922-1943*, che gli era stato donato da un amico spagnolo.[30] E sicuramente seguiva passo passo tutte le uscite di opere borgesiane in originale e in traduzione, compreso ovviamente *Il libro di sogni* (1976). Tra l'altro poteva sapere che Borges era un grande estimatore e (a modo suo) seguace del panteismo spinoziano. La lettura che del filosofo ebreo olandese fa Sciascia è, come abbiamo già visto, più leggera e più libera, nel senso che mai egli ha condiviso esplicitamente il *Deus seu natura* spinoziano, anche se nella prima fase della sua narrativa ne è stato forse tentato. Si pensi solo alla figura dello zolfataro dell'*Antimonio*, negli *Zii di Sicilia*, e al sogno del corpo come un albero. Sciascia concepiva a volte, come egli dice, delle fantasie «alla Borges», e trovava in lui soprattutto una poetica e una poesia del fantastico che lo affascinava, anche per la centralità che il tema del sogno vi assumeva. Ci si sbaglierebbe tuttavia a immaginare in generale, e nel particolare settore qui investigato, un qualche ruolo privilegiato dell'argentino nella storia di Sciascia, la cui opera, originalissima, va intesa come una ri-scrittura del proprio mondo e della letteratura 'universale' a lui nota.

Tra le opere borgesiane che Sciascia sicuramente non ha letto, perché uscita postuma a entrambi, c'è *L'invenzione della poesia. Lezioni americane*, che raccoglie il testo delle conferenze tenute all'Università di Harvard nel 1967. Vi accenno perché, senza volere trarre un'estetica dal testo di Borges (cosa che lui stesso avrebbe sconsigliato), mi pare che ci siano elementi di poetica che potrebbero trovare conferma nelle riflessioni 'critiche' e 'autocritiche' di Sciascia. Penso alle affermazioni che si leggono nella prima di queste lezioni, intitolata *L'enigma della poesia*, in cui vita e poesia coesistono all'insegna della gioia e della parola («E la vita è – ne sono sicuro – fatta di poesia. La poesia non è un'estranea; la poesia è, come vedremo, sempre in agguato dietro l'angolo. Ci può balzare addosso in ogni momento.»).

Particolarmente interessante, riguardo al paradigma onirico che caratterizza l'opera di Sciascia, e che è onnipresente in Borges, è la lezione seconda sulla *Metafora*. In essa il 'professore' analizza il modello di metafora «della vita che è un sogno, la sensazione secondo cui la vita sarebbe un sogno». E lo fa a partire dalla famosa immagine shakespeariana della *Tempesta* (citata, come abbiamo visto, più di una volta anche da Sciascia). Il commento di Borges approda al dubbio che

---

30 *Fine del carabiniere a cavallo*, cit., p. 76.

> [...] **c'è una sottilissima contraddizione tra le nostre vite che sarebbero come un sogno o di un'essenza simile a quella del sogno, e l'affermazione piuttosto lapidaria «siamo di natura uguali ai sogni»**. Perché, se noi siamo reali nei sogni o se siamo semplicemente sognatori di sogni, mi domando come possiamo fare simili affermazioni lapidarie. **Questa frase di Shakespeare appartiene più alla filosofia o alla metafisica che alla poesia, sebbene venga nobilitata, elevata a poesia, dal contesto**.[31]

Non è certo il caso di seguire Borges nei suoi ragionamenti e nei suoi esempi, come quello celebre del «filosofo cinese Chuang-tzu. Lui aveva sognato di essere una farfalla e, al risveglio, non sapeva più se era un uomo che aveva sognato di essere una farfalla o una farfalla che stava sognando di essere un uomo». Mi basta citare la sua confessione di fedeltà al sogno più che ai fatti che si legge nell'ultima lezione:

> **Che cosa significa per me essere uno scrittore?** Semplicemente essere fedele alla mia immaginazione. Quando scrivo qualcosa, ci penso non in termini di fedeltà ai fatti (il fatto è solo una rete di circostanze e di casualità), ma in termini di fedeltà a qualcosa di più profondo. **Quando scrivo un racconto, lo faccio** perché in qualche modo ci credo, non come chi crede semplicemente nella storia, ma **come chi crede in un sogno o in un'idea**.[32]

E certo non è un caso che egli, si direbbe molto sciascianamente, chiuda queste sei lezioni americane trascrivendo la prima lirica da lui esplicitamente dedicata a *Spinoza* (la seconda sarà *Baruch Spinoza*, nella *Moneda de hierro* del 1976). Nel sonetto *Spinoza* (apparso in *El otro, el mismo*, 1964), secondo l'avvertimento di Borges ai suoi ascoltatori di Harvard, al di là del significato, sarebbe importante una certa musica, e cioè, se posso interpretare, proprio la bellezza della poesia:

SPINOZA

Le diafane mani dell'ebreo
Tagliano nella penombra le lenti
Muore la sera tra paura e freddo.
Le sere sono uguali a ogni altra sera.

Ma **le mani** e lo spazio di giacinto
Che impallidisce al confine del Ghetto

---

31 Jorge Luis Borges, *L'invenzione della poesia. Le lezioni americane*, a cura di Calin-Andrei Mihailescu, traduzione di Vittoria Martinetto e Angelo Morino, Milano, Mondadori, 2001, p. 45.

32 *Ivi*, p. 168.

Appena esistono per l'uomo quieto
Che sta sognando un chiaro labirinto.

Non lo turba **la fama**, che **è riflesso**
D'altri sogni nel sogno dello specchio,
Né l'amore pudico delle vergini.

Libero da metafora e da mito
Intaglia un arduo vetro: l'infinito
Ritratto di Chi è tutte le Sue stelle.[33]

Dieci anni dopo Sciascia farà apparire in *Todo modo* la figura del filosofo al lavoro nella bottega di ottico, a proposito degli occhiali di don Gaetano che, somiglianti a quelli del diavolo di un dipinto, inquietavano il pittore narratore che, volendoli disegnare, ne abbozza tanti nello stesso foglio:

> Uno strano disegno, tra quelli che faccio di solito: e chi lo vedesse senza conoscere queste pagine, forse penserebbe sia venuto fuori **in margine a una lettura di Spinoza**, che fabbricava occhiali di quel tipo [...].

Sciascia leggeva direttamente Spinoza, ma forse per l'immagine del filosofo al lavoro di ottico si sarà ricordato (come s'è già accennato al capitolo IX) del sonetto di Borges, con Spinoza che taglia le lenti nella penombra e fino alla morte della sera. Anche Sciascia colloca il suo filosofo d'elezione nell'*ombra della sera* e lo 'vede' chiaramente in una sorta di fantasia che si svolge, com'egli dice, tra «immagini vere e proprie e immagini da parole».

Nel sonetto di Borges all'«uomo quieto / Che sta sognando un chiaro labirinto», insieme agli «altri sogni nel sogno dello specchio», sembra rivelarsi infine miracolosamente «l'infinito». Sciascia chiude il suo sogno ad occhi aperti di Spinoza con la domanda radicale sulla verità e sulla paura di scoprirla, e che non è quella relativa ai delitti del romanzo, ma l'altra indicibile della verità della e nella morte.

Tuttavia, come Sciascia afferma in *Cruciverba*, uno scrittore può/deve tentare di parlare anche dell'indicibile:

---

33 Ecco il testo spagnolo: «SPINOZA. Las traslúcidas manos del judío / labran en la penumbra los cristales / y la tarde que muere es miedo y frío. / (Las tardes a las tardes son iguales.) // Las manos y el espacio de jacinto / que palidece en el confín del Ghetto / casi no existen para el hombre quieto / que está soñando un claro laberinto. // No lo turba la fama, ese reflejo / de sueños en el sueño de otro espejo, / ni el temeroso amor de las doncellas. // Libre de la metáfora y del mito / labra un arduo cristal: el infinito / mapa de Aquel que es todas Sus estrellas": Jorge Luis Borges, *Poesía completa*, Barcelona, Penguin Random House Grupo Editorial, 2011, pp. 227-8.

«Di cosa ineffabile, – dice Tommaseo, – non si può far parola: convien tacerne». Ma **dopo Pirandello, dopo Borges, possiamo azzardarci a far parola anche dell'ineffabile**.[34]

[34] *Il volto sulla maschera*, in *Opere 1971-1983*, cit., p. 1163.

Capitolo quattordicesimo

SCIASCIA, LE PAROLE, I DIZIONARI E IL CINEMA. TRA L'INFINITÀ E IL SOGNO

> Sapevo che il mio destino sarebbe stato quello di leggere, di sognare, forse di scrivere, ma questo non è essenziale. E ho sempre pensato al paradiso come a una biblioteca, non come a un giardino. Significa che ho sempre sognato.
>
> Jorge Luis Borges, *Conversazioni americane*

Sciascia non è certamente un linguista[1] ma solo un letterato, il quale si interroga spesso sulle parole che usa nei suoi saggi e nelle sue opere narrative. E lo fa con riferimenti espliciti a dizionari di ogni tipo e a enciclopedie. Questo interrogarsi è rintracciabile lungo tutta la sua storia, nella quale sono in atto delle associazioni sotterranee che poi affiorano in alcune parole particolarmente dense di significati e di ramificazioni che tramano i suoi scritti. Qui si è tentato di penetrare nel mondo sciasciano a partire dalla sola parola *sogno* e dal campo lessicale e semantico in cui essa si colloca, per espandersi poi ad altri contenuti nucleari di una scrittura estremamente coerente e unitaria, anche se sempre inquieta e mai appagata.

1. Fatto e parola. Ancora con Borges: non racconti, ma la verità dei sogni

Il processo creativo può essere inteso come un cammino dal caos informe delle cose e del linguaggio verso la sintesi di una rappresentazione del mondo e del proprio mondo in un organismo in cui tutte le parole sono necessarie, ma ognuna con un suo retroterra, una sua storia e una sua essenzialità. Alla fine ogni corpo di parole si riduce sempre di più a pochi e

[1] Uno Sciascia linguista «semplicemente non esiste», Salvatore Claudio Sgroi, *Un trittico sciasciano con «giallo»*, Novara, UTET, 2021, p. 11.

pochissimi lemmi e, al limite, alla non parola della prima lettera dell'alfabeto fenicio e poi ebraico che non va nemmeno pronunziata, e che è l'*aleph* borgesiano, il quale ha suggestionato fortemente Sciascia.[2]

In una parola, in una sillaba detta o taciuta possono essere contenute tutte le parole e tutta la poesia dell'universo. E ciò sulla base del fatto che ogni parola è comunque un *accadimento*:

> [...] bisogna fare il giro della propria casa per ritrovare il mondo. In questo senso: che **un accadimento quotidiano, un incidente banale, un incontro non eccezionale, possono avere tale carica di avventura da contenere, come il fantastico *aleph* di Borges, in un punto solo tutti i punti dell'universo**: e lungamente vibrare e rifrangersi in una dimensione di poesia.[3]

Su questa omologia tra fatto e parola basta immaginare che per uno scrittore il problema di fondo è sempre quello di portare il suo mondo di parole a uscire dalla pagina per entrare nel mondo delle cose e della vita vissuta e vivente. E ciò è vero tanto per i realisti quanto per i surrealisti e i 'fantastici' alla Borges. L'aspirazione massima di Sciascia scrittore è quella di portare il suo lettore dalla realtà alla parola, e da questa di nuovo alla vita, alla verità esistenziale di quello che la sua opera rappresenta.

Borges descrive bene questo processo quando, a proposito del *Castello* di Kafka, osserva che l'uomo non entrerà mai nel castello. Egli attribuisce questa situazione al fatto che l'autore non ha voluto scrivere un libro facile e di successo; e conclude osservando che egli avrebbe potuto scrivere questo libro, ma la gente avrebbe avuto l'impressione che non dicesse la verità. E subito precisa che non si tratta della verità dei fatti ma della verità dei suoi sogni:

> Quando leggiamo *Das Schloss* (*Il castello*) di Franz Kafka, sappiamo che l'uomo non entrerà mai nel castello. Insomma, noi non crediamo nella felicità e nel successo. E questa può essere una delle miserie del nostro tempo. Immagino che Kafka provasse la stessa cosa quando volle che i suoi libri venissero distrutti: in realtà, lui voleva scrivere un libro felice e vincente, ma sapeva che non ci sarebbe riuscito. Avrebbe potuto scriverlo, certo, ma la gente avrebbe avuto l'impressione che non dicesse la verità. **Non la verità dei fatti, ma la verità dei suoi sogni**.[4]

E di sé il grande scrittore argentino dice che ha cercato semplicemente di comunicare «qual è il sogno». Egli in generale considera la scrittura

---

2 Si veda, ad esempio, la sua recensione alla prima traduzione italiana di *L'Aleph* (Milano, Feltrinelli, 1961), apparsa in «La Situazione», III, 21-22, agosto 1961, pp. 17-19 (e riproposta in *Leonardo Sciascia e la Jugoslavia*, a cura di Ricciarda Ricorda, Firenze, Olschki, 2015, pp. 187-189).

3 L. Sciascia, *Fine del carabiniere a cavallo*, cit., p. 13.

4 Jorge Luis Borges, *L'invenzione della poesia*, cit., p. 80.

(nella poesia come nella prosa) una sorta di collaborazione tra scrittore e lettore, il quale svolge la sua parte di lavoro, che arricchisce il libro che sta leggendo:

> **Tento semplicemente di comunicare qual è il sogno. E, se il sogno è un sogno offuscato (nel mio caso lo è spesso), non provo ad abbellirlo, e neppure a capirlo.** Forse ho fatto bene, perché tutte le volte che leggo un articolo su di me – sembra ci sia un bel po' di gente che ne scrive – sono in genere sorpreso e molto grato per i profondi significati che sono stati letti in quelle mie azzardate annotazioni. Naturalmente, sono grato, perché **reputo la scrittura una sorta di collaborazione**.[5]

Nelle opere di Sciascia si registra, come s'è accennato, un duplice processo, che è quello della parola verso la cosa e l'altro della cosa verso la parola. Al centro di questo percorso si colloca, spesso nei punti più alti delle singole opere, la parola *sogno*. Tutto il lavoro analitico che si è fatto nelle pagine precedenti potrebbe situarsi all'insegna della prima direzione, e cioè di quella che va dalla parola alla cosa; ma in realtà si tratta in qualche modo di una astrazione analitica che tende a ri-convergere nella sola parola. Barthes si chiede:

> **Dove finiscono le parole? Cosa c'è al di là? Per l'uomo il linguaggio non è soltanto un privilegio, è anche una prigione. È questo che ci ricorda il dizionario.**[6]

2. Sciascia, l'enciclopedia e il dizionario

La parola che si consegna alla lingua scritta ha il suo santuario nel dizionario e il suo corrispettivo sistematico e realistico nell'enciclopedia. Senza scendere a una esemplificazione che risulterebbe inutilmente vasta e anche ripetitiva, si può affermare con sicuro fondamento che Sciascia ha sempre manifestato un'attenzione particolare, testimoniata da decine di luoghi della sua produzione, verso i dizionari di ogni tipo: linguistici, filosofici, geografici, topografici, marini, storici, dialettali, delle idee, dei sinonimi e dei soprannomi, settoriali, specifici, ecc. E quanto alle enciclopedie basta citare il suo interesse per l'*Encyclopédie* degli illuministi francesi e la *Nuova enciclopedia* di Savinio, e ricordare che egli pubblicava articoli su *voci* nella

---

5 *Ivi*, p. 120.

6 Roland Barthes, *Cos'è uno scandalo. Scritti inediti 1933-1980*, Testi su se stesso, l'arte, la scrittura e la società, a cura di Filippo D'Angelo, Roma, L'orma, 2021, p. 204.

rubrica «L'Enciclopedia» dell'«Espresso». Per lui la gioia, la vita e le utopie del *Secolo educatore* che fu il XVIII approdano al progetto di Diderot e di D'Alembert di dare con l'*Encyclopédie* agli uomini una *concezione* non di parole ma di cose, delle attività umane e del fare le cose con gioia:

> L'*Enciclopedia* è appunto il tentativo di dare agli uomini la gioia del proprio lavoro: la gioia della conoscenza, dell'intelligenza, dell'armonia delle parti nel tutto. La macchina – la meccanizzazione dell'industria – è già, come il cavallo di Troia, dentro la cittadella dell'*Enciclopedia*; ma dal *louis quatorze* all'*art nouveau* questa specie di redenzione, di stato di grazia, tocca l'artigianato: il mobiliere, l'orefice, lo stuccatore, il tappezziere, lo stampatore, il rilegatore, il marmista, il vasaio, il fabbro ferraio – **tutti stanno dentro la voce "gusto"** (*Essai sur le goût dans les choses de la nature et de l'art*) di Montesquieu, tomo VII dell'*Enciclopedia*. Tommaseo riassume: "Il *gusto*, se non sempre da arte e da studio, almeno da pratica".[7]

Al caso di Sciascia 'lessicografo' (che a volte vagheggia anche i dizionari degli anni duemila e i «futuri dizionari della lingua italiana»)[8] si può applicare quanto Barthes osserva sul rapporto e sulla 'reversibilità' tra dizionario ed enciclopedia:

> Si raccolgono delle parole, se ne dà la definizione: nasce un dizionario. Si raccolgono delle cose (nominandole, ovviamente), se ne dà la descrizione: nasce un'enciclopedia. **Talvolta [...] le due operazioni si sposano, e si produce un dizionario delle parole e delle cose, un dizionario enciclopedico**.[9]

3. *Occhio di capra*. Il *Dizionario* senza fine (con Borges e Barthes)

Sciascia si è cimentato nella redazione di almeno due 'piccoli' vocabolari completi (in chiave enciclopedica), che sono *Kermesse* (costruita su singole voci, o su frasi, dialettali), poi accresciuta in *Occhio di capra* (1984), e l'*Alfabeto pirandelliano dall'A alla Z* (uscito come supplemento all'«Espresso» nel 1986, riedito come *Alfabeto pirandelliano*, 1989).

Per Sciascia un vocabolario è un'opera *in progress*, che non deve finire, deve partire dai ricordi e dalle cose dell'infanzia per proiettarsi e continuare oltre la vita. Si potrebbe dire, e non troppo paradossalmente, che ogni opera parte dal ricordo delle parole dell'infanzia, si svolge e si ripete arricchendosi e variando per poi confluire nelle parole di un dizionario infinito

---

7 *Cruciverba*, in *Opere 1971-1983*, cit., pp. 1015-1016.

8 *Fine del carabiniere a cavallo*, cit., p. 159.

9 R. Barthes, *Cos'è uno scandalo*, cit., p. 203.

che contenga tutte le parole o nessuna al modo della borgesiana *Biblioteca di Babele*. Borges sta dentro la concezione sciasciana dei dizionari (e poi come voce in un *Dizionario* appena avviato). E non è per caso che il nome di Borges compaia nell'epigrafe e nella *Notizia* di *Occhio di capra*, che è il 'vocabolario' più completo, e insieme il più aperto, di Sciascia. Ma è anche un vocabolario storico (della propria vita e del mondo in cui ha imparato a parlare e a scrivere), linguistico-dialettale, enciclopedico, chiuso e aperto:

A Racalmuto (Rahal-maut, villaggio morto, per gli arabi: e pare gli abbiano dato questo nome perché lo trovarono desolato da una pestilenza) sono nato sessantaquattro anni addietro [...]. E così profondamente mi pare di conoscerlo, nelle cose e nelle persone, nel suo passato, nel suo modo di essere, nelle sue violenze e nelle sue rassegnazioni, nei suoi silenzi, da poter **dire quello che Borges dice di Buenos Aires**: "Ho l'impressione che la mia nascita sia alquanto posteriore alla mia residenza qui. Risiedevo già qui, e poi vi sono nato". **Mi pare cioè di sapere del paese molto di più di quel che la mia memoria ha registrato e di quel che dalla memoria altrui mi è stato trasmesso: un che di trasognato, di visionario** [...]. **Ed ecco un fatto di per sé borgesiano, del Borges di natura e quotidiano: non riesco ad immaginare, a vedere, a sentire la vita di questo paese prima che gli arabi vi arrivassero e lo nominassero**. Ed è piuttosto facile scoprirne la ragione: la mia residenza qui, quella residenza che di molto precede la nascita, è cominciata con gli arabi, dagli arabi.[10]

Di un terzo *Dizionario*, concepito come un «serbatoio della memoria», Sciascia ci ha lasciato solo quattro voci (uscite sul «Corriere della sera»: *Montecitorio*, *Orchestra*, *Borges*, *Thompson*); ma è interessante notare come nel suo proposito di lessicografo 'enciclopedico' egli abbia in premessa rilevato l'interminabilità del lavoro di chi voglia fissare il mondo delle parole, che in fondo è il mondo della vita, in una sistemazione definitiva:

Penso ad un libro che sia **una specie di schedario della memoria, di dizionario. Per voci**. E ogni voce costruita con totale concentrazione e ferma pazienza: **a inseguire ogni lontano ricordo, ogni remota sensazione.** E tornando ad aggiornarla, ogni voce, a distanza di mesi o di anni: mano a mano che la memoria si fa più sottile, sinuosa e prensile **sulle cose dell'infanzia e dell'adolescenza**, più acuta (e, a controparte, a contrappasso, sulle cose del presente si ottunde). **Un libro da non finire se non con la fine della vita, che sia pubblicato dopo o mai**. Ma importante.[11]

Siamo, credo, nell'ambito di quei problemi vertiginosi che Roland Barthes, un autore ben conosciuto (e apprezzato) da Sciascia, in particolare per

---

10 *Opere 1984-1989*, cit., p. 8.

11 *Fine del carabiniere a cavallo*, cit., p. 72.

le sue teorie sulla fotografia, ha individuato, nella prefazione al *Dizionario Hachette* del 1980, come connessi a una idea della genesi, natura e funzione del dizionario:

> Il primo di questi [problemi] attiene all'**infinità delle parole di una lingua**. [...] **Il dizionario lotta senza sosta contro il tempo e lo spazio** (**sociale, regionale, culturale**), **ma è sempre sconfitto: la vita rimane più ampia, più rapida, travalica non tanto il linguaggio quanto la sua codificazione.**[12]

Nel *Dizionario* di Sciascia che forse non sarebbe stato mai pubblicato c'è un'assonanza stretta con questa vertigine barthesiana della vita che trapassa ogni tentativo di codificazione linguistica. È forse per liberarsi «dall'angoscia dell'infinitezza» che egli, con sempre davanti il vocabolario del Tommaseo e poi quello (allora ancora incompiuto) di Salvatore Battaglia, opta per dizionari selettivi, piccoli, ma sempre aperti e che si collocano fra vocabolario ed enciclopedia. Con un dizionario delle parole e delle cose, come sono quelli di Sciascia, e quindi dizionario enciclopedico, si verifica per Barthes una seconda vertigine:

> **[...] ogni parola richiama una cosa, o una nebulosa di cose,** ma al tempo stesso nessuna cosa può umanamente esistere se non è presa in carico, consacrata, assunta da una parola. Le parole rimandano alle cose? **Sì, ma anche, in uno stesso movimento, ad altre parole.** La separazione delle cose e delle parole in due ordini distinti e gerarchizzati è dunque un fenomeno ideologico, com'è stato mostrato da Michel Foucault.[13]

4. Sciascia e la macchina dei sogni del dizionario (ancora con Barthes). *Il naso* di Gogol

Barthes completa la sua analisi assegnando al dizionario una funzione poetica, che è particolarmente apprezzabile nella gioia che i poeti, e talvolta anche i bambini, provano nel leggerlo. Questa gioia del vocabolario, che Sciascia prova e comunica spesso al suo lettore, è legata per Barthes al fatto che esso, al di là della sua *utensilità* strumentale, si configura come una macchina dei sogni:

> [...] il dizionario [...] è anche **una macchina dei sogni: generandosi in un certo senso da sé, di parola in parola finisce per confondersi con il potere**

---

12 R. Barthes, *Cos'è uno scandalo*, cit., p. 202.

13 *Ivi*, pp. 203-204.

dell'immaginazione. Se le si sfoglia, come si è continuamente tentati di fare, le pagine di un dizionario lasciano sfilare davanti alla mente, o, se è illustrato, sotto gli occhi, **i grandi oggetti portatori di sogno**: i continenti, le epoche, gli uomini, gli strumenti, tutti gli accidenti della Natura e della società.[14]

Spigolando nella vasta opera di Sciascia si potrebbero rinvenire molteplici esempi del potere di attivare l'immaginazione che hanno su di lui i dizionari; ma qui basta solo ricordare che il vocabolario immaginato da Sciascia supera sempre il livello piattamente linguistico per aprirsi, alla Barthes, all'infanzia da un lato e al futuro dall'altro, e sempre sulla base di un percorso immaginativo che dalle parole si apre al sogno delle cose, delle stesse parole e della vita. Su questo processo ricorrente adduco l'esempio di una sua fantasia, poetica e letteraria, che dalla parola *odore* del dizionario arriva a coinvolgere un grande autore 'onirico' come Gogol, riscrivendo, in un nuovo sogno, la novella *Il naso*:

> Già nel dizionario italiano di Salvatore Battaglia **la voce "odore"** [...] **costituisce un sistema**. [...] **Ma andando in estravaganza, quel che [...] ci viene subito incontro è il naso dell'assessore di collegio Platone Kovalev** [...]: un naso che lascia la faccia cui appartiene e se ne va in giro per la città in uniforme di consigliere di Stato, rango più alto di quello di Kovalev. "Era in uniforme trapunta d'oro, col grande collo ritto; portava pantaloni di camoscio, e al fianco la spada. Dal cappello piumato si poteva concludere che apparteneva al rango dei consiglieri di Stato": il naso, il Naso, il NASO (seguendo il crescendo tipografico che Savinio usa per il naso di un pittore nostro amico).
>
> Gli elementi diciamo realistici da cui parte e **surrealisticamente si impenna il racconto di Gogol** sono indubbiamente questi due: il fatto che il barbiere Ivan Jakovlevic, ogni volta che lo sbarbava, dall'assessore Kovalev si sentiva dire "le tue mani puzzano sempre"; e il fatto che, nel suo desiderio di far carriera, secondo una metafora di vasto corso, Kovalev non sapeva fare buon uso del proprio naso. [...] **In effetti, siamo di fronte a due sogni che si intersecano**: del barbiere, di mutilare del naso il cliente da cui due volte la settimana riceve offesa; dell'assessore di "aver naso" – fiuto, accortezza, cortigianeria – per far carriera. **Due sogni, è il caso di dire, che si "surrealizzano"**.[15]

In realtà i sogni non sono due, quello del barbiere e quello dell'assessore, ma tre, perché ad essi si associa il sogno a occhi aperti dello scrittore e del lettore del dizionario che, partendo dalla voce *odore* e dagli esempi che la illustrano, fantastica e attinge nella memoria 'sognante' uno dei sogni della sua cultura letteraria.

---

[14] *Ivi*, p. 204.

[15] *Odori*, in *Fatti diversi di storia letteraria e civile*: *Opere 1984-1989*, cit., pp. 667-668.

5. Due note lessicali nell'*Affaire Moro* e il morto nella lingua dei sogni

Sciascia, riflettendo sulla morte di Aldo Moro, e pensando contemporaneamente alla morte di Pasolini, immaginava di potere compilare un dizionario delle cose che per l'amico erano *adorabili* e per lui *strazianti*:

> Pasolini trovava invece "adorabile" quel che per me dell'Italia era già straziante (ma anche per lui, ricordando un "adorabili perché strazianti" delle *Lettere luterane*: e come si può adorare ciò che strazia?) e sarebbe diventato terribile. Trovava "adorabili" quelli che inevitabilmente sarebbero stati strumenti della sua morte. E **attraverso i suoi scritti si può compilare come un piccolo dizionario delle cose per lui "adorabili" e per me soltanto strazianti e oggi terribili**.[16]

Siamo, com'è del tutto evidente, sulla soglia in cui le parole, per dirla con Barthes, ci spingono «al di là» della loro lettera. E su questo terreno della prigione del linguaggio, o anche del linguaggio della prigione, la serrata indagine di Sciascia sulle lettere di Moro è un capolavoro di umanità, di psicologia, e di intelligenza della lingua anche nella sua dimensione vocabolaristica. Si veda per tutto questa riflessione, corroborata dal ricorso al familiare Tommaseo, sul pronome *taluno* (che Moro usa in una lettera del 27 aprile):

> Ci sono, in questa lettera, tante cose da segnare, su cui riflettere. E da decifrare. Intanto, questa frase: "non scambiando, **taluno resta in grave sofferenza, ma vivo, l'altro viene ucciso"**. Taluno: "pronome indicante qualità; adoprasi bene laddove si tratti appunto di fermare l'attenzione sopra la qualità d'una o più persone; ma d'ordinario, non molte". (Ancora il Tommaseo: sto scrivendo queste pagine sull'affaire Moro in un mareggiare di ritagli di giornali e col **dizionario del Tommaseo solido in mezzo come un frangiflutti**).[17]

Per Sciascia dunque il Tommaseo (che cita quattro volte nell'opera)[18] è una guida sicura nelle incertezze della decifrazione dei messaggi sottili contenuti nelle lettere di Moro. In questo caso egli arriva alla conclusione che il *taluno* si riferisca ad una sola persona, che andrebbe in esilio al posto di una (quella di Moro) da far sopravvivere con uno scambio. In realtà al Moro di questa e delle altre lettere e al suo 'interprete' si svela ora lo spaventoso significato della «parola che finalmente gli si è rivelata nel suo vero, profondo e putrido significato: la parola "potere"». E adesso, cioè sulla so-

---

[16] *Opere 1971-1983*, cit., p. 468.

[17] *Ivi*, pp. 541-542.

[18] Alla nota 19 del capitolo XII ho discusso la parola *consacrazione* usata da Moro in una lettera e commentata da Sciascia con l'ausilio del Tommaseo.

glia della morte e non prima (in quanto era vissuto per il potere e del potere), Sciascia colloca il suo personaggio, ormai eroe positivo proprio perché perdente (il suo amico Pasolini aveva detto che «chi perde vince»), nell'universo antropologico e onirico in cui egli scrittore si è costituito. E Moro entra come figura che parla e parlerà nel sogno e nell'incubo di chi, per gretto opportunismo politico, lo manda a morte:

> È ormai **il 31 e 47** che **nella cabala siciliana** del giuoco del lotto **corrisponde al "morto che parla"**. Che **parla nei sogni o negli incubi degli "amici"**. Che continuerà a parlare.[19]

La 'cabala del lotto' appare più volte nelle opere di Sciascia, ed è un elemento stabile della sua visione antropologica su base squisitamente siciliana, in cui la figura del morto che parla nei sogni è, per così dire, un elemento strutturale ineliminabile dalla visione della vita che ne informa l'opera, com'è attestato, ad esempio, da una risposta alla più volte citata intervista sul sogno:

> Da ragazzo sono vissuto in un paese dove giocavano molto al lotto. I numeri che mi sono rimasti in mente, perché si giocavano più di frequente, erano 31, 47 e 90. **31 e 47 cioè morto vivo, morto che parla**, 90 ovvero la paura. Se si facesse un'indagine nel mondo del lotto, si constaterebbe ancor oggi che nel Meridione sono questi tre i numeri più giocati.[20]

6. Il cinema e/è il sogno. Le ombre di Platone (e di Rilke)

Una vertigine simile a quelle suscitate dal dizionario Sciascia dichiara di provarla di fronte a quella eccezionale raccolta di migliaia e migliaia di films che i francesi del Centre National du Cinéma hanno concentrato e messo a disposizione del pubblico nelle «Archives du cinéma» di Bois d'Arcy. Per Sciascia si può affermare a pieno titolo che il cinema è stato per lui un generatore di sogni negli anni della prima adolescenza, ancor prima dell'incontro con la letteratura. L'intervista sul sogno si conclude sulla confessione dello scrittore che rivela il suo sogno, rimasto allo stato di puro desiderio, di volere fare il regista («Volevo fare del cinema come regista. Ma non ci ho mai provato. Questa aspirazione è rimasta sempre allo stato di sogno, di desiderio.»). Egli pone alle origini del cinema il sogno, così come fa con la sua personale esperienza di sognatore:

---

19 *Ivi*, p. 542.

20 F. Pansa, *Viaggio intorno ai sogni*, cit., p. 126.

Credo che abbia ragione Frank Capra: **il cinema è finito perché si fondava sulla capacità di sognare che ora non esiste più**. Ma **il cinema ha influenzato**, tra il 1935 e il 1940, **il mio modo di sognare. Sognavo come al cinema**. Qualcosa di quel mondo (ora che ci penso) entrava nelle mie notti: specialmente certe attrici americane che erano autentici simboli.[21]

Se Sciascia maturo non sogna più come una volta al cinema e il cinema, egli tuttavia, quarantacinque anni dopo avere visto *Il fu Mattia Pascal* di Marcel L'Herbier, rivedendolo riflette sull'enorme importanza che il cinema ha avuto per lui nel senso della maturazione umana e culturale e in quello della letteratura e del sogno che è la vita stessa. E lo fa mettendo in campo non problemi diciamo di tecnica espressiva, bensì le grandi domande che hanno da sempre impegnato il «pensiero umano»:

Rivedo, dopo circa quarantacinque anni, *Il fu Mattia Pascal* di Marcel L'Herbier. L'ho visto la prima volta, che avevo dodici o tredici anni, nel cinema del mio paese; lo rivedo ora in una saletta degli "archives du cinéma" di Bois d'Arcy, a una trentina di chilometri da Parigi: una campagna gelida intorno ai due grandi, ermetici parallelepipedi di alluminio in cui migliaia di films sono custoditi. E l'idea che tanti films stiano come sigillati dentro queste gigantesche scatole metalliche **mi dà un senso di smarrimento, di vertigine: quasi mi trovassi improvvisamente di fronte alla materializzazione** – solidificata, mineralizzata, inaccessibilmente squadrata e pure segretamente e rischiosamente accessibile – **dei più ardui problemi che il pensiero umano da secoli declina, delle più ardue fantasie. Il divenire e l'essere, il tempo, la libertà, la predestinazione, l'identità, il potere. Eraclito, Parmenide, Platone, Agostino, Shakespeare, Einstein, Borges. E Pirandello**. Tutto quel che sarà è già stato. Il tempo sottratto al tempo e in attesa del tempo. L'uomo uno, nessuno e centomila. **La vita soltanto un sogno, un archivio di ombre.**[22]

L'espressione *un archivio di ombre* altrove Sciascia la declina come la «miniera delle ombre, di cui parla Rilke».[23] E in effetti si tratta della citazione della «miniera delle anime» che appare in *Orfeo Euridice Hermes* («Era l'ardua miniera delle anime. Correvano nel buio come vene d'argento, silenziose.», in *Aus den Neuen Gedichten*: *Dalle nuove poesie*). Lessicalmente qui

---

[21] *Ibid.*

[22] *Il volto sulla maschera*, in *Cruciverba*: L. Sciascia, *Opere*, vol. II, *Inquisizioni. Memorie. Saggi*, tomo II, *Saggi letterari, storici e civili*, cit., p. 671. Questa edizione corregge il *Bercy* della prima stampa e delle *Opere*, III, di Bompiani (su autocorrezione dello stesso Sciascia) in *Bois d'Arcy* (*ivi*, pp. 1391-1392).

[23] «È la vita a determinare certi atteggiamenti. E i sogni mi fanno pensare spesso alla morte. Alla miniera delle ombre di cui parla Rilke.»: F. Pansa, *Viaggio intorno ai sogni*, cit., p. 124.

troviamo esplicita e senza residui di incertezza l'equivalenza semantica tra *sogno* e *ombre*. E, sul piano generale, va annotato che in questo testo sul cinema è centrale il riferimento a Platone e al mito della caverna. Difatti il passo sopra riportato è subito seguito dalla citazione di una frase della parte finale del libro sesto della *Repubblica* («Intendo per immagini in primo luogo le ombre...»), e dopo comincia una lunga trascrizione dell'essenziale della rappresentazione del mito della caverna su cui si apre il libro settimo dell'opera platonica. Sciascia, chiusa la citazione, ricorda che dagli anni della scuola in poi questo mito gli si è presentato spesso alla mente, ma senza che egli avvertisse quella 'rivelazione' che ora «davanti agli "archives du cinéma"» gli sembra assolutamente ovvia, e cioè che nel testo platonico ci fosse «una prefigurazione o profezia del cinema – e di un'estetica e di una sociologia del cinema». E a questo riguardo egli delinea la figura dello spettatore come quella di un'ombra che contempla altre ombre:

> Che cosa è, **lo spettatore cinematografico**, se non **un'ombra che guarda altre ombre**, **che confonde la propria ombra – e cioè la propria esistenza – con quella delle altre ombre che la luce proietta da dietro le sue spalle**? E non sta come incatenato alla sua poltrona? E non è oggi, tra cinema e televisione, quello che Platone dice «il mondo conoscibile» ridotto alle ombre che passano sul grande o piccolo schermo, sulla parete della caverna? **E un paio di generazioni non stanno dentro questa caverna fin dall'infanzia, come i prigionieri che Platone invitava ad immaginare?**[24]

Lasciando in sospeso ogni valutazione sociologica sulla civiltà delle immagini, e ogni analisi 'filosofica' della problematica squisitamente platonica della necessità di rivolgersi dal mondo delle cose, e cioè delle ombre, al mondo delle idee, occorre cogliere, credo, il senso della lettura sciasciana del cinema come esclusivamente centrato sulla realtà esistenziale dell'immagine, e quindi dell'ombra e del sogno.

7. Il sogno della propria morte e *La morte del sogno* di Salinas

In più di un'occasione, a proposito della composizione di *Porte aperte*, Sciascia ha detto che il destino del racconto era stato segnato dall'affiorare in lui di una battuta di dialogo con cui cominciarlo.[25] Questa ricerca dell'ef-

---

[24] *Opere*, II, *Inquisizioni. Memorie. Saggi*, cit., p. 672.

[25] «*Porte aperte* doveva essere un libro inchiesta del genere di *1912 + 1*, mentre quando mi sono messo alla macchina da scrivere, dopo averci tanto pensato, mi è venuta fuori la battuta di un dialogo. Allora il destino del racconto era segnato.» (*Fuoco all'anima*, cit., p. 85); «Ma – dopo

fetto e della sorpresa di una battuta riguarda, ovviamente, anche la conclusione dei racconti. Ed è pensabile che Sciascia sarebbe stato d'accordo con Borges, il quale (nella lezione americana sulla *Narrazione di un racconto*) ricordava che «fu Poe a dire che una storia dovrebbe essere scritta in funzione dell'ultima frase, e una poesia in funzione dell'ultimo verso».

Anche se il racconto di un sogno, inserito nel sogno più ampio che è un'opera letteraria (e che è la vita), ubbidisse sempre a questa esigenza (se non regola) della battuta, iniziale o finale, si potrebbe pure immaginare che tutti i sogni già analizzati convergano verso un'ultima battuta. E questa non può che essere anche quella di uno dei rarissimi sogni che Sciascia dichiara di avere fatto in proprio, e che riguarda la propria morte:

> Capodanno 1979. Stamattina **mi sono svegliato su un sogno, sull'ultima – per così dire – battuta di un sogno**. Vedevo come su una lavagna, ma mentre velocemente si allontanava in prospettiva, la scritta (curiosamente nei caratteri della testata de "Le Monde"): "**1979, l'anno della mia morte"**. In italiano, ma svegliandomi ho avuto coscienza che nel sogno l'avevo letta, sillabandola, in spagnolo. **E in spagnolo, da sveglio, me la sono ripetuta**.
>
> Nessuna inquietudine, nessun sgomento riguardo all'avvertimento. Il pensiero, piuttosto, mi corre alle cose che vorrei fare. Il problema che invece mi pongo è questo: sono sempre restìo a parlare le lingue che conosco, evito anzi di parlarle**. Come mai, nel sogno, ho invece letto in spagnolo una frase che stava davanti a me scritta in italiano?** Me ne dò una spiegazione molto intelligente, molto letteraria. Scritta, sarebbe una bella pagina. E appunto perciò non la scrivo.[26]

Non tento di integrare questa elaborazione secondaria del sogno che Sciascia (per il quale, come sappiamo, «i sogni raccontati sono veri e propri restauri»)[27] fa raccontando un sogno di morte, la sua, ma credo di potere affermare che il sogno di per sé ha sempre a che fare con la morte, degli altri e di sé, con lo scopo di negare, più che di anticipare, appunto la morte stessa. La letteratura, la scrittura sono in fondo un modo di aggirare (e addomesticare) la morte prevenendola ed esorcizzandola, fino a confondere la propria parola e il proprio pensiero con quelli dei propri autori d'elezione. Sciascia ci dice questo esplicitamente relativamente alla sua frequentazione del Leopardi:

---

averci pensato per mesi – appena davanti alla macchina da scrivere, ecco che mi è venuto di cominciarlo con la battuta di un dialogo.» (*Questo paese fa proprio pena*, intervista di Rita Cirio, in «L'Espresso», 25 ottobre 1987).

26 *Opere 1971-1983*, cit., p. 841.

27 F. PANSA, *Viaggio intorno ai sogni*, cit., p. 122.

Svegliandomi da **un sonno** lungo, quieto, **senza sogni**, mi affiora questo pensiero: **Quel sonno diciamo buono che più somiglia alla morte. L'ho pensato io o l'ha pensato Leopardi?** Il mio rapporto con certi libri, con certi scrittori, è ormai senza scarti, senza confini.[28]

Un caso di rapporto senza confini tra le lingue, gli autori e i temi è certamente quello che ha avvicinato Sciascia alla letteratura spagnola e alla poesia di Pedro Salinas,[29] e ciò fino alla bellissima traduzione di una lunga e difficile lirica come *La morte del sogno*.[30] Sciascia su questa poesia scrisse che in essa «si raccolgono esemplarmente tutti gli elementi del mondo poetico di Salinas». È possibile, ma in essa, per quel processo di identificazione del lettore e dello scrittore con i propri autori di cui s'è detto, è contenuto misteriosamente anche il mondo poetico e onirico di Sciascia, dall'amore per ogni «essere umano» a quello per una persona capace di dargli il sogno e insegnargli il suo misterioso linguaggio; dal sì alla vita fino al silenzio della e nella morte. Il morire dei sogni comincia col perdere la gioia della vita e delle cose, col sentire i propri passi che vanno verso la morte. Qui forse consiste l'ultimo segreto della vita e del sogno, in un uomo ucciso da *qualcuno* (che forse sogna 'male') e che diventa il cadavere di un sogno. Ma non è esclusa la possibilità (la speranza) che questa morte, ogni morte, possa riscattarsi in una resurrezione di vita:

E già conosco l'ultimo segreto:
il cadavere di un sogno è carne viva,
è un uomo in piedi, che ebbe un sogno
e qualcuno l'uccise. E finge vivere.
Ma prima d'essere se stesso morto
non è che un cadavere di un sogno.
Per te saprò, chissà, come vivendo
si può resuscitare, in mezzo ai morti.

---

28 *Opere 1971-1983*, cit., p. 781.

29 Nell'intervista a Campbell lo scrittore dichiara di avere cominciato con Cervantes, Alonso de Contreras e Calderón (*La vita è sogno*): «In seguito conobbi tutti: Cernuda, Lorca, Moreno Villa, Ortega y Gasset, e Pedro Salinas, che tradussi. Si potrebbe dire che acquisii una vasta conoscenza della letteratura spagnola moderna, specialmente grazie a nove o dieci poeti, in particolar modo a Pedro Salinas, della generazione del '27, e grazie a quelli della generazione del '98, Unamuno, Machado...»: F. CAMPBELL, *La memoria di Sciascia*, cit., p. 241.

30 Questa traduzione chiude il terzo volume delle *Opere* curate da Ambroise (*Opere 1984-1989*, cit., pp. 1319-1324). Uscita nel 1981 in una edizione fuori commercio (PEDRO SALINAS, *Morte del sogno*, traduzione di Leonardo Sciascia, Palermo, Sellerio, 1981), l'edizione delle *Opere* adelphiane (*Narrativa. Teatro. Poesia*, cit., p. 2008.) ne registra una stampa precedente (PEDRO SALINAS, *Muerte del sueño*, traduzione e una nota di Leonardo Sciascia, in «Il Presente», V, 13, 1958, pp. 8-15).

INDICE DEI NOMI

INDICE

FINITO DI STAMPARE
PER CONTO DI LEO S. OLSCHKI EDITORE
PRESSO ABC TIPOGRAFIA • CALENZANO (FI)
NEL MESE DI OTTOBRE 2022

POLINNIA

TESTI, STUDI E MANUALI DI LETTERATURE EUROPEE

1. *Contributi per Pasolini*, a cura di G. Savoca, 2002, pp. 222.

2. *Paroles dévoilées. Regards d'aujourd'hui sur la femme maghrébine*, a cura di M. Rivoire Zappalà e R. Curreri, 2003, pp. 204.

3. Commare, G., *Turoldo e gli «organi divini». Lettura concordanziale di* O sensi miei..., 2003, pp. 210.

4. *Le muse inquiete. Sinergie artistiche nel Novecento tedesco.* Atti del convegno internazionale, Catania, 4-6 dicembre 2001, a cura di G. Pulvirenti, R. Gambino, V. Scuderi, 2003, pp. 238.

5. *La parola 'quotidiana'. Itinerari di confine tra letteratura e giornalismo.* Atti del convegno, Catania, 6-8 maggio 2002, a cura di F. Gioviale, 2004, pp. 334.

6. Savoca, M., *Góngora nel Novecento in Italia (e in Ungaretti) tra critica e traduzioni*, 2004, pp. 230.

7. Galvagno, R., *Carlo Levi, Narciso e la costruzione della realtà*, 2004, pp. 222.

8. Baudelaire, C., *I fiori del male*, traduzione con testo a fronte a cura di C. Muscetta, presentazione di G. Savoca, 2005, pp. 410.

9. *Sentimento del tempo. Petrarchismo e antipetrarchismo nella lirica del Novecento italiano*, a cura di G. Savoca, 2005, pp. 184.

10. Tomasello, D., *La realtà per il suo verso e altri studi su Pascoli prosatore*, 2005, pp. 162.

11. Le voleur de feu. *Bufalino e le ragioni del tradurre*, a cura di C. Rizzo, 2005, pp. 230.

12. Sichera, A., Ecce Homo! *Nomi, cifre e figure di Pirandello*, 2005, pp. 492.

13. Di Silvestro, A., *Leonardo Sinisgalli fra scrittura e trascrizione*, 2005, pp. viii-282 con 4 figg. n.t. a colori.

14. Paino, M., *Dicerie dell'autore. Temi e forme della scrittura di Bufalino*, 2005, pp. 226.

15. Castaldini, A., *Giovanni Papini: la reazione alla modernità*, 2006, pp. 106 con 1 fig. f.t.

16. *Viaggio verso qualcosa di preciso. Percorsi della poesia di Bartolo Cattafi.* Atti del Convegno di studi, Messina, 25-26 novembre 2004, a cura di D. Tomasello, 2006, pp. 126.

17. Pliya, J., *Teatro. Testi e traduzioni, con inediti (1990-2004)*, a cura di C. Rizzo, 2007, pp. 438 con 5 tavv. f.t. a colori.

18. *Prospettive sui* Malavoglia. Atti dell'incontro di studio della Società per lo studio della Modernità letteraria, Catania, 17-18 febbraio 2006, a cura di G. Savoca e A. Di Silvestro, 2007, pp. vi-164.

19. Macrì, O., *Traduzioni sparse di poesia ispanica*. Introduzione e cura di M. Savoca, 2007, pp. 446.

20. Savoca, G., *Il Canzoniere di Petrarca tra codicologia ed ecdotica*, 2008, pp. viii-334 con 340 figg. n.t. e 16 tavv. f.t. di cui 12 a colori.

21. Petrarca, F., *Rerum vulgarium fragmenta*. Edizione critica di G. Savoca, 2008, pp. xxvi-668 con 914 figg. n.t. e 16 tavv. f.t. a colori.

22. Savoca, G., *Leopardi. Profilo e studi*, 2009, pp. viii-312 con 14 tavv. f.t. a colori.

23. Paino, M., *La tentazione della leggerezza. Studio su Umberto Saba*, 2009, pp. 342.

24. Savoca, G., *L'infinito e il punto. Letture di poesia tra Ungaretti e Cattafi*, 2011, pp. 166.

25. Fontanelli, G., *Tozzi e le facce di* Paolo. *Dal poema in prosa al romanzo*, 2012, pp. 474.

26. Tomasello, D., *L'isola o-scena. Un'idea di Sicilia nella poesia contemporanea*, 2012, pp. 110.

27. *«Un poeta non può morire». Memoria e scrittura nell'opera di Raffaele Poidomani*, a cura di A. Sichera, 2012, pp. 264.

28. Calderone, B., *Funzione-Petrarca. Figure e concordanze del Canzoniere da Leopardi al Novecento*, 2014, pp. 130.

29. Sichera, A., *Pavese. Libri sacri, misteri, riscritture*, 2015, pp. 316.

30. Brunel, P., *Mitocritica*, a cura di C. Rizzo, traduzione di Riccardo Raimondo, 2015, pp. x-94.

31. Savoca, G., *Naufragio senza fine. Genesi e forme della poesia di Ungaretti*, 2019, pp. viii-218

32. Stazzone, D., *Al di qua del faro. Consolo, il viaggio, l'odeporica*, 2021, pp. xviii-114.

33. Savoca, G.,*Verga cristiano dal privato al vero*, 2021, pp. viii-234 con 1 fig. b/n n.t.

34. Savoca G., *Sogni fatti in Sicilia. Pirandello, Brancati, Sciascia*, 2022, pp. viii-206.